古代歷史文化研究輯刊

十九編

王明蓀 主編

第2冊

區域社會的形成與發展
——商代關中的考古學研究

宋江寧 著

國家圖書館出版品預行編目資料

區域社會的形成與發展——商代關中的考古學研究／宋江寧
著 — 初版 — 新北市：花木蘭文化事業有限公司，2018〔民
107〕
目 6+242 面；19×26 公分
（古代歷史文化研究輯刊 十九編：第 2 冊）
ISBN 978-986-485-398-4（精裝）
1. 考古學 2. 社會發展 3. 商代
618   107002297

ISBN-978-986-485-398-4

9 789864 853984

古代歷史文化研究輯刊
十九編　第二冊　　　　　ISBN：978-986-485-398-4

區域社會的形成與發展
——商代關中的考古學研究

作　　者　宋江寧
主　　編　王明蓀
總 編 輯　杜潔祥
副總編輯　楊嘉樂
編　　輯　許郁翎、王筑　美術編輯　陳逸婷
出　　版　花木蘭文化事業有限公司
發 行 人　高小娟
聯絡地址　235 新北市中和區中安街七二號十三樓
　　　　　電話：02-2923-1455 ／傳真：02-2923-1452
網　　址　http://www.huamulan.tw 信箱 hml810518@gmail.com
印　　刷　普羅文化出版廣告事業
初　　版　2018 年 3 月
全書字數　160571 字
定　　價　十九編 39 冊（精裝）台幣 100,000 元

區域社會的形成與發展
——商代關中的考古學研究

宋江寧 著

作者簡介

宋江寧，1998 年畢業於西北大學文博學院考古專業。2001 年畢業於中國社會科學院研究生院考古系，獲歷史學碩士學位。2001 年至今供職於中國社會科學院考古研究所夏商周研究室灃西隊。2011 年畢業於中國社會科學院研究生院考古系，獲歷史學博士學位。研究方向爲先周和西周考古。長期參加陝西省周原遺址考古工作，並對傳說中周人活動區域的涇河流域進行了全面調查。此外，還參加了西周時期另外兩處都城豐鎬與成周洛邑的考古發掘與研究。發表相關論文和報告十餘篇。

提　要

　　關中地區作爲西周王朝建立前的根據地和之後的統治核心區，在中國歷史上佔據了非常重要的地位。因此，對這一地區商代的考古學遺存進行研究，分析其文化、經濟、社會等方面的形成過程與發展水平，進而探討關中地區的最終崛起就具有了重要的學術價值。

　　本文首先回顧了以往研究中取得的成就和存在的不足，提出了全面的社會史視角和關中區域社會的核心概念，指出正是從四鄰地區持續遷入的各類考古學遺存才造就了關中社會這個實體，而這個實體內部也在持續進行著交流與互動。

　　論文主體分爲上下兩編。上編的主要任務是建立考古學遺存的時空框架。其中第二章對各遺址的陶器進行分期，將其分爲六期；第三章結合墓葬資料對遺存進行分類，總共分爲 16 類。下編從區域社會的視野中來分析關中社會的文化、經濟、社會和軍事等方面的形成與發展過程和發展水平，分別在第四、五、六章中展開。第四章從陶器面貌、墓葬特徵、銅器以及占卜習俗入手探討文化的形成；第五章從第一類基礎經濟部門的農業、畜牧、漁獵、製陶、製骨、紡織等和第二類反映社會性質和發達程度的部門，如鑄銅、製車、製玉、漆器、金工和貝等入手討論經濟狀況；第六章從聚落結構、墓葬和武器裝備入手討論關中社會內部的區域發展狀況和等級結構，並在四鄰社會這個更大的框架內分析以上狀況出現的原因。

　　在第七章結語中，本文討論了區域社會得以開展的三個前提，進而引申至關中地區獨特的地理結構對這一時期歷史的影響。再從更廣闊的四鄰社會與關中社會視角內，綜合分析了關中區域社會形成的具體過程和特點，以及各個相鄰地區的不同貢獻。探討了在商人的西土之中，爲何是關中地區而不是晉南、晉中和陝北最終滅掉了商王朝，並從聚落考古的角度對關中與上述地區進行了比較分析。還從關中地區商代各期都有多類遺存並存的現象出發，推測正是在這種情況下取得經驗的周人在滅商後對各不同區域採取了「疆以戎索」的治理思路。

目次

第一章　緒　論

一、關中地區商代考古學簡史

　　近年來，張天恩以關中西部商文化、關中東部商文化、先周文化、羌系文化爲視角對關中地區商代考古學研究進行了總結和論述〔註1〕。雷興山、馬賽和筆者也對關中西部的考古學研究做了總結〔註2〕。由於以上各家已經對以往的考古發現和學者的具體研究成果進行了詳細的論述，故本文不再重複這項工作，而將集中在對研究思路和方法的分析和介紹上。

　　一直以來關中地區商代考古學研究主要集中在先周文化和商文化這兩大課題上。下面分別進行介紹。

（一）先周文化

　　根據研究思路和方法的變化，以往的研究可分爲三個階段。

第一階段：20 世紀 30～80 年代初　開創期

　　這一時期的考古工作數量少、規模小、資料零散。主要有 30 年代北平研究院史學研究會進行的調查與發掘〔註3〕；1943 年中央研究院歷史語言研究所

〔註1〕 張天恩：《關中商代文化研究》，文物出版社 2004 年版。

〔註2〕 雷興山：《先周文化探索》，科學出版社 2010 年版。第 1～24 頁。
　　　　宋江寧：《關於「先周文化」的幾點反思》。中國社會科學院考古研究所夏商周考古研究室編：《三代考古（三）》，科學出版社 2009 年版。第 113～123 頁。
　　　　馬賽：《考古學文化與族群關係的思考——「先周文化」研究反思》，《文博》2008 年第 5 期。

〔註3〕 蘇秉琦：《鬥雞臺溝東區墓葬》，國立北京大學出版部承印，1948 年。

在關中地區的調查〔註4〕；1957年，1960～1962年周原禮村附近遺址調查和試掘〔註5〕；1959年灃西客省莊遺址發掘〔註6〕；1959年渭水流域調查〔註7〕；60～70年代周原遺址賀家墓地商代墓葬〔註8〕；彬縣下孟村遺址發掘〔註9〕；1979年武功調查〔註10〕等幾次。

對於這一階段的研究，我們認為：首先，北平研究院史學研究會的「目的主要為關於周、秦初期文化的研究；工作的方法主要為其都邑遺址的發掘；」「調查對象，主要即為見於記載的周、秦都邑所在。」雖然後來選擇鬥雞臺作為發掘點是考慮到「地處汧渭二水之間，為秦民族發祥之地。」〔註11〕但發掘成果卻拉開了後來先周文化研究的序幕。1943年中央研究院歷史語言研究所的工作也遵循了同樣的思路〔註12〕。

這兩項工作的貢獻在於確定了此後開展先周文化研究的思路，即在文獻記載的範圍內，通過調查與發掘尋找相關遺存，確定早期的周都和周文化。考慮到當時的學術背景和殷墟考古發現所帶來的啟示，這種做法就顯得正常而合理〔註13〕。

〔註4〕石璋如：《傳說中周都的實地考察》，《中央研究院歷史研究所集刊》第20本下冊，1949年，第91～122頁。

〔註5〕陝西省博物館等：《陝西岐山禮村附近周遺址的調查和試掘》，《文物資料叢刊》第2輯，文物出版社1978年版。

〔註6〕胡謙盈：《胡謙盈周文化考古研究選集》，四川大學出版社2000年版。代自序第1頁。

〔註7〕這次調查有兩個簡報，為：
考古研究所渭水流域調查發掘隊：《陝西渭水流域調查簡報》，《考古》1959年第11期。
中國社會科學院考古研究所渭水流域考古調查發掘隊：《陝西渭水流域西周文化遺址調查》，《考古》1996年第7期。

〔註8〕陝西省博物館：《陝西岐山賀家村西周墓葬》，《考古》1976年第1期；
陝西省考古研究所：《岐山賀家村周墓發掘簡報》，《考古與文物》1980年第1期；
陝西周原考古隊：《陝西岐山賀家村周墓發掘報告》，《文物資料叢刊》第8輯，文物出版社，1983年。

〔註9〕陝西考古所涇水隊：《陝西彬縣下孟村遺址發掘簡報》，《考古》1960年第1期。

〔註10〕中國社會科學院考古研究所陝西武功發掘隊：《陝西武功縣新石器時代及西周時期遺址調查》，《考古》1983年第5期。

〔註11〕蘇秉琦：前引書，第8～10頁。

〔註12〕石璋如：《傳說中周都的實地考察》。

〔註13〕宋江寧：前引文，第114～115頁。

　　新中國成立後的主要成果有兩項：一是發掘確認了一批先周時期的考古遺存，開展了幾項田野調查，爲下一階段的發掘打下了基礎，提供了線索；二是徐錫臺先生提出了「早周文化」〔註14〕，鄒衡先生提出了「先周文化」〔註15〕的命名。學界後來普遍採用了鄒先生的命名，我們在行文中也將採用這個概念。值得注意的是兩位先生的論述有極大的不同，他們都將先周時期的遺存歸爲先周文化，但徐先生未進行與族屬的對比，而鄒先生則進行了嘗試，認爲聯襠鬲系統爲姬周文化，袋足鬲系統爲羌戎文化。這種分歧對此後的研究產生了深遠的影響。

　　綜上所述，這一階段之所以稱爲開創期是因爲提出了研究思路，即以文獻記載中的周都爲線索，考察與其相關的考古遺存，採用了考古學文化的分析方法。各位學者在先周文化面貌、構成、來源等問題上的認識和分歧，以及他們所採用的分析方法等都影響到了此後的研究和田野工作方向。

第二階段　20世紀80年代～2004年　深化與分裂期

　　主要的考古工作有以下幾項：1980～1986年長武碾子坡遺址〔註16〕，1981～1983、1987年、1997年武功鄭家坡遺址〔註17〕，1981年扶風劉家墓地〔註18〕和2001年徵集資料〔註19〕，1979～1980年鳳翔南指揮西村墓地〔註20〕，1977～1981年扶風北呂墓地〔註21〕，1985年寶雞紙坊頭〔註22〕，

〔註14〕　徐錫臺：《早周文化的特點及其淵源的探索》，《文物》1979年10期。

〔註15〕　鄒衡：《論先周文化》。見鄒衡著：《夏商周考古學論文集》，文物出版社1980年版，第297～356頁。

〔註16〕　中國社會科學院考古研究所涇渭工作隊：《陝西長武碾子坡先周文化遺址發掘紀略》，《考古學集刊》6，1989年。
　　　　　中國社會科學院考古研究所：《南豳州·碾子坡》，世界圖書出版社2007年版。

〔註17〕　鄭家坡遺址曾進行過三次發掘，第一次爲1981～1983年，見寶雞市考古隊：《陝西武功鄭家坡遺址發掘簡報》，《文物》1984年第7期。第二次爲1987年，由寶雞市考古隊進行發掘，第三次爲1997年夏商周斷代工程中由陝西省考古研究所等單位發掘，這兩次發掘的資料都未發表，見張天恩《關中商代文化研究》第180～276頁和雷興山《先周文化探索》第100～105頁。

〔註18〕　陝西周原考古隊：《扶風劉家姜戎墓葬發掘簡報》，《文物》1984年第7期。

〔註19〕　周原博物館徵集，資料未發表，見雷興山《先周文化探索》第170～174頁。

〔註20〕　韓偉、吳振鋒：《鳳翔南指揮西村周墓的發掘》，《考古與文物》1982年第4期。

〔註21〕　扶風縣博物館：《扶風北呂周人墓地發掘簡報》，《文物》1984年7期。
　　　　　羅西章：《北呂周人墓地》，三秦出版社1995年版。

〔註22〕　寶雞市考古隊：《寶雞市紙坊頭遺址試掘簡報》，《文物》1989年第5期。

1986 年壹家堡遺址〔註23〕，1991～1992 年麟游蔡家河遺址〔註24〕和岸底遺址〔註25〕，1992 年麟游史家塬遺址〔註26〕和園子坪遺址〔註27〕，1994 年旬邑孫家遺址〔註28〕，1995 年禮泉朱馬嘴遺址〔註29〕和彬縣斷涇遺址〔註30〕，1997 年澧西馬王 H18〔註31〕，1996～1997 年周原王家嘴遺址〔註32〕，2001 年周原王家嘴、賀家遺址〔註33〕，2002 年周原禮村〔註34〕、齊家北製石作坊遺址〔註35〕，2004 年老堡子遺址〔註36〕。調查資料有 1983 年漆水河下游

〔註23〕 北京大學考古系：《陝西扶風壹家堡遺址發掘簡報》，《考古》1993 年第 1 期。

北京大學考古系商周組：《陝西扶風縣壹家堡遺址 1986 年度發掘報告》。北京大學考古系編：《考古學研究》（二），北京大學出版社，1994 年，第 343～390 頁。

另有扶風縣博物館，高西省：《陝西扶風縣益家堡商代遺址的調查》，《考古與文物》1989 年 5 期。

〔註24〕 北京大學考古文博學院、寶雞市考古工作隊：《陝西麟游縣蔡家河遺址商代遺存發掘報告》，《華夏考古》2000 年第 1 期。

〔註25〕 陝西省考古研究所：《陝西武功岸底先周遺址發掘簡報》，《考古與文物》1993 年第 3 期。

〔註26〕 北京大學考古文博學院、寶雞市考古工作隊：《陝西麟游縣史家塬遺址發掘報告》，《華夏考古》2004 年第 4 期。

〔註27〕 雷興山：《陝西省麟遊縣園子坪遺址商代遺存分析》，《考古與文物》2006 年第 4 期。

〔註28〕 資料未發表，見張天恩《關中商代文化研究》第 237～245 頁和雷興山《先周文化探索》第 82～84 頁。

〔註29〕 北京大學考古系商周組、陝西省考古研究所：《陝西禮泉朱馬嘴商代遺址試掘簡報》，《考古與文物》2000 年第 5 期。

〔註30〕 中國社會科學院考古研究所涇渭工作隊：《陝西彬縣斷涇遺址發掘報告》，《考古學報》1999 年第 1 期。

〔註31〕 中國社會科學院考古研究所豐鎬工作隊：《1997 年澧西發掘報告》，《考古學報》2000 年第 2 期。

〔註32〕 這次發掘為「夏商周斷代工程」期間發掘，資料未發表，本文所用部份轉引自雷興山《先周文化探索》第 41～62 頁、第 175～178 頁。

〔註33〕 周原考古隊：《2001 年度周原遺址（王家嘴、賀家地點）發掘簡報》。北京大學中國考古學研究中心、北京大學震旦古代文明研究中心編：《古代文明》第 2 卷，文物出版社，2003 年，第 432～490 頁。

〔註34〕 周原考古隊待刊資料，本文所用部份轉引自雷興山《先周文化探索》第 41～62 頁。

〔註35〕 周原考古隊：《2002 年周原遺址（齊家村）發掘簡報》，《考古與文物》2003 年第 4 期。

〔註36〕 周原考古隊：《2004 年秋季周原老堡子遺址發掘報告》，《考古學集刊》第 17 輯，科學出版社，2010 年 3 月。

調查〔註37〕，1984年寶雞市附近古遺址調查〔註38〕，1995年彬縣等地調查〔註39〕，2001年周原遺址調查〔註40〕，2002年周原七星河流域調查〔註41〕，2003年岐山周公廟遺址調查〔註42〕，2005年扶風美陽河流域調查〔註43〕等七次。

這個階段我們稱之爲深化與分裂期，原因在於雖然遵循了第一階段的研究思路和方法，並在新資料的基礎上深化了相關認識，但學者之間在各具體問題上都遠未達成一致，實際狀況是每個學者基本上都自成一家。據有學者對截止1993年研究的總結，關於文化涵義的意見有2種，世系與積年的有3種，文化面貌的有16種，分期與年代的有16種，來源的有14種，總計達到51種〔註44〕。這種現象在中國考古學上似乎也是少有的。

分析後可以發現，學界在思路和方法上還是一致的，都使用了先周文化這個概念。主要做法有三種：第一種是將早於西周時期的商代考古遺存都視爲先周文化，主要的工作是對其進行分期和分類。第二種是將商代考古遺存分爲幾支具體的考古學文化，根據追溯法或都邑法論證其中某一支爲先周文化。這其中又有關於考古學文化是漸變或突變的區別〔註45〕；第三種是基於第二種做法中出現的矛盾，利用族屬與考古學文化對應的不一致性，提出同一民族可以使用或創造不同的考古學文化，藉此解決追溯法與都邑法各自解

〔註37〕 寶雞市考古隊：《關中漆水河下游先周遺址調查簡報》，《考古與文物》1989年第6期。

〔註38〕 寶雞市考古隊：《寶雞市附近古遺址調查》，《文物》1989年第6期。

〔註39〕 北京大學考古文博院：《陝西彬縣、淳化等縣商代遺址調查》，《考古》2001年第9期。

〔註40〕 周原考古隊：《2001年度周原遺址調查報告》。北京大學中國考古學研究中心、北京大學震旦古代文明研究中心編：《古代文明》第2卷，文物出版社，2003年，第395～431頁。

〔註41〕 周原考古隊：《陝西周原七星河流域2002年考古調查報告》，《考古學報》2005年第4期。

〔註42〕 周原考古隊：《2003年陝西岐山周公廟遺址調查報告》。北京大學中國考古學研究中心、北京大學震旦古代文明研究中心編：《古代文明》第5卷，文物出版社，2006年，第151～186頁。

〔註43〕 周原考古隊：《2005年陝西扶風美陽河流域考古調查》，《考古學報》2010年第2期

〔註44〕 宗禮、劉棟：《先周文化研究六十年》。《周秦文化研究》編委會：《周秦文化研究》，陝西人民出版社，1998年，第268～285頁。

〔註45〕 馬賽：《考古學文化與族群關係的思考——「先周文化」研究反思》，《文博》2008年第5期。

釋中的困難〔註46〕。

第三階段 2004年至今 反思與轉變期

這一階段的考古工作主要是周公廟、孔頭溝遺址的調查與發掘〔註47〕，2006年淳化棗樹溝腦遺址的發掘〔註48〕，以及勸讀、水溝、貼家河等遺址的調查〔註49〕。

筆者曾指出在先周文化的研究歷程中自始至終都存在著證史偏向，導致了學者一定要將考古學文化與具體人群對應起來的做法，而這種做法的後果之一就是很少提及有可能代表其他人群的考古學文化，即使提及，其主旨也是為論證先周文化而服務，於是先周文化就成為了意義更為廣泛的關中西部商代文化的代名詞。還區分了先周文化這個概念的三層含義，而這三層含義

〔註46〕 採用這一做法的只有雷興山先生一位，見其博士論文《先周文化探索》打印稿，2010年正式出版的《先周文化探索》中增加了大量新資料，也採用了一些新的視角和方法，本文將後者作為第三階段的成果看待。

〔註47〕 徐天進：《周公廟遺址考古調查的緣起及其學術意義》，《中國文物報》2004年7月2日。

周公廟考古隊：《陝西岐山周公廟遺址考古收穫豐碩》，《中國文物報》2004年12月31日。

周原考古隊：《2003年陝西岐山周公廟遺址調查報告》。北京大學中國考古學研究中心、北京大學震旦古代文明研究中心編：《古代文明》第5卷，文物出版社，2006年。

種建榮、雷興山：《周公廟遺址商周時期陶器分期研究》。文化遺產研究與保護技術教育部重點研究室、西北大學文化遺產與考古學研究中心編：《西部考古》第三輯，陝西出版集團三秦出版社，2008年，第118～147頁。

〔註48〕 錢耀鵬、魏女、李成：《陝西淳化棗樹溝腦遺址發掘獲重要發現》，《文物報》2006年11月24日第2版。

韓輝：《淳化棗樹溝腦先周時期遺存分析》，西北大學碩士學位論文，2007年5月。

錢耀鵬、李成、魏女：《淳化縣棗樹溝腦遺址調查發掘的主要收穫》，《西北大學學報（哲學社會科學版）》2008年7月，第38卷第4期。

王振：《陝西淳化棗樹溝腦遺址再獲重要發現》，《文物報》2008年10月12日。

錢耀鵬、李成、韓輝、馬明志：《棗樹溝腦遺址H14及其相關問題分析》，《考古與文物》2009年第2期。

王振、陳洪海：《陝西淳化棗樹溝腦遺址2008年度發掘的主要收穫》，《西北大學學報（哲學社會科學版）》2010年11月，第40卷第6期。

〔註49〕 種建榮：《孔頭溝遺址商末周初遺存與先周文化探索》，《考古與文物》2009年第3期。

種建榮、張敏、雷興山：《岐山孔頭溝遺址商周時期聚落性質初探》，《文博》2007年第5期。

是不能重合的。最後從歷史上的冒蔭現象反思文獻中關於周人始祖記載的眞實性。建議加強聚落形態、社會結構、人地關係、技術、生計貿易等方面的研究〔註50〕。馬賽也對「先周文化」進行了反思。她討論了同一族群考古學文化中的漸變與突變、族群的客觀特徵與主觀認同、考古學文化操作中的分歧等。最後指出，今後應在陶器群面貌之外，加強對其他方面的研究。如聚落等級、分佈和內涵等。她也承認，雖然這樣也未必能解決考古學文化與族屬的關係，但至少是我們目前有所欠缺而以後有可能推進的地方。雷興山在其出版的博士論文中做了重大的改動〔註51〕。作爲上述田野工作的設計者與主要參與者，他立足於聚落考古的角度，考察區域聚落形態、單個聚落的聚落結構與性質、聚落內個功能區的特徵與性質、單個堆積單位的屬性等，最後綜合聚落與文化研究，認爲碾子坡文化是先周文化。暫且不論其具體結論的合理與否，這種聚落考古的轉向是值得肯定的。

（二）商文化

關中地區發掘過的商文化遺址較少。典型的有華縣南沙村〔註52〕、藍田懷眞坊〔註53〕、耀縣北村〔註54〕、灞橋老牛坡〔註55〕、扶風壹家堡〔註56〕、

〔註50〕宋江寧：前引文，第113～114頁。

〔註51〕雷興山：《先周文化探索》，科學出版社，2010年。

〔註52〕許益：《陝西華縣殷代遺址調查簡報》，《文物參考資料》1957年第3期。
北京大學考古教研室華縣報告編寫組：《華縣、渭南古代遺址調查與試掘》，《考古學報》1980年第3期。另張天恩在《關中商代文化研究》第107～108頁中提到了半坡博物館的發掘情況。

〔註53〕西安半坡博物館、藍田縣博物館：《陝西藍田懷眞坊商代遺址試掘簡報》，《考古與文物》1981年第3期。

〔註54〕盧建國：《陝西耀縣北村商代遺址調查》，《考古與文物》1984年第1期。
陝西省考古研究所商周室，北京大學考古系考古實習組：《陝西耀縣北村遺址發掘簡報》，《考古與文物》1988年第2期。
北京大學考古系商周組等：《陝西耀縣北村遺址1984年發掘報告》。北京大學考古系編：《考古學研究》二，北京大學出版社，1994年，第283～342頁。

〔註55〕保全：《西安老牛坡出土商代早期文物》，《考古與文物》1981年第2期。
宋新潮：《西安老牛坡遺址發掘的主要收穫》，《西北大學學報》（哲學社會科學版）1987年第1期。
西北大學歷史系考古專業：《西安老牛坡商代墓地的發掘》，《文物》1988年第6期。
劉士莪：《老牛坡》，陝西人民出版社，2002年。報告中另附有王長啓的《建國以來老牛坡遺址散出的商代歷史文物》一文。

〔註56〕筆者不認爲壹家堡遺址是商文化，暫放於此處是爲了照應下面學者對商文化的研究。

禮泉朱馬嘴等幾處。

以往研究與先周文化研究相比較爲薄弱，暫不分期。研究分爲兩類。一類是對關中地區商文化的類型劃分。一類是對單個遺址的分期和定性等研究。

關於類型劃分。鄒衡先生首先將關中東部的商文化遺存歸入商文化二里崗型，將關中西部的遺存歸入京當型〔註 57〕。北村遺址發掘後，徐天進根據遺址的分期結果，對關中東部各西部的個遺址進行研究後，將西安以東的早商文化歸入二里崗型，以西的命名爲北村類型〔註 58〕。王立新贊同北村類型的命名，包括老牛坡遺址，並將其東界定在藍田至華縣之間〔註 59〕。壹家堡遺址發掘後，孫華指出，在壹家堡遺址第一期前後（商王盤庚至武丁時期），關中地區的商文化遺存就應與關中以東的商文化遺存有所不同，應當單獨作爲商文化的一個地方類型獨立出來。他稱之爲「老牛坡類型」，以老牛坡遺址爲代表〔註 60〕。張天恩則在朱馬嘴遺址發掘後，觀察到朱馬嘴遺址與北村、老牛坡遺址的早商時期遺存差別較大，將後者仍歸入二里崗型商文化，下限可到殷墟一期，而前者則仍歸入京當型，下限可到殷墟第二期或略晚〔註 61〕。他又將晚商時期的遺存分爲老牛坡型和北村型。前者大致南至秦嶺，北到渭河，西不過西安，東暫不易確定。後者可能在關中東部的渭北地區。

單個遺址的研究主要集中在分期上，由於下一章中對每個遺址都有較爲詳細的介紹，故在此省略，僅介紹對遺址其他方面的研究。老牛坡遺址發掘後，劉士莪認爲殷墟時期遺存的國別可能爲崇、黎與西土三亳之一〔註 62〕。

〔註 57〕 鄒衡：《試論夏文化》。見鄒衡著：《夏商周考古學論文集》，文物出版社 1980 年版，第 95～182 頁。

〔註 58〕 徐天進：《試論關中地區的商文化》。北京大學考古系編：《紀念北京大學考古專業三十週年論文集》，文物出版社，1990 年，第 221～242 頁。

〔註 59〕 王立新：《早商文化研究》，高等教育出版社 1998 年版，第 162～163 頁。

〔註 60〕 孫華：《陝西扶風壹家堡遺址分析——兼論晚商時期關中地區諸考古學文化的關係》。北京大學考古系編：《考古學研究》（二），北京大學出版社，1994 年，第 101～130 頁。

〔註 61〕 張天恩：前引書，第 146～153 頁。

〔註 62〕 劉士莪：《西安老牛坡商代文化的發現與研究》。《周秦漢唐考古與文化國際學術會議論文集》，西北大學學（哲學社會科學版）增刊，1988 年。

並對 2 號基址進行了復原和討論〔註63〕。後在報告中對第四期墓葬的形制特點、殉葬制度、車馬坑、墓葬排列等方面的討論和分析〔註64〕。彭邦炯認為其族屬更可能是驪山氏〔註65〕。張天恩則以老牛坡等關中東部遺址資料為基礎，考察二里崗型的分佈範圍、面貌相似程度，結合關中東部二里頭文化的分佈，指出關中東部早商時期的遺存面貌與典型二里崗型商文化相似度極高，其一致性要超過後者與晉南東下馮類型的相似度〔註66〕。此外還有學者也進行了研究，但大致不出以上兩類，茲不贅述。

以上研究中值得注意的一點是對殷墟時期遺存的定性認識，大部份學者都將老牛坡、北村、朱馬嘴、壹家堡等遺址殷墟時期的遺存定性為商文化，這是值得商榷的。

二、以往研究中存在的問題

在此，我們首先要向學界 80 多年來的辛勤工作表達真誠的敬意。雖然學界至今在考古學遺存的時空框架、遺存分類和命名、族屬認定等主要方面仍未達成一致，但正是這些分歧推動著田野工作不斷向前推進，使研究理論不斷更新，具體問題的討論更加深入，資料的局限更加清晰。何況社會科學的研究本就是對各種社會現象的理解，研究者由於理論視角、知識背景和基礎資料等方面的差異，得出不同的理解自是正常而又自然的。基於此，筆者的研究也只能是與以往的認識有所不同而已，更談不上否定與推翻。相反的，正是 80 多年來眾多前輩的努力為後學奠定了漫長征途的起點。

筆者對以往研究的整體認識是：表層以文化史，裏層以政治史為視角。以考古學文化為分析方法和研究工具，以瞭解商文化與先周文化為目標，注重考古學文化與族屬或政權的對應。如關中東部早商文化與商人的對應，關中西部各文化與周人或其他族屬的對應等。同時也考察各類遺存及其背後人群間的動態時空關係，各類遺存與相鄰遺存間的文化交流等。以下是筆者對其中可能存在問題的一些淺見，其作用主要是提醒自己在今後的研究中需要加強和關注。

〔註63〕 劉士莪：《西安老牛坡 2 號商代大型夯土建築基址的討論》，中國社會科學院考古研究所編：殷墟發掘 70 週年學術紀念會論文，1998 年。

〔註64〕 劉士莪：《老牛坡》，第 336～347 頁。

〔註65〕 彭邦炯：《西安老牛坡商墓遺存族屬新探》，《考古與文物》1991 年第 6 期。

〔註66〕 張天恩：前引書，第 152 頁。

首先，商代關中地區作為一個社會而言，不能僅限於文化和政治的角度。在此需要解釋的是何為表層以文化史，裏層以政治史為視角。以文化史為視角是指關注於遺存的文化屬性而不是經濟、社會等屬性。以政治史為視角就是只關注或更關注正統的商和周，而忽視其他的族屬和地區。比如對先周的關注，如果根據文獻進行客觀地分析，就會發現周人起初是很弱小的，也曾被強敵所迫東躲西藏，但正是由於其後人建立了西周王朝，所以其先世才得到如此的重視。由此可見以往的研究還是略顯單薄，需要對現有資料進行廣度和深度上的開發。更具體而言，以往的考古學文化主要關注陶器群，其次是墓葬，此外的其他資料幾乎都存而不論或僅作為附屬提及而已。感覺似乎我們的研究對象是新石器時代的考古學文化，而實際情況是此時的各個遺址都已進入青銅時代，東部的老牛坡遺址是典型的階級社會，西部的各遺址可能也是同樣的情況，或者最起碼在商周之際的文武時期應該進入階級社會。那麼銅器和卜骨的重要性自然就不言而喻了，肯定是遠遠超過陶器的，可是以往研究大都捨棄了銅器和卜骨，個別涉及者也只是將其作為附屬而已，從未給予和陶器相當的地位。同樣地，聚落中的特殊遺跡如大型夯土基址、貴族墓葬也都基本被忽視。

其次，考古學文化的使用值得斟酌，特別是關中西部。張天恩在分析早商時期文化類型的命名時曾指出，新資料的每次出現都導致了類型的再次劃分。關中西部的範圍並不算廣闊，但目前各主要遺址的面貌似差別較大。這是與其他地區大不相同之處，尤其是目前各文化的典型遺址往往只有一或兩處，發掘面積很小，如孫家遺址僅試掘了 1 個探溝；遺跡很少，如劉家墓地僅有 20 座墓葬；加之資料發表以簡報為主，目前僅碾子坡遺址發表了正式報告，大部份遺址還無法得到典型遺跡的陶系和器類統計表和遺跡分佈圖等。這種地域範圍和資料特點使得我們必須謹慎使用考古學文化這個較為宏大的概念，而應採取一種謹慎的態度，不妨先以××類遺存代之。

第三，即使可以劃定具體的考古學文化或遺存，但畢竟物質的組合與族屬的認定之間存在巨大的差別。關於這一點，人類學和民族學的資料已經非常充分，馬賽也做了專門的論述。即使雷興山最近的努力也仍在這個問題上面對著巨大的風險。所以目前放棄對這二者之間的關聯是可行的。

第四，必須謹慎建立文獻資料與考古資料之間的關聯。首先是文獻記載需要考察。筆者曾以冒蔭為切入點討論過周人始祖的問題，結論是周人以其

作為內部凝聚的資源可能性更大。自然地，關於邰、豳的記載也應如此。其次是文獻記載的地名與現在地名的對應問題。最後才是與考古資料的關聯問題。不同的地理範圍就會容納不同的考古學遺存，有時是一類，有時是兩三類。我們的態度是目前不宜進行簡單的關聯，風險太大。

　　第五，不能忽視地區間的互相影響。筆者以為這可能是以往研究中最不會被記得但又常被忽略的地方。學界大都注意到，二里頭時期，關中地區的遺址數量非常少，關中東部大致確定的不過 6 處，西部 3 處，可能是歷史上遺址最少的時期。與之相對的是從商代，尤其是二里崗上層以後開始出現了大量的遺址。這或許說明此時的遺存大多從周邊地區遷徙而來，考古資料其實已經表明了這一點。而以往的研究中大都只是在篇末以與周邊文化的交流等題目處理了之，有的文章甚至不會提及。

三、本文的理論、目標、方法與資料

　　20 世紀 30 年代以來，蘭克學派的科學史學或實證史學所代表的政治史範式之後，興起了馬克思主義史學和年鑒學派所代表的社會史範式。後者強調「全面的」或「總體的」社會史，與專門的政治史、經濟史、法律史等不同。比如馬克思主義史學自 30 年代以來在中國的傳播，就有力地推動了社會經濟史研究和社會發展史的研究，對於破除舊的以王朝世系為綱的政治編年史具有巨大的意義〔註67〕。本文也試圖從社會史的意義上理解商代的關中地區。

　　在此，我們的核心概念和研究對象是關中區域社會。本文是從以下兩個角度來進行理解的。第一個角度是指將其放在更大一級的區域社會——關中地區及其四鄰——中來看待，從四鄰地區持續遷入的考古學遺存不但持續造就著關中區域社會這個實體，而且隨著四鄰社會的變化，關中區域社會走向了逐漸強大和獨立發展的道路，最終形成了政治意義上的周政權。正是從這個角度出發，我們才能看到商文化核心區北移和衰落對山西地區和關中地區的影響。如老牛坡類型的多面性，這種多面性體現在在文化上它似乎很保守，很少與周邊地區進行陶器、葬俗等的交流，但其銅器生產又似乎供應著周邊落後地區如關中地區，甚至陝南的某些需求，而且由於其所處位置的樞紐性，似乎又承擔著聯繫陝南與關中、陝北、山西地區的職責。如此等等。第

〔註67〕本段表述主要引自趙世瑜：《再論社會史的概念問題》，《歷史研究》1999 年第 2 期。

二個角度是就關中區域社會內部而言。這個實體內部一直在持續進行著交流與互動，尤其是在商後期。以往的研究多著重於遺存之間的區別，本文則由於視角的轉變，會更多的關注各類遺存間相似性的逐漸增加。於是從這兩個角度我們看到的就是從考古學遺存意義上的文化、經濟和狹義的社會〔註 68〕三個體現出來的關中區域社會各類遺存的出現與形成、發展與變化、融合與並存。

　　為了體現上述這種複雜多變的現象，本文在處理關中地區的考古遺存時就必須謹慎使用考古學文化的概念，只將其應用於早商時期老牛坡類型商文化，至於其他遺存，將使用××類遺存的概念。這樣做的原因一方面是由於資料的局限，不得不如此，但更是為了從較為具體的分析單元入手來展現上述變化的過程和人員的流動。而且在後文中處理類似灃西類、賀家類和蔡家河類遺存的關係時可以發現，如果採用了考古學文化這個相對宏觀的分析手段時，很可能就只有一個分析單元的存在，而採用了類遺存的方法時就較為清楚的展現了遺址和地區間的互動。所以本文對類遺存的使用從研究目的而言與考古學文化是不同的。另本文中考古學遺存的劃分將以陶器組合與墓葬為標準。

　　為了更好地對關中區域社會進行分析，本文還將使用聚落考古的方法。具體做法是首先考察聚落的區域分佈，這項研究只應用於關中地區而不涉及周鄰區域；其次是關中地區內各個區域中的聚落等級；第三個角度是指單個遺址中對確定遺址性質具有指示性意義的遺跡和遺物，如大型夯土建築、手工業作坊、銅器、金器、玉器等，主要針對中心性聚落。對個別遺址如周原，還要分析其遺存種類的分類與分佈。完整的聚落結構研究本應包括具體遺址的功能分區，但由於資料的匱乏，所以只能擱置不論。

　　由於本文的關注點擴展至經濟與社會，所以使用的資料也將相應的增加反映經濟活動的各類遺物，反映聚落性質的上述遺跡和遺物以及各類武器。

〔註68〕趙世瑜指出「如果社會史的研究對象真的是『社會』，那麼它與政治、經濟、軍事、宗教等等相比，就的確如費弗爾所說，是個含義模糊的詞。我們不能不承認「社會」這個詞的涵蓋面要比政治、經濟等等大得多。為了研究這個『社會』，人們不惜用『社會科學』的全部力量，而所謂廣義的『社會科學』，不僅包括哲學、歷史學、文學藝術等傳統的人文科學，也包括經濟學、法學、政治學、社會學、人類學、心理學、倫理學、教育學、地理學、人口學等等或大或小的學科分支。也就是說，社會科學各學科全部份支的研究對象都是這個『社會』的不同部份。」本文的社會即為狹義上的社會，主指社會結構。

此外，在討論文化時還將增加卜骨和銅器資料。同時，由於社會研究要求對象具有社會普遍性，具體而言就是整個關中地區、各個具體區域、各具體遺址、各類遺跡遺物都將盡可能的提供相關的統計數據。

四、相關問題說明

1、商文化分期的說明

學界關於商文化的分期存在多種意見。近年來許宏從都邑變遷、考古學面貌的變化以及商文化向外擴張的態勢等方面將商文化分爲前後兩期。前期爲二里崗文化，時代爲二里崗遺址上下層時期，主要分佈區爲鄭洛地區；後期爲殷墟文化，時代爲洹北花園莊早晚期和殷墟時期，主要分佈在豫北冀南地區〔註 69〕。張國碩和尤悅進一步對商文化階段劃分和各階段內部的分期進行了研究，討論了各種「二分法」和「三分法」的局限，提出了新的「二分法」〔註 70〕。他們在階段劃分和時代上與許宏意見一致，只是將洹北花園莊早晚段和洹北商城遺址明確定爲「新殷墟一期文化」。本文同意以上兩種意見並將具體採納後者的分期。

2、關中地區的地理劃分

本文將關中地區分爲三大塊，分別爲西安市區以東的渭河流域東部（文中也可簡稱爲關中東部）、以西的渭河流域西部和涇河流域，同時涇河流域也以碾子坡遺址爲界分爲上游和下游兩小塊。這三個大區域在文化、經濟、社會、軍事等方面始終存在一定的差異，兩個小區域之間也存在相當大的差異。

〔註 69〕 許宏：《都邑變化與商代考古學的階段劃分》。中國社會科學院考古研究所編：《二十一世紀的中國考古學——慶祝佟柱臣先生八十五華誕學術文集》，文物出版社，2006 年，第 479～487 頁。
〔註 70〕 張國碩、尤悅：《商文化階段劃分芻議》，《文物報》2008 年 7 月 4 日。

上編　考古學遺存時空框架的建立

　　上編的主要任務是建立關中地區商代考古學遺存的時空框架。第二章中我們首先對幾個關鍵性的問題進行分析，然後選擇 9 處典型遺址，建立整個關中地區的陶器分期框架，隨之對其他主要遺址進行分期。在第三章中結合陶器與墓葬資料，對遺址進行分類和內涵、分佈範圍的分析。

第二章 關中地區商代考古學遺存的分期與年代——以陶器爲分析對象

第一節 對幾個問題的認識

在以往關中西部的分期與年代研究中，對京當類遺存和周原遺址的重要性必須有明確的認識。鄭家坡類與京當類的時間關係也一直未能達成共識，筆者在研究中一度受困於這個問題，故曾專門著文展開討論〔註1〕。在最近的研究中，張天恩〔註2〕和雷興山〔註3〕也都專門對這個問題進行了說明，筆者與其認識仍不相同，故特將以前論證過程再次引證於此。此外對商式器的使用、分期尺度的把握等存在分歧的地方也需特別進行分析。

一、京當類遺存和周原遺址的重要性

以往對關中西部文化格局的討論主要集中在劉家類、鄭家坡類、碾子坡

〔註1〕 宋江寧：《商文化京當類與鄭家坡類遺存關係探討》。中國社會科學院考古研究所夏商周考古研究室編：《三代考古（三）》，科學出版社，2009年，第322～334頁。本文中我們對京當類的性質有所改變，詳見下文。

〔註2〕 張天恩先生曾發表《高領袋足鬲的研究》一文（《文物》1989年6期），後在《關中商代文化研究》第284～306頁中基於新資料和層位關係又做了更細緻的分析，我們在此以後者爲討論的基礎。

〔註3〕 雷興山：前引書，第106～112頁。

類、孫家類〔註4〕和京當類等幾類遺存的關係上〔註5〕。以上五類遺存，按照地理位置和文化面貌大致可以分爲三大類，居東的是以聯襠鬲、聯襠甗、折肩罐、深腹盆（方格紋盆）等爲主要器類的鄭家坡類和孫家類遺存，居西的是以高領袋足鬲、高領袋足甗、折肩罐、深腹盆（繩紋盆）爲主的劉家類和碾子坡類遺存。這兩大類遺存間由於差別性大於相似性，很難進行直接的對比。京當類遺存居中。它既與居東的兩類遺存有更多的相似器類，如聯襠鬲、聯襠甗、折肩罐、深腹盆（方格紋盆），又與居西的兩類遺存在周原遺址有直接的地層關係。所以它在關中西部文化格局的討論中具有樞紐性的位置。

同樣的，周原遺址也具有這樣的位置。目前在周原遺址可以確認相當多的京當類遺存，使我們可以與鄭家坡類和孫家類進行對比，同時又提供了京當類與碾子坡類〔註6〕的地層關係。目前雖然沒有發現與劉家類遺存之間的地層證據，但豐富的高領袋足鬲的層位關係卻提供了京當類、碾子坡類、劉家類之間對比的確切資料。此外，周原遺址南側不遠處的趙家溝 H1 面貌似乎也顯示與孫家類之間的密切聯繫。所以在關中西部，周原遺址的地層關係、遺存面貌和分期具有非常重要的作用。

二、鄭家坡類遺存的年代上限

筆者曾以朱馬嘴、王家嘴、老堡子、壹家堡等四個遺址爲典型遺址，將京當類商文化分爲三期4段。第一期爲第 1、2 段，包括朱馬嘴第 1、2 段和王家嘴第 1 段，時代相當於二里岡上層或略晚。第二期爲第 3 段，包括朱馬嘴第 3 段、王家嘴第 2 段和老堡子商代遺存，時代相當於二里岡上層與殷墟一期之間。第三期爲第 4 段，包括朱馬嘴第 4 段、王家嘴第 3 段和壹家堡第一期，時代相當於殷墟二期或一二期之際〔註7〕。

〔註4〕即本文的棗樹溝腦類遺存。

〔註5〕本文在此提前使用了在後面採用的文化分類，而沒有沿用以前學者的各種文化命名。

〔註6〕本文在第三章中將周原遺址此類遺存稱爲王家嘴類遺存。

〔註7〕宋江寧：《商文化京當型與鄭家坡類遺存關係探討》，中國社會科學院考古研究所夏商周考古研究室編：《三代考古（三）》，科學出版社，2009 年，第 322～334 頁。本文將堅持以上分期的序列，但出於研究目的不同，將在下文進行調整。另在下面第六點關於斷代的意見中，我們認爲商後期的斷代無法與殷墟遺址的分期進行準確的對應，所以斷代只能模糊而不求精準，而學者之間在這個時期斷代上的分歧也將不是本文關注的焦點。

各期的面貌和特點如下：

第一期：朱馬嘴遺址以泥質灰陶居多，夾砂灰陶次之，泥質紅褐陶略少於夾砂灰陶，夾砂紅褐陶較少，還有一部份泥質黑皮陶，以及更少的泥質和夾砂紅陶。紅褐陶往往呈暗褐色。紋飾以繩紋爲主，其中麥粒狀繩紋約占 30% 以上，還有一些弦斷繩紋及少量細繩紋。其次是弦紋和附加堆紋，另有方格紋和雲雷紋（飾於尊和缸上）〔註8〕。王家嘴 H28 出土器物較少，夾砂陶爲 56.09%，其中夾砂黑陶達 37.8%，泥質褐陶占 23.19%。紋飾以繩紋爲主，麥粒狀繩紋最多，爲 47.56%，條狀、交錯繩紋爲 28.05%，還有弦斷繩紋，素面占到 23.17%〔註9〕。

商式器有鬲、甗、盆、假腹豆、罐、簋、斂口甕、缸、壺等。張天恩認爲朱馬嘴的商式器整體上無論泥質或夾砂陶，均以灰色爲主，褐色及其他少見，質地較硬，燒成溫度高，與鄭州、安陽、北村有密切的關係。主要器類均不見於關中西部同時期的其他文化，只有 1 件甗腰部的附加泥條可能受到土著文化的影響，可見商式器保持了自身的特點。反觀其中的鄭家坡類遺存器物，有聯襠鬲、甗、繩紋盆、眞腹豆、折肩罐、尊等。在發表的 15 件器物中就有 8 件〔註10〕，即 1 件鬲、2 件深腹盆、3 件折肩罐、2 件尊，具有商文化因素的寬沿、寬方唇、雙弦紋、方格紋、口沿內飾單弦紋、唇部泥條加厚、折肩罐的束頸近直等特徵。因資料的局限，不能確定 2 件眞腹豆是否也受到了商文化的影響。

器形統計數據顯示朱馬嘴遺址第一期商式器占 65%，鄭家坡類器占 32%〔註11〕。如果從紋飾風格統計，商文化因素的比例會更高。王家嘴 H28 不詳，但所發表的 3 件器物都是商式器〔註12〕。

可見本期的文化構成有兩個特點：一是商文化因素居於主導地位。二是鄭家坡類器物具有濃厚的商文化因素。在此基礎上進一步推測，作爲京當類第一期重要組成部份的鄭家坡類器物群受到了商文化的強烈影響，而其對商

〔註8〕張天恩：前引書，第 49 頁。

〔註9〕付仲楊：《周原商代遺存的分期與性質研究》，中國社會科學院研究生院碩士學位論文，2005 年 5 月，第 28～29 頁表二、表三。

〔註10〕張天恩：前引書圖七有 14 件，北京大學考古系商周組、陝西省考古研究所《陝西禮泉朱馬嘴商代遺址試掘簡報》圖五：12B 型罐爲另外 1 件。

〔註11〕張天恩：前引書，第 64～65 頁。

〔註12〕雷興山：前引書第 43 頁圖三：1 和圖六：3、4。

文化器物群則影響極小。

第二期：朱馬嘴二期陶質陶色同一期，灰陶比例增加，紅褐陶色往往爲淺紅褐色。紋飾仍以繩紋爲主，但麥粒狀繩紋比例下降，弦斷繩紋增多。印紋僅方格紋一種（飾於尊上）。流行以弦紋界邊的條帶形裝飾風格。王家嘴和老堡子遺址泥質陶高於夾砂陶，達 71.5%以上。泥質灰陶數量最多，其次爲泥質褐陶和夾砂褐陶。紋飾仍以繩紋爲主，其中麥粒狀繩紋略減，但所佔比例仍最高，均達到 44%以上，還有條狀、交錯繩紋和間斷繩紋等。素面陶也較多，占 18%以上，其他紋飾還有弦紋、附加堆紋、方格紋、戳印紋和劃紋等〔註13〕。朱馬嘴遺址和王家嘴、老堡子遺址之間仍有區別，我們認爲可能與地域有關，因爲朱馬嘴位於東邊的涇河流域，王家嘴和老堡子位於西邊的渭水流域。

本期商式器器類不變，但部份器形已不具備典型商式特徵。朱馬嘴遺址商式鬲 H17：12 沿下無弦紋。王家嘴遺址 H64：18、39，老堡子遺址 T11─16②：22 商式鬲雖仍有弦紋，但口沿下已通飾繩紋，具有聯襠鬲的特徵。鬲盆罐等在寬方唇之外，出現加寬厚泥條和窄泥條者，且前者數量已不占主要地位。這幾點表明商式器逐漸增強的土著化傾向。鄭家坡類器物原有器類不變，新出現了方格紋盆。

朱馬嘴遺址商式器種類多，王家嘴和老堡子遺址只有鬲、甗、假腹豆、眞腹豆四類，其他器類很少見。

朱馬嘴遺址商式器占 53%，鄭家坡類器占 31%〔註14〕。王家嘴和老堡子遺址據付仲楊統計〔註15〕，前者占 24.81%，後者占 46.62%，商文化與其他文化的混合因素器物爲 18%，表明鄭家坡類因素佔優勢。對此我們認爲，因商文化從東向西逐漸傳播而來，即使在目前發現最早且位於京當類偏東部的朱馬嘴遺址，商文化也只占到 53%，所以隨著時間的推移和地域上向西的傳播，京當類中作爲外來因素的商文化逐漸減少，鄭家坡類作爲土著因素逐漸增加應該是可以理解的，尤其目前發現表明周原地區正是京當類的西界，那麼這種情況更應該可以理解。

本期的文化面貌首先呈現出東西或涇渭兩個流域的差異，具體表現在陶質陶色、紋飾、器類、數量等方面的不同。其次是商文化因素數量較一期下

〔註13〕 付仲楊：前引文第 28～29 頁表二、表三。

〔註14〕 張天恩：前引書，第 64～65 頁。

〔註15〕 付仲楊：前引文，第 47 頁表四。

降，越向西越少；鄭家坡類因素相對增多，且越向西越多。但各遺址相同器類的變化規律基本相同。

第三期：朱馬嘴遺址灰陶比例仍有增加。紋飾仍以繩紋爲主，比例上升，麥粒狀繩紋進一步減少，旋斷繩紋減少。方格紋有或無界邊者均存在。壹家堡一期據筆者依報告統計表計算〔註16〕，以泥質陶爲主，夾砂陶次之。紅褐色和灰褐色加起來略多於灰色，黑皮陶較少。紋飾以麥粒狀繩紋和條索狀爲主，並有少量細繩紋。印紋只有方格紋。王家嘴3段泥質陶比例在61%以上，灰色與褐色相當，紋飾比例變化不大，方格紋有所增加（主要是方格紋盆）。可見這三個遺址有極大的一致性。

本期商式器變化更多。朱馬嘴商式鬲H11：14〔註17〕，壹家堡H33：1、2〔註18〕，王家嘴H16：57〔註19〕呈現出侈口、窄方唇、短足根或近無等新特徵。朱馬嘴A型盆H11：39〔註20〕可能爲新出現的器類。假腹豆已經接近真腹豆的形制〔註21〕。罐、盆、甗以窄方唇、圓唇居多。罐的頸部變短或可稱之爲從直頸變爲束頸，小口變得稍大。鄭家坡類器類不變，口沿和唇部變化與商式器相同。

朱馬嘴遺址商式器占37%，鄭家坡類器占35.6%。據分析〔註22〕，根據不同標準，壹家堡遺址各種文化因素可有兩種比例。第一種是商文化因素占28.6%、先周文化因素（即鄭家坡類因素）占16.3%，二者的混合因素器物占44.9%。第二種是商文化因素占55.9%，先周文化因素占33.9%。王家嘴3段商文化因素占約23.3%，鄭家坡類因素約占48%，混合因素約占14.92%。這幾組數據中的混合因素根據筆者的觀察，按照器型可分爲商式和鄭家坡類兩種。如按照張天恩的分類，壹家堡一期混合因素中的豆T23⑧：58和盆T23⑧：50〔註23〕就應該歸入鄭家坡類因素。同樣，付仲楊所分王家嘴2、3段的

〔註16〕　北京大學考古系商周組：《陝西扶風縣壹家堡遺址1986年度發掘報告》第386頁表三。

〔註17〕　張天恩：前引書，圖七。

〔註18〕　北京大學考古系：《陝西扶風壹家堡遺址發掘簡報》圖三：2、1。

〔註19〕　周原考古隊《2001年度周原遺址（王家嘴、賀家地點）發掘簡報》圖一五：12。

〔註20〕　張天恩：前引書，圖七。

〔註21〕　可見張天恩《關中商代文化研究》圖七Aa型豆假腹豆與Ba型真腹豆。

〔註22〕　雷興山：《對關中地區商文化的幾點認識》，《考古與文物》2000年第2期。

〔註23〕　孫華：《陝西扶風壹家堡遺址分析——兼論晚商時期關中地區諸考古學文化的

混合因素中的 2 件鬲，器形爲聯襠鬲，脣部和頸部則具有商式風格。2 件眞腹豆中前一件爲典型商式器，後一件有變化。2 件盆也是更多地是受到商文化影響〔註 24〕。所以因爲研究者對混合因素地理解不同，目前尚不能將其簡單歸入某一類文化中去，只能認爲它們反映了遺存間的交流與融合。

本期兩種文化因素的比例在朱馬嘴遺址已經變得基本相當，反映了隨著時間的推移，京當類的面貌與商文化核心區的差別越來越大。王家嘴遺址資料較壹家堡更爲豐富，且筆者曾參與整理並多次揣摩，所以結合第二期的分析，傾向於認爲鄭家坡類因素在周原地區仍占上風。

關於鄭家坡遺址和岸底遺址最早的遺跡單位，結合地層關係和各家意見，我們選取鄭家坡遺址 81 年 H2、87 年 H71、97 年 H71。因爲兩類遺存之間缺乏直接的地層關係，所以只能從遺存面貌上進行總體的比較，下面我們從六個方面進行比較：

第一、鄭家坡遺址的器類與上述四個遺址的鄭家坡類器物是一致的。

第二、朱馬嘴等遺址都主要由商式器和鄭家坡類器物組成，各期的變化也已明瞭，但鄭家坡遺址未發現商式器（據介紹在晚於其後的 97 年 H64 和再晚的 97 年 H67、H73 中均發現個別商式鬲足〔註 25〕）。在對京當類遺存器物的分析中，我們發現其中的鄭家坡類器物曾受到過商文化強烈的影響，而商文化在第一期則保持了自身特徵，在二三期才逐漸土著化。在這種情況下，如果還認爲鄭家坡遺址在與京當類共存的同時，不但保持獨立並且對後者施加了強大的影響，而其身處京當類的包圍之中卻幾乎不受後者的影響，這種認識恐怕不能成立。至於其是否會早於京當類，則似乎可能性更小。更好的解釋應該是鄭家坡遺址很可能晚於我們所分的第三期。

第三、繩紋盆與方格紋盆的早晚。

京當類遺存第一期只有繩紋盆，到第二期朱馬嘴遺址中才見到繩紋盆與方格紋盆共存。王家嘴和老堡子只有繩紋盆，未見方格紋盆，說明方格紋盆數量還很少。第三期目前發表的資料中尚未見到方格紋盆。鄭家坡遺址中的盆中方格紋盆爲絕大多數，繩紋盆極少，因鄭家坡遺址可延續到西周，故可肯定方格紋盆沿用時間長。從只有繩紋盆到繩紋盆多、方格紋盆少，再到方

關係》第 122 頁圖九。

〔註 24〕付仲楊：前引文，第 36 頁圖十九中第二期的第五類因素。

〔註 25〕雷興山：前引書第 103～104 頁。

格紋盆多、繩紋盆少的變化情況同樣說明鄭家坡遺址可能晚於上述第三期。

第四、在京當類中，商式器和鄭家坡類器物如鬲、甗、盆、折肩罐的唇部變化很明顯，從寬方唇出棱到不出棱再到方唇，從加厚泥條和寬厚泥條變爲加窄泥條並逐漸變爲圓唇或仍加泥條類似尖唇的形態。一期以商式寬方唇出棱和不出棱，加厚泥條和寬厚泥條爲主；二期仍有相當數量的一期風格（寬方唇出棱極少），新出現相當多方唇和少量加窄泥條者，以方唇和加厚泥條爲最多；三期以退化方唇和加窄泥條者居多，仍有部份加厚泥條者。鄭家坡遺址的盆、罐從發表資料上未發現商式寬方唇和加寬厚泥條的作風，主要是窄泥條、方唇、圓唇三種，且數量比例不詳，這種情況勉強可以與我們的第三期相比，但結合前三點的分析，將其放在三期之後更爲合適。孫華曾對鄭家坡遺址和壹家堡遺址進行過對比〔註 26〕，認爲鄭家坡一期相當於壹家堡二期，即上述第三期。雖然結論略有差異，但都得出了鄭家坡遺址整體上晚於京當類這一認識。

第五、朱馬嘴、王家嘴、老堡子和壹家堡遺址，除王家嘴一段資料極少面貌不詳外，都一直以灰陶爲主，褐陶次之（張天恩文中講到以泥質灰陶爲主，夾砂灰陶次之，泥質紅褐陶再次之，夾砂紅褐陶較少，還有部份褐陶胎的泥質黑皮陶，且灰陶的比例有從早到晚略有增加的趨勢〔註 27〕）。此外，朱馬嘴遺址中商式器無論泥質或夾砂，均以灰色爲主，其在第一期占 65%，第二期占 53%，第三期占 37%。另外三個遺址也是類似的情況。這就說明灰陶主要是商文化因素，褐陶主要是鄭家坡類等土著因素，更表明了鄭家坡類因素逐漸增加，商文化因素逐漸減少的趨勢。反觀鄭家坡遺址，前期陶器皆以紅褐色和灰褐色爲主，與其文化面貌以鄭家坡類占絕對主導地位恰好相符，也再次表明將其放在上述趨勢之後的合理性〔註 28〕。

第六、麥粒狀繩紋是鄭家坡遺址的代表性紋飾，1 段時繩紋幾乎皆爲麥粒狀；2 段麥粒狀繩紋占 46%，非麥粒狀繩紋占 15%左右；3 段時前者占 34.2%，後者近 30%；4 段前者減至不足 20%，後者上升至 45%稍強；5 段麥粒狀繩紋只有 2%〔註 29〕。可見麥粒狀繩紋在鄭家坡遺址中一直呈下降趨

〔註 26〕孫華：《關中商代諸遺址的新認識——壹家堡遺址發掘的意義》，《考古》1993年第 5 期。
〔註 27〕張天恩：前引書，第 49 頁。
〔註 28〕雷興山：前引書，第 101～102 頁。
〔註 29〕雷興山：前引書，第 101～102 頁。

勢，從主流變為末流。朱馬嘴等四個遺址中一直以麥粒狀繩紋為主，除朱馬嘴遺址數據不清楚外，其他遺址均保持在 40% 以上。結合以上五點分析，若將鄭家坡遺址放在京當類之後，則麥粒狀繩紋從早到晚逐漸減少這一趨勢就比較明顯且合理。

張天恩將先周文化鄭家坡類型分為五期。雷興山將鄭家坡遺址分為 5 段。二者的分期中我們選取的鄭家坡遺址 87 年 H71、97 年 H71 都為第一期或第 1 段，可見在鄭家坡的分期上我們是一致的，區別只是在年代的推定上。

張天恩在論述講京當類中的各類文化因素時，對鄭家坡類因素（即 B 類因素）和鄭家坡、岸底遺址進行了分析，強調了二者的相似性，認為這類因素來源於後者。如果結合我們上面的量化分析，其實二者的關係恰好是相反的。

雷興山從商文化因素、高領袋足鬲和「京當類」中相同的器類等三個角度來來論證鄭家坡前期遺存的年代上限。他認為鄭家坡第 2 段 H64 中出土的兩件商式鬲的足根時代為殷墟一期前後，其形制與朱馬嘴第 2 期 H17 以及周原王家嘴 H64 的同類器相同。第 3 段 H97：21 的商式鬲足根約相當於殷墟二期偏早階段。另外，他採納牛世山的意見，認為岸底遺址第一期的斜方唇聯襠鬲是受商文化影響而成的，年代當在武丁時期，所以鄭家坡遺址第一期的上限不晚於盤庚、小辛、小乙時期。由於鄭家坡和岸底遺址中的商文化因素極少，這種比較本就不可靠，更何況按照本文的論證，鄭家坡遺址本就從京當類發展而來，出現個別商式器完全符合上面描述的變化趨勢。至於受商文化影響而成的斜方唇聯襠鬲，我們在對京當類文化面貌的描述中也已經講過了，京當類中的商式器和鄭家坡類器物一直互相影響。鄭家坡前期遺存中的高領袋足鬲僅發現 2 件，用來論證其年代的資料都來自京當類的朱馬嘴、王家嘴和壹家堡遺址，同時這幾處遺址中的高領袋足鬲也基本是個例。另根據目前的資料來看，前期的高領袋足鬲發現不但極少，而且除了在上述幾處遺址中外都是採集品，所以對它們的認識還很不清楚。我們認為不能用這些器物來作為判斷年代的資料。

他最後利用鄭家坡遺址早期遺存與京當類中的相同器類來判斷年代關係。我們本就同意二者的相似性，但更著眼於文化面貌的全面分析而不是個別器物的對比，所以雷文的分析更支持了我們的觀點。

三、高領袋足鬲在判斷鄭家坡類遺存年代上限中的作用

雷興山曾明確指出「高領袋足鬲是關中西部商時期考古學文化遺存中最常見的器類之一，亦是年代特徵變化最明顯的器類。但長期以來，研究者對高領袋足鬲形制演變規律的認識存在較大差異」〔註30〕。對於這個判斷我們完全認同。因雷興山已經對以往的研究進行了詳細的介紹，在此我們不再重複。

高領袋足鬲足根的變化很明顯，在實踐中也經常使用到。張天恩將足根分爲鴨嘴形、扁柱形、扁錐形、圓錐形等由早到晚的四種形狀。雷興山將足根分爲鴨嘴狀、扁柱狀、橢圓柱狀、扁錐狀、圓錐狀等五種〔註31〕。兩位的結果基本相同，僅在於後者多出了橢圓柱狀足根一種。鑒於目前資料發表較少，以及大部份資料只能參考線圖的原因，我們採用張天恩的分類方案。

經過分析，我們認爲在高領袋足鬲的使用中存在的問題是對鴨嘴形足根和部份扁柱形足根在斷代中的使用。目前，還沒有明確的地層關係可以證明鴨嘴形和扁柱形足根的早晚關係，可見的論證只是基於類型學的排比。而且鴨嘴形足根的數量很少，發表的資料中有明確地層關係的僅 1 件，即鄭家坡遺址 1987 年 H71：10〔註32〕，除此之外都是採集品，缺乏地層和組合關係。扁柱形足根數量較多，但與京當類的共存關係只有王家嘴遺址 H16：58 一件。根據王家嘴遺址的發掘可知其主要存在於稍後的王家嘴類遺存中。我們認爲不能僅利用上述幾件鬲足來證明鄭家坡類遺存的年代上限與京當類同時，通過我們對京當類與鄭家坡類遺存關係的分析，可以發現，在京當類和鄭家坡類遺存中，能夠進行綜合對比的主要是商式器和鄭家坡類器物，高領袋足鬲由於數量的限制，還無法作爲可靠的證據使用。所以鑒於上述現狀，我們認爲還不宜將其作爲判斷鄭家坡類遺存上限的證據。

四、商式鬲足根在判斷鄭家坡類遺存年代上限中的作用

我們認爲同樣也不能過份誇大商式鬲足根在判斷鄭家坡類遺存年代上限中的作用。原因有以下兩點：首先，關中地區可算作是典型「商文化」遺址

〔註30〕雷興山：前引書，第 106 頁。
〔註31〕雷興山在《先周文化探索》第 108～109 頁中將高領袋足鬲分爲八式，我們根據其描述歸納出足根的形狀有五種。
〔註32〕雷興山：前引書第 102、104 頁。

的老牛坡、北村和朱馬嘴的資料表明，足根的高低不能作爲判斷年代的證據。老牛坡遺址三期發表的 13 件陶鬲，2 件陶甗（帶足部的）中，可見明顯足根的幾乎沒有。北村遺址第三期發表的 4 件陶鬲和 1 件鬲足中，只有 1 件明顯屬於長足根，其餘 4 件都很短，或基本沒有。朱馬嘴二期的發表了 1 件甗足，足根也不明顯。其次，鄭家坡類遺存前期遺存中目前僅發現了 2 件商式鬲足根〔註33〕，其數量也不足以作爲斷代和文化面貌對比的依據。

五、分期的尺度

遺址的分期可以根據研究的目的進行各自的理解和操作，但我們認爲雖然不能確定可以粗略到什麼程度，卻應該把握不至於過份的詳細。目前關中地區的分期中就存在這樣的問題。

在第一章中，我們講到商後期關中西部各類遺存發掘的遺址數量大部份爲 1 處或 2 處；發掘面積小，如孫家遺址僅試掘了 1 個探方；遺跡數量少，如劉家墓地僅有 20 座墓葬；資料公佈不足，目前僅碾子坡遺址發表了正式報告，其他重要遺址如鄭家坡都只有簡報，大部份遺址目前都無法得到典型遺跡的陶系和器類統計表和遺跡分佈圖。再加之前面已經講過的學界在鄭家坡遺址和岸底遺址的年代上限、高領袋足鬲的年代、商式鬲的使用等，以及我們後面將看到的某些文化遺存的保守性〔註34〕，都使得各個遺址、各類遺存間的面貌對比有相當的困難。以往學者之間在文化面貌、分期、斷代、族屬等幾乎所有問題上的分歧其實都說明了這個事實的存在。所以在此，筆者以爲必須選擇大部份遺址都有、數量較多、特徵明顯的器類作爲典型器，而且以統計數據爲基礎進行分期。這樣建立的分期尺度才能夠應用至大部份遺址。

六、斷代的原則

我們已經分析過，商前期時關中地區由於與商文化核心區聯繫緊密，文化面貌基本保持一致，斷代就相對準確，所以對於商前期我們採用二里崗下層和上層的斷代方案。商後期時，由於商文化核心區北移，鄭洛地區被放棄，導致了晉南與關中地區等地考古遺存與殷墟遺址無法進行準確的對比，所以

〔註33〕出自 1997 年 H64，年代上晚於我們所選的幾個最早單位，資料引自雷興山《先周文化探索》第 103～104 頁。

〔註34〕此處指老牛坡遺址，其與關中西部的遺址交流很少。

只能大致確定上限與殷墟一期同時或稍晚，下限因爲各類遺存的面貌未達到統一，不能排除有的遺存面貌進入西周的可能性，所以暫定爲商末周初。因此，我們對商後期只進行分期，而不與殷墟的分期做明確的對應。

第二節　主要遺址的分期與年代

一、典型遺址的分期

我們首先選擇幾處發掘面積較大、層位關係較多、資料公佈詳細，或者文化面貌變化明顯的遺址作爲典型遺址，以此建立整個關中地區的分期框架。符合前一條件的有北村、老牛坡、碾子坡、岸底、朱馬嘴、周原〔註35〕、老堡子等遺址，符合後一條件的有周原和壹家堡等遺址。此外羊元坊遺址雖然只清理了一座殘灰坑，但鑒於其地理位置和面貌特點，也選作典型遺址。這樣就共有 9 處遺址。

1. 北村遺址

遺址位於耀縣演池鄉北村村東的原地和坡地上，爲渭北高原的北部地帶，面積約 18 萬平方米〔註36〕。1980 年調查發現〔註37〕。1984 年，北京大學考古系商周組和陝西省考古研究所進行了發掘〔註38〕。發掘面積 300 餘平方米，發現帶腰坑墓葬 3 座，灰坑 16 座，陶窯（？）1 座。出土器物有陶器、石器、骨角器、牙器、卜骨等。

發掘者在簡報中將遺址分爲三期〔註39〕，第一期約相當於二里岡下層，

〔註35〕此處是指 1999 年新組建的周原考古隊 2001 年王家嘴、賀家村北，2002 年禮村北、齊家北四次發掘的資料。王家嘴、賀家資料見周原考古隊：《2001 年周原遺址（王家嘴、賀家地點）發掘簡報》。齊家北資料見周原考古隊：《2002年周原遺址（齊家村）發掘簡報》。禮村北資料轉引自雷興山《先周文化探索》第 40～62 頁。

〔註36〕國家文物局主編：《中國文物地圖集·陝西分冊》，西安地圖出版社 1998 年第一版。（下）第 176 頁 36-A36 中面積爲 15 萬平方米。1984 年北京大學等發掘報告中的遺址面積爲 18 萬平方米。

〔註37〕盧建國：《陝西耀縣北村商代遺址調查》。

〔註38〕陝西省考古研究所商周室，北京大學考古系考古實習組：《陝西耀縣北村遺址發掘簡報》。
　　　北京大學考古系商周組等：《陝西耀縣北村遺址 1984 年發掘報告》。

〔註39〕陝西省考古研究所商周室，北京大學考古系考古實習組：《陝西耀縣北村遺址

第二期約相當於二里岡上層或稍晚，第三期約相當於殷墟二期或偏早，「即盤庚至祖甲時期」。後在正式報告和論文中，又將三期細分為 6 組，每期各包括 2 組，另推斷第三期約相當於殷墟一、二期〔註40〕。

王立新基本同意徐天進的分期和斷代（此處對於第三期的年代他認同簡報中的殷墟二期，並明確指出「未見可早至殷墟一期的單位」），只是在分析了正式報告的資料後，認為第一二期「對個別單位的歸組認識和年代判斷尚有粗疏之處」，他將第一二期調整為 5 組〔註41〕。可見其認識基本是相同的。

張天恩同意王文的做法，但又根據地層學和類型學的分析將第一二期調整為新的 5 組，並指出第 1 組約相當於鄭州二里岡下層晚段，第 2 組相當於二里岡上層時期，第 3 組相當於鄭州白家莊期（白家莊上層），第 4 組相當於洹北商城前期（臺西二組），第 5 組相當於殷墟文化第一期。還進一步將 5 組合併為三期，第 1 組為第一期，第 2、3 組為第二期，第 4、5 組為第三期〔註42〕。

此外《中國考古學·夏商卷》基於商代早商、中商和晚商的劃分體系，指出發掘者所分的三期「約相當於早商文化三期至中商文化三期」〔註43〕。

通過上述分析，可見學界對遺址的分期沒有大的差別，只是在斷代上分歧稍大。我們仍採用徐天進的分期方案。第一期約相當於二里岡下層，第二期約相當於二里岡上層或稍晚，第三期的時代在後面商後期的整體斷代中進行分析。陶器面貌可參見圖 2-1。

發掘簡報》。

〔註40〕 北京大學考古系商周組等：《陝西耀縣北村遺址 1984 年發掘報告》。
徐天進：《試論關中地區的商文化》。

〔註41〕 王立新：前引書，第 59～60 頁。

〔註42〕 張天恩：前引書，第 120～121 頁。

〔註43〕 中國社會科學院考古研究所編著：《中國考古學·夏商卷》，中國社會科學出版社 2003 年版，第 269 頁。

圖 2-1　北村遺址出土陶器

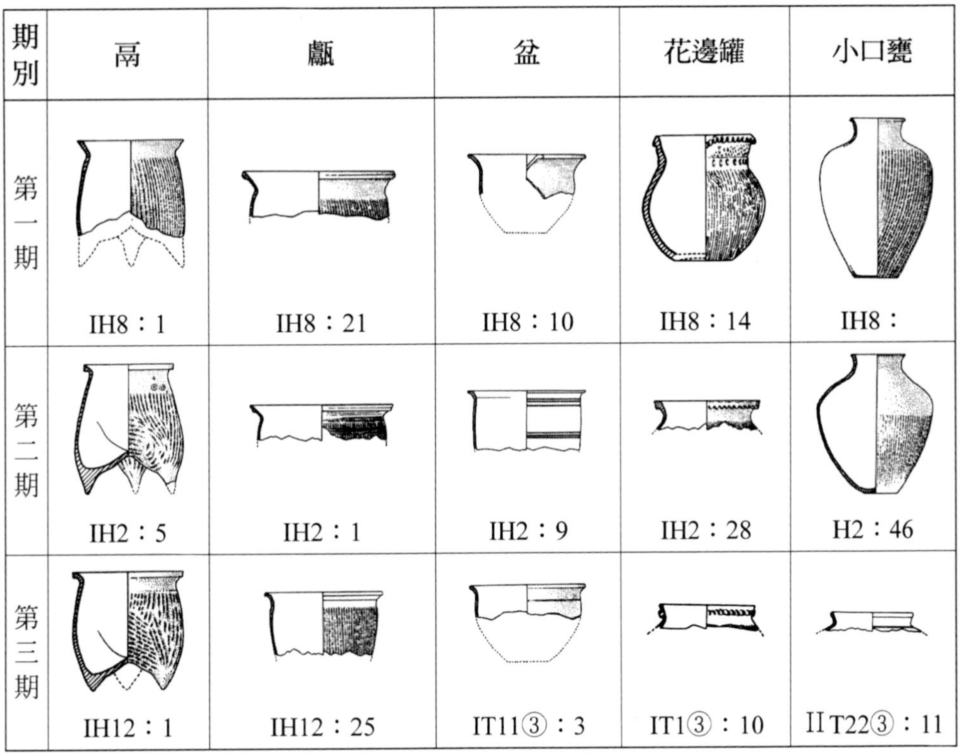

期別	鬲	甗	盆	花邊罐	小口甕
第一期	IH8：1	IH8：21	IH8：10	IH8：14	IH8：
第二期	IH2：5	IH2：1	IH2：9	IH2：28	H2：46
第三期	IH12：1	IH12：25	IT11③：3	IT1③：10	ⅡT22③：11

2. 老牛坡遺址

遺址位於西安市灞橋區洪慶鄉老牛坡村,地處灞河北岸白莽原南沿臺地上〔註44〕。面積約 200 萬平方米〔註45〕。1972 年即出土過一批商代銅器和陶器〔註46〕。此後還陸續出土過一些商代青銅器和玉器〔註47〕。1985～1989年,西北大學歷史系考古專業先後進行了 6 次發掘,共清理出大型建築基址 2 處,房址 3 座,陶窯 6 座,鑄銅遺址 2 處墓葬 53 座,灰坑 100 多個。出土器物有銅器、陶器、玉器、石器、骨角器、蚌器、卜骨等。

劉士莪在《老牛坡》報告中將遺址分爲兩段五期。前段包括第一、二期,

〔註44〕張天恩先生指出位於灞河東岸,與報告並無衝突,因灞河在此段爲東南—西北向,所以遺址位於東岸和北岸的說法都可接受。
〔註45〕國家文物局主編:前引書(下)第 60 頁 17-A17。
〔註46〕保全:《西安老牛坡出土商代前期文物》,《考古與文物》1981 年第 2 期。
〔註47〕王長啓:《建國以來老牛坡遺址散出的商代歷史文物》。劉士莪:《老牛坡》,陝西人民出版社 2002 年版,附錄一,第 415～425 頁。。

爲商代文化前期，時代分別相當於二里崗下層和上層時期；後段包括三、四、五期，爲商代文化晚期，時代分別相當於殷墟文化一二期、四期和帝辛亡國後〔註48〕。

宋新潮將遺址分爲兩段六期。第一、二期爲前期，年代相當於二里崗下層和上層。第三、四、五、六期爲商代晚期，年代相當於殷墟一至四期〔註49〕。後王立新認爲宋文的第一期相當於早商文化第1、2組（即學界通常使用的二里崗下層），第二期相當於早商文化第3組（即學界通常使用的二里崗上層），第三至六期的年代跨度在殷墟一期之後至周初〔註50〕。

黃尙明將遺址分爲四期，第一期時代相當於二里崗下層，第二期相當於二里崗上層，第三期相當於殷墟一、二期，第四期相當於殷墟三期及四期早段。將墓葬分爲三期，分別相當於遺址的二、三、四期〔註51〕。

張天恩同意劉士莪、宋新潮和王立新等對老牛坡遺址早商階段的劃分，但根據《老牛坡》報告的地層關係和類型學分析對遺址的分期進行了調整，具體分爲三期5組。第一期包括第1、2組，年代約相當於二里岡下層時期。第二期爲第三組，年代相當於二里岡上層時期。第三期包括第4、5組，年代相當於洹北商城前期至殷墟文化一期。但他也指出「第一期文化遺存確實發現得很少，要進一步將其劃分爲兩組是非常困難的」〔註52〕，同時報告第二期並未提供可用來分組的層位關係。我們認爲第一、二期發表的資料也不足以進行更細緻的分期，所以仍採用報告的分期。

對於遺址的商後期，他將劉士莪的第五期歸入西周時期，將原第三、四期分爲三期四組。第一期包括第1、2組，時代相當於殷墟一期晚段至殷墟二期。第二期爲第3組，時代約相當於殷墟第三期。第三期爲第4組，時代約相當於殷墟四期〔註53〕。對此我們將進行細緻的考察，經過分析張天恩的分期，筆者發現其第一期1、2組的劃分併沒有直接的地層證據，只是根據類型學的排比，而且遺存面貌與劉士莪的第三期基本保持一致，唯一的差別是將報告第四期的 88XLI2H26 提前至第 3 組。查閱報告，我們發現

〔註48〕劉士莪：前引書第329～336頁。
〔註49〕宋新潮：《殷商文化區域研究》，陝西人民出版社1991年版第69～72頁。
〔註50〕王立新：前引書，第61～62頁。
〔註51〕黃尚明：《論老牛坡商文化的分期》，《江漢考古》2003年第1期，總第86期。
〔註52〕張天恩：前引書，第115～118頁。
〔註53〕張天恩：前引書，第131～141頁。

88XLI2H26 隻發表了 1 件鬲和鼎足，所以可以認爲他們關於這一期的認識基本上是一致的。

張文的第二、三期是基於三組地層關係，將報告除 88XLI2H26 之外的第四期拆分開來的。筆者以爲報告的第四期是不可分的，理由如下：

第一，張文的第一組地層關係是 88XLI2H25 分別打破 88 XLI2H1 和H19。H25 發表了 2 件鬲、1 件甑，H1 發表了 2 件鬲，H19 發表了 1 件鬲。第二組是 87 XLI2H11 打破 87 XLI2H18。H11 發表 1 件甑、2 件豆、3 件罐、2 件甕（折肩甕〔註54〕和斂口甕）、1 件大口缸，H18 發表了 2 件甕（折肩甕和斂口甕）。第三組關係是 87 XLI2H12 打破 H17。H12 發表了 1 件豆、1 件大口缸，H17 發表 1 件盆、1 件折肩甕。可見各組關係中器物數量都太少，不足以分期。

第二，張文的第二期有 14 個典型遺跡（9 座灰坑和 5 座墓葬，其中 4 座墓出土有陶器），第三期有 40 個典型遺跡（5 座灰坑、33 座墓葬和 2 座車馬坑，其中 12 座墓出土有陶器）。參考報告可知，第四期灰坑總共發表了張天恩用來分期的鬲、甑、真腹豆和大口缸 36 件〔註55〕。墓葬共出土完整陶器 36件（29 件鬲、7 件罐），發表了 35 件（28 件鬲、7 件罐），分別出自 16 座墓葬。而張文第二三期的典型遺跡共有 54 個，如此則用來分期的四類陶器最多只有 71 件，數量上仍無法保證分期的需要。

第三，報告中第四期的墓葬之間沒有打破關係，且有 22 座墓葬被盜擾，22 座墓葬未見到陶器（其中 1 座陶器不能復原），墓葬出土陶器的數量都在 1～4 件，單純依靠類型學是無法進行分期的。

第四，報告中將居址的鬲分爲八式，甑分爲三類，豆分爲八式，盆分爲五式，罐分爲九式，大口缸分爲八式，墓葬的 29 件鬲分爲十式，7 件罐分爲四式，這些就表明第四期的遺存比較豐富，面貌可能比較複雜，無法按照個別器物之間地層上的早晚關係對其他器物進行分期研究。

通過以上分析，我們認爲報告的第三、四期目前無法做更細緻的分期。

關於遺址第五期的時代，我們認爲還不能確定已經進入西周時期，因爲其文化面貌依然與第四期聯繫緊密，而且與緊鄰的 1997 年灃西 H18 的陶器有

〔註54〕報告中未對甕進行分類，筆者在此爲了表達上的清楚，並利用與折肩罐和斂口罐的相似做如此命名。

〔註55〕其中真腹豆爲《老牛坡》圖一四一：4，圖一四二，大口缸爲圖一五一，圖一五二：1、2、3，圖一五三1、2、3。

相似之處〔註56〕。如罐85M5（采）：1 與 H18：131 相近。簋和豆常見於豐鎬
和周原西周早期遺存。我們認為將第五期定為商後期最晚段或下限為商周之
際是比較合理的。

至此，本文採納劉士莪對遺址的分期方案。第一、二期相當於二里崗下
層二和上層時期，第三、四、五期的時代在後面整體分期後再進行推定。關
於各期的遺存面貌，因為劉士莪已經做過總結，在此不做贅述，將在後面整
體分期中再做表述。陶器面貌可參見圖 2-2。

圖 2-2　老牛坡遺址出土陶器

期別	第一期	第二期	第三期	第四期	第五期
鬲	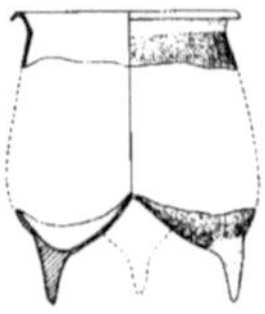 85II2H7：8	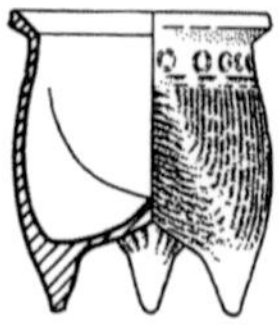 85Ⅱ1G1H2：18	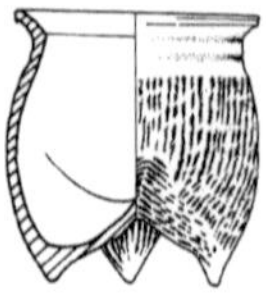 86Ⅲ1H12：10	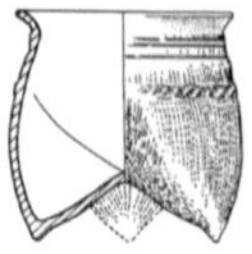 88I2H1：8	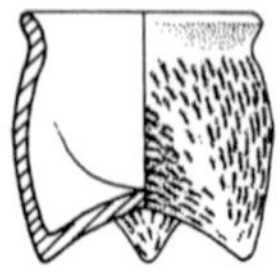 87Ⅳ2M1：1
甗	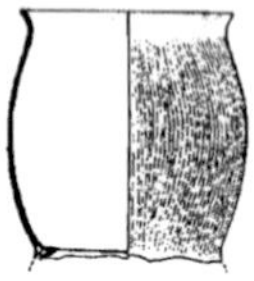 85Ⅱ2T9④：6	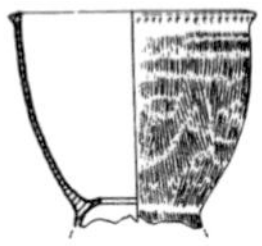 85I2H18：44	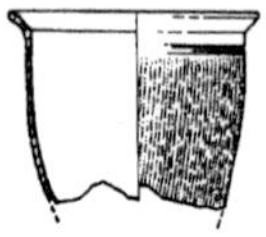 86Ⅲ1H5：135	 88I2T16③：22	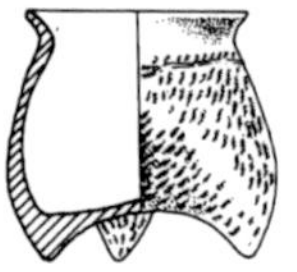 85LI：010
刻槽盆	 85Ⅱ2H6：17	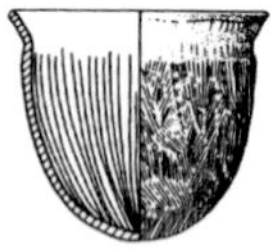 88Ⅱ1G1H2：14			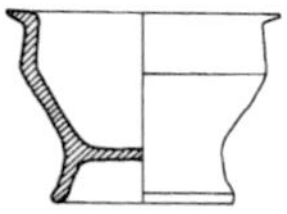 簋 87Ⅵ2M1：2
大口尊	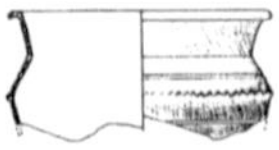 85Ⅱ2H6：6	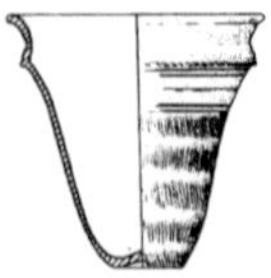 88Ⅱ1G1H2：2			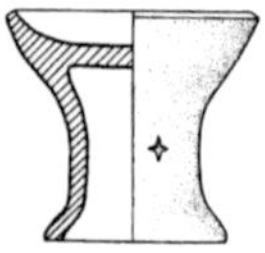 豆 85M5（采）：3

〔註56〕中國社會科學院考古研究所灃鎬工作隊：《1997 年灃西發掘報告》，《考古學報》
2000 年第 2 期。

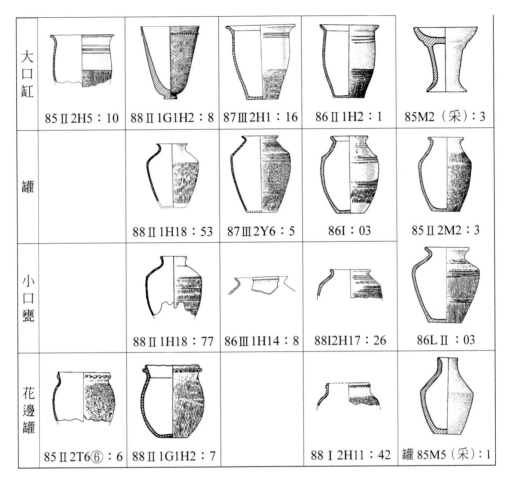

大口缸	85Ⅱ2H5：10	88Ⅱ1G1H2：8	87Ⅲ2H1：16	86Ⅱ1H2：1	85M2（采）：3
罐		88Ⅱ1H18：53	87Ⅲ2Y6：5	86Ｉ：03	85Ⅱ2M2：3
小口甕		88Ⅱ1H18：77	86Ⅲ1H14：8	88Ｉ2H17：26	86ＬⅡ：03
花邊罐	85Ⅱ2T6⑥：6	88Ⅱ1G1H2：7		88Ⅰ2H11：42	罐85M5（采）：1

3. 壹家堡遺址

　　遺址位於扶風縣壹家堡（又稱益家堡）村西，湋河北岸的原地上。面積約 40 萬平方米〔註57〕。1980 年以來，扶風縣博物館曾對遺址進行過調查和試掘〔註58〕。清理了墓葬 3 座、陶窯 2 座，灰坑若干。出土器物有銅器、陶器、石器、骨器、卜骨等。1986 年北京大學考古系商周組進行了發掘，面積約 150 平方米。清理牲畜圈欄 1 座，陶窯 3 座，灰坑 12 個，灰溝 1 段。出土器物有陶器、石器、骨器、卜骨和銅鏃等。

　　孫華將遺址分爲四期 6 段〔註59〕。第一期包括第 1 段，爲商文化京當

〔註57〕國家文物局主編：前引書（下）第 298 頁 4-A4 的遺址面積爲 25 萬平方米，高西省調查中數據爲 40 萬平方米。

〔註58〕扶風縣博物館，高西省：《陝西扶風縣益家堡商代遺址的調查》。

〔註59〕北京大學考古系：《陝西扶風壹家堡遺址發掘簡報》。孫華：《關中商代諸遺址的新認識——壹家堡遺址發掘的意義》。北京大學考古系商周組：《陝西扶風

類，時代相當於殷墟第一期第 1 組偏晚，即商王盤庚、小辛、小乙之時；第二期包括第 2 段，為鄭家坡類遺存，上限不早於殷墟第一期第 1 組，下限相當於武丁時期，最晚不過祖庚之時，即大約在殷墟一二期左右；第三期包括第 3 段，在祖甲至康丁前後，即殷墟第二三期左右；第四期包括第 4、5、6 段，上限不早於商王武乙，下限為商王帝乙或稍晚，即大約在殷墟三四期。

梁星彭將遺址分為三期，第一期與孫文的第一期相同，第二期與孫文的第三期相同，第三期將孫文的第二期與第四期合併。認為第三期的年代應為西周前期〔註60〕。

張天恩將孫文的第一二期合併作為第一期，性質為商文化京當類，時代為殷墟一期〔註61〕。雷興山贊同張天恩的做法，但認為第一二期的時代相當於殷墟一二期之際至第二期。第 3、4 段（注：孫文的第三期和第四期早段）的時代尚屬先周，第 5 段的時代採納了梁星彭的意見，定為西周前期〔註62〕。

筆者基於自己的研究〔註63〕，同意張天恩將第一二期合併作為第一期的意見，大致為京當類最後階段的遺存。

以往學者都認為孫文的第三、四期可以分開，筆者經過分析，認為這兩期應為同一期。原因如下：第一、孫文的論證是以 T31、32 的第③～④B 層的地層關係為基礎的。據報告的描述，T31、32 第③～③Ⅰ層以及其中的 H35 和 H36 是一個牲畜圈欄毀棄後的堆積，灰坑是圈欄底部為盛貯牲畜糞便而挖掘的淺坑，根據相關的遺存，我們同意這個看法。但觀察報告提供的剖面，第④～④B 層的堆積狀況與第③～③Ⅰ層是一致的，所以第④～④B 層應是圈欄的一部份。第二、陶器器形方面的證據。根據發表的器物來看，高領袋足鬲 T32④：16 為圓錐狀足根，T32④A：33、41 也具有晚期的特徵。折肩罐 T32④：29 為尖圓唇。可見的 3 件真腹豆有明顯的商式器特徵，但這類豆的序列也不明顯，在周原遺址可以延續到第五期。另有 1 件假腹豆也有類似的情況。參考周原遺址的分期，可見壹家堡第三期的面貌總體上更傾

縣壹家堡遺址 1986 年度發掘報告》。孫華：《陝西扶風壹家堡遺址分析——兼論晚商時期關中地區諸考古學文化的關係》。上述諸文中都有對遺址分期的介紹，最詳細者為最後一文，本文以最後一文為準。

〔註60〕 梁星彭：《壹家堡商周遺存若干問題商榷》，《考古》1996 年第 1 期。
〔註61〕 張天恩：《高領袋足鬲的研究》。
〔註62〕 雷興山：前引書，第 67～69 頁。
〔註63〕 宋江寧：《商文化京當類與鄭家坡類遺存關係探討》。

向於周原的第五期，但因爲資料少無法確定。我們試根據上面的地層分析將孫文第三期（T31、32④～④B、H37）和第四期4、5段（H21、T31、32③～③Ⅰ）的遺跡單位合併起來與1997年灃西H18進行對比，可以發現，高領袋足鬲H21：7和T32④：14都在灃西H18中有同類器。H37：5的甗與灃西H18：22甗的口沿相似。T31③：31簋圈足與灃西H18：44簋的圈足相似。T31③：14唇部的風格與灃西H18：51鬲的唇部風格一致。折肩罐T31③：24、T32④：29和盆T31③G：63也與同類器相近（圖2-3）。綜合看來，將二者合併起來時可行的。第三、陶器器類統計數據的分析。報告中第三期高領袋足鬲爲189件，占22%，聯襠鬲爲112件，占13%。甗80件，占9%，但不能確定高領袋足甗和聯襠甗的數量，所以高領袋足鬲和高領袋足甗與聯襠鬲和聯襠甗的數量對比不能確定，也就是說，無法據以得出這一期高領袋足鬲和高領袋足甗才具有代表性的認識，所謂的「劉家村遺存」自然也就失去了支持的基礎，或者最起碼要打上一個大的問號。而且這種現象與已知的其他遺址都無法相比較。同時，報告中第四期4、5段聯襠鬲和聯襠甗的數量遠遠多於高領袋足鬲和高領袋足甗。T21、22的第4文化層（包括了H21）有聯襠鬲256件，占15%，高領袋足鬲22件，占1%。聯襠甗也多於高領袋足甗，但數量不清楚。T31、32第4文化層（包括第③～③Ⅰ層）有聯襠鬲1458件，占33%，高領袋足鬲100件，不到總數的1%。聯襠甗仍多於高領袋足甗，但數量還是不清楚。結合前面第一、二點的分析，如果將第三、四期合爲一期，那麼依然是聯襠鬲和聯襠甗遠多於高領袋足鬲和高領袋足甗，這種情況與灃西H18、周原遺址第五期晚段、周公廟遺址第一期第2段都很相似。

圖2-3　壹家堡遺址第二期與灃西H18陶器對比圖

遺跡單位	高領袋足鬲	折肩罐	盆	甗	簋
壹家堡T31、32④～④B、H37	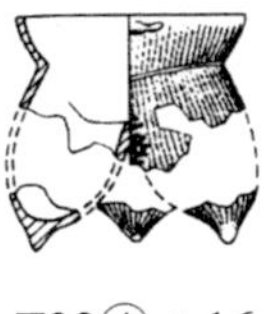 T32④：16	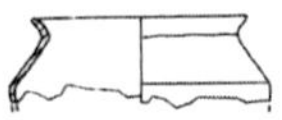 T32④：29		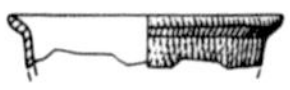 H37：5	

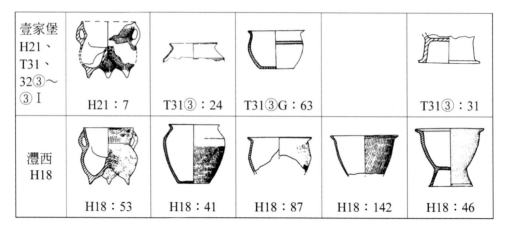

壹家堡 H21、 T31、 32③～ ③ I	H21:7	T31③:24	T31③G:63		T31③:31
澧西 H18	H18:53	H18:41	H18:87	H18:142	H18:46

　　基於以上分析，我們將壹家堡遺址分爲兩期，第一期的面貌爲京當類，第二期的面貌與澧西H18、周原遺址第六期晚段、周公廟遺址第一期第2段的遺存面貌相近，以聯襠鬲、聯襠甗和折肩罐、盆等爲主，高領袋足鬲的足根爲圓錐狀。

4. 岸底遺址

　　遺址位於武功縣遊鳳鎮岸底村，地處漆水河東岸，面積約12萬平方米。1991年北京大學考古系與陝西省考古研究所進行了發掘，發掘面積400餘平方米。清理房址、陶窯、灰坑和墓葬若干，出土陶器、石器、骨器、卜骨、蚌器、小件銅器等。發掘者將遺址分爲早、中、晚三期，推定早期的時代相當於殷墟文化一期，上限或許還要早；中期相當於殷墟二、三期；晚期相當於殷墟四期，下限或可至商周之際到西周初期〔註64〕。後又將三期調整爲五期，做法是將原中期細分爲三期，將第一期的年代調整爲大致相當於二里崗上層，下限或可至二里崗上層與殷墟一期之交，後四期大致與殷墟一期至四期相當〔註65〕。牛世山作爲發掘者之一，將遺址分爲四期7段，認爲第一期1段的時代相當於商王武丁時期，上限或可超出武丁而早至盤庚至小乙之時，第四期7段的時代上限早於文王作豐，下限不晚於西周初年〔註66〕。張天恩認爲牛世山四期的做法是有道理的〔註67〕。雷興山同意上述兩種意見中典型

〔註64〕陝西省考古研究所：《陝西武功岸底先周遺址發掘簡報》。

〔註65〕劉軍社：《試論岸底遺址的分期及相關問題》。《周秦文化研究》編委會：《周秦文化研究》，陝西人民出版社1998年，第174～187頁。

〔註66〕牛世山：《陝西武功縣岸底商代遺存分析》。中國社會科學院考古研究所編：《考古求知集》，中國社會科學出版社，1997年，第308～333頁。

〔註67〕張天恩：前引書，第204頁。

單位的早晚序列，但根據類型學分析又將遺址分爲 6 段，時代上限爲殷墟一期前後，下限可至西周初期〔註68〕。

　　經過分析，我們發現上述幾位先生的研究都基於相同的層位關係，器物的大致序列是一致的，但唯有牛世山完整地公佈了各遺跡單位各器類的型式統計數據，可作爲研究的堅實基礎，所以我們採用牛世山的分期序列，但結合前面對京當類和鄭家坡類最早幾個單位陶器特徵的把握，將其調整爲三期，即原一、二期作爲新的第一期，原第三期作爲新的第二期，原第四期作爲新的第三期〔註69〕。同時根據器類統計可知，折肩罐約占全部陶器的26.5%；鬲占21.1%，其中聯襠鬲占絕對多數；盆占16.5%；豆占4.2%；尊占4%；簋占2%。學界周知，聯襠鬲由於個體形態差異較大，所以其總體的演變特徵是不明顯的，也就是說作爲分期的標準而言是不準確的〔註70〕。豆的變化也不明顯，同時種類較多，難以作爲分期的依據。根據牛世山的型式分析和描述，再結合京當類和鄭家坡類最早幾個單位陶器特徵，我們發現盆和折肩罐的口沿和唇部特徵變化是最清晰的。比如唇部的演變序列依次是附加泥條形成的圓方唇，唇部附加泥條薄、界限不清，不附加泥條的方圓唇，變窄的方唇或尖圓唇。口沿由寬卷沿（或領）到窄卷沿（或領）、窄折沿到折沿近平或平。此外較早的尊還保留了京當類中商式器寬方唇的作風，只是方唇變得稍窄一些。

　　總體而言，各期盆和折肩罐的總體情況如下：

　　第一期的唇部基本都附加泥條，爲圓方唇或方圓唇，或變窄的寬方唇；口沿（或領）寬卷或略窄。第二期的唇部基本爲不附加泥條的方圓唇；口沿變窄，出現折沿。第三期的唇部爲窄方唇和尖圓唇，口沿爲折沿或折沿近平。陶器面貌可參見圖 2-4。

〔註68〕雷興山：前引書，第 97～100 頁。
〔註69〕牛文中第七段 H35 中出土了典型殷墟四期的陶簋（H35：86），故可明確其時代爲西周初期。
〔註70〕雷興山：前引書，第 120 頁。

圖 2-4　岸底遺址出土陶器

期別	第一期	第二期	第三期
聯襠鬲	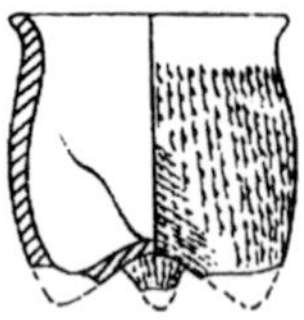 Y4：93	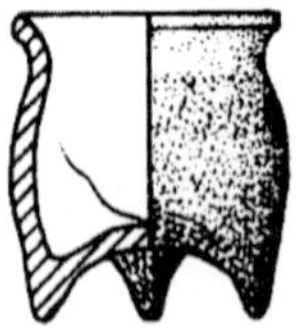 H30：17	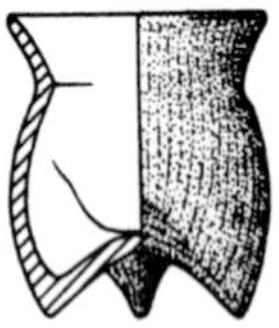 H20：1
	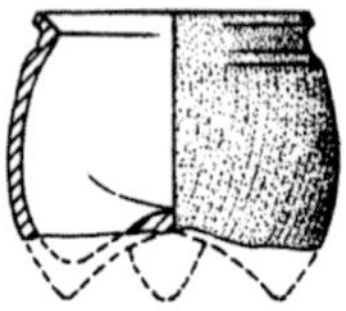 Y4：2	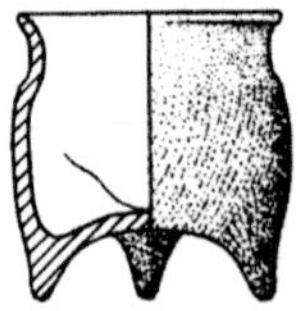 H30：16	 H20：51
	 Y5：1	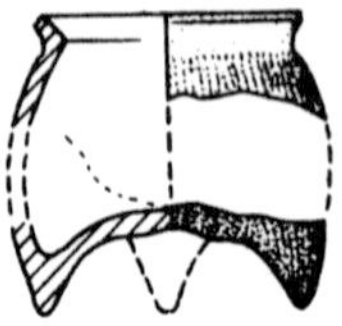 H6：5	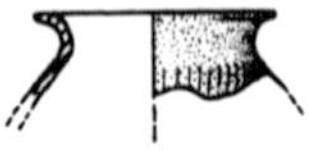 H18：84
聯襠甗	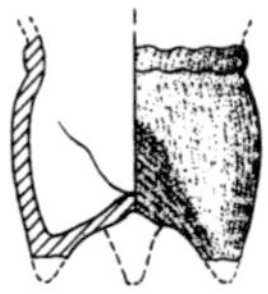 H14：18	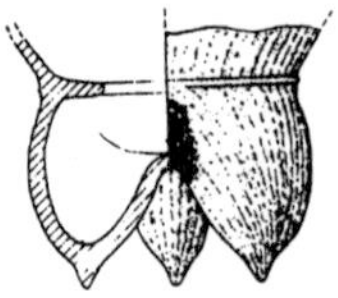 袋足甗 H29：5	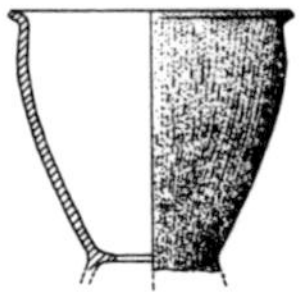 H35：1
折肩罐	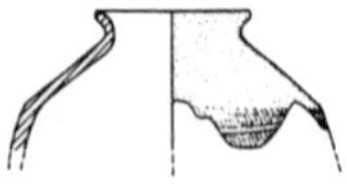 H14：12	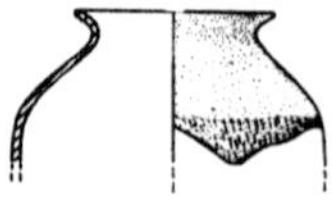 H30：12	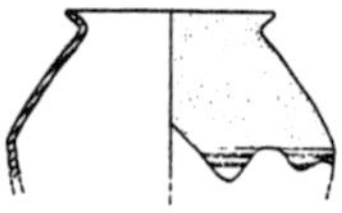 H18：62
甕	 Y4：14	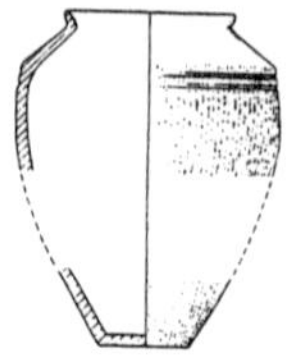 T201：1	

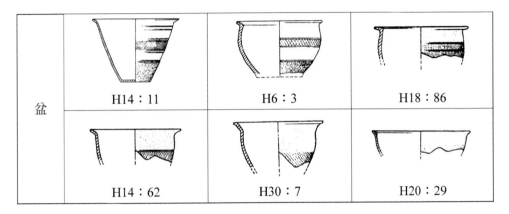

5. 朱馬嘴遺址

遺址位於禮泉縣北牌鄉馬家嘴村北，涇河南岸的臺原頂部，面積約 30 萬平方米〔註71〕。70 年代曾出土青銅器多件〔註72〕。後半坡博物館做過試掘，但未發表資料。1985 年北京大學考古系曾做過調查，認爲是一處重要的商代遺址。1995 年，北京大學考古系商周組和陝西省考古研究所進行了聯合發掘，發掘面積 90 多平方米，清理灰坑、陶窯、墓葬等遺跡，出土器物有陶器、石器、骨器、卜骨等〔註73〕。

張天恩將朱馬嘴遺址分爲三期四段〔註74〕。第一期包括一二段，約當於二里岡上層時期或稍晚。第二期爲三段，約當於殷墟一期或略晚。第三期爲四段，約當於殷墟二期或略晚。雷興山做了重新斷代，認爲第一期與小雙橋期和花園莊早段相當，第二期大致與殷墟一期相當，第三期不晚於殷墟二期。

我們採用張天恩的分期方案，但認爲第一期資料較少，無法進一步細分，應取消 1、2 段。關於各期的遺存面貌，因爲張天恩已經做過總結，在此不做贅述，將在後面整體分期中再做表述。陶器面貌可參見張文圖七。

6. 周原遺址

周原遺址位於扶風、岐山兩縣的交界處，範圍北至岐山腳下，南到扶風

〔註71〕國家文物局主編：前引書（下）第 374 頁 16-A16 的遺址面積爲 10 萬平方米。發掘簡報中的面積爲 30 萬平方米，後者是在文物地圖集出版後的新數據，較爲可靠。

〔註72〕秋維道：《陝西禮泉縣發現兩批商代銅器》，《文物資料叢刊》第 3 集，文物出版社，1980 年。

〔註73〕北京大學考古系商周組、陝西省考古研究所：《陝西禮泉朱馬嘴商代遺址試掘簡報》。

〔註74〕張天恩：前引書，第 47～49 頁、第 52～55 頁。

劉家、莊白一線，東到扶風樊村，西到岐山岐陽堡一帶，東西寬約 6 公里，南北長約 5 公里，總面積約 30 平方公里〔註75〕。其中商代遺存的面積約 5 平方公里〔註76〕。

以往也有學者對周原遺址進行過全面的分期〔註77〕，但以雷興山的資料最為全面和系統〔註78〕。他以 2001 年王家嘴與賀家，2002 年禮村與齊家北的發掘資料為基礎，將周原居址分為兩期六段。第一期包括 1、2 段，典型單位分別為 H28、H64 和 H148、H16、T0127⑥A、G2 等，時代上限為殷墟一期或稍早，下限為殷墟二期偏早階段。第二期包括 3～6 段，時代上限為殷墟二期偏早階段，下限不晚於商周之際。我們在文章中曾結合老堡子遺存，將雷文的第一期調整為 3 段。第 1 段的典型單位為 H28，時代相當於二里岡上層到殷墟一期稍早。第 2 段的典型單位為 H64，與老堡子商代遺存的面貌相當〔註79〕，時代相當於二里岡上層與殷墟一期之間。第 3 段的典型單位為 H148、H16、T0127⑥A、G2 等，時代相當於殷墟二期或一二期之際。在此因為研究目的有所改變，故在不改變序列的情況下，將第 1 段做為第一期，第 2 段作為第二期，第 3 段作為第三期。對於雷文的第二期的序列我們完全同意，但將其分為三期，即其第 3 段為本文的第四期，第 4、5 段為本文的第五期，第 6 段為本文的第六期，對於其 6a 段早於和 6b 段的意見則認為應就各遺址的具體情況來區別對待〔註80〕。

由於前三期的器形特徵在上面的京當類中已經論述過，所以在此只對後三期的特徵進行論述。第四期典型的器形特徵是高領袋足鬲以扁柱狀足

〔註75〕 史念海：《周原的變遷》，《陝西師範大學學報》（哲學社會科學版）1976 年 3 期。

〔註76〕 數據引自馬賽：《聚落與社會——商周時期周原遺址的考古學研究》，北京大學博士研究生學位論文，2009 年 6 月，第 30 頁。

〔註77〕 張天恩：前引書，第 13～29 頁。
付仲楊：前引文。

〔註78〕 雷興山：前引書，第 39～62 頁。

〔註79〕 周原考古隊：《2004 年秋季周原老堡子遺址發掘報告》。

〔註80〕 我們認為，通過周公廟和孔頭溝遺址的發掘，可以確認在這兩處遺址商周之際存在兩個前後相繼的階段，但是否可以將這個結論應用到周原遺址則有待直接的地層證據出現。理由在於：商周之際以聯襠鬲為主和以高領袋足鬲為主的遺存都有單獨的遺址存在，如果考慮到幾類遺存在這一時期有互相替代的情況，則更應理解以傳統考古學文化的思路來理解這一時期複雜的人群變動是有待商榷的。

根爲主，含少量扁柱狀足根，盆和折肩罐的口沿外附加泥條變薄，口沿微卷〔註81〕。第五期的典型特徵是高領袋足鬲以以扁錐狀爲主，少見扁柱狀足根和圓錐狀足根，盆的口沿外不附加泥條，折肩罐的口沿外附加泥條仍存在，但似以不附加泥條的爲主，這三種器類的口沿都變窄，微折、平折或外卷更明顯。第六期高領袋足鬲的足根全爲圓錐狀，盆和折肩罐以折沿和折沿近平、變窄的方唇和尖圓唇爲主。至於雷興山所分的 6a 和 6b 段，其區別是前者的鬲以高領袋足鬲爲主，後者的鬲則以聯襠鬲爲主，將之暫視作第六期並存的兩類遺存〔註82〕。遺址的陶器面貌參見圖 2-5。

圖 2-5　周原遺址出土陶器

期別	商式鬲	高領袋足鬲	折肩罐	盆
第一期	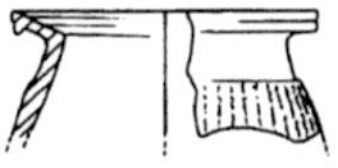 H28：2			
第二期	H64：39		H64：10 H64：22	H64：9 H64：23

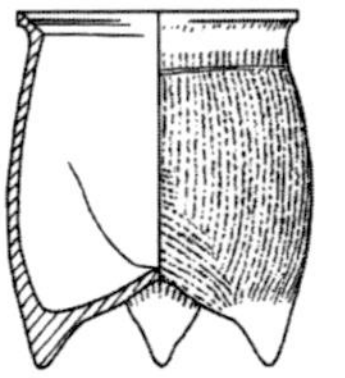

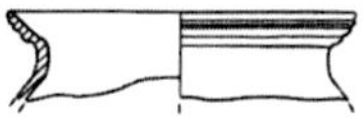

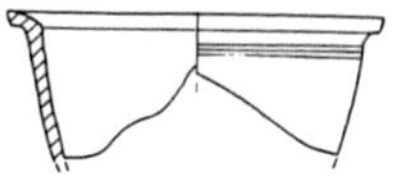

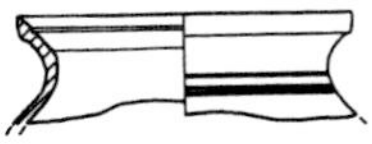

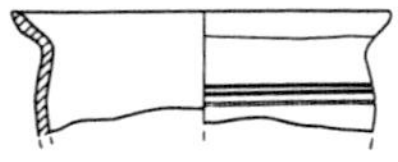

〔註81〕雷興山先生指出本期的資料較少，若按照考古學分期的一般作業方法，很難將其獨立爲一段，但提出了三點理由指明其可爲一個獨立階段來看待。筆者同意這種做法的原因在於，碾子坡遺址早期和圍子坪遺址的高領袋足鬲存在這樣的階段，所以周原遺址存在這樣的階段和遺存就可以理解了。此外，根據老堡子商代遺存的面貌來看，周原遺址第三期的罐和盆的特點是要晚於第二期的。

〔註82〕之所以未將其作爲單獨的分期，是因爲這種現象只存在於周原以西地區，在周原以東的地區並不存在相當於 6a 段這樣的遺存。

第三期	H16：57	H16：58	H16：33	T0127⑥A：8
			G2：11	H16：101
第四期	H147②：4	H94：12		H94：2
	H147③：1			H94：9
第五期	H96：8	H96：6		E1H5：14
	H55：27	T6709④：18		H77：61
第六期	H7：37	H7：33		C2H5：35

7. 碾子坡遺址

遺址位於長武縣亭口鄉碾子坡村，地處黑河北岸，面積約 16 萬平方米
〔註83〕。

〔註83〕國家文物局主編：前引書（下）第 404 頁，17-A17。

　　發掘者將遺址分爲早晚兩期〔註84〕。早期略早於古公亶父時期，年代大致與殷墟二期相當，晚期可能是周人遷岐前夕或稍晚的遺存。

　　由於正式報告遲至 2007 年才出版，以往的研究者都只能在簡報的基礎上進行研究，因此對分期提出了不同的意見。牛世山基於壹家堡和岸底等遺址的分期，以類型學的分析將早期居址分爲 2 段，認爲第 1 段的時代相當於殷墟二期偏晚，爲商王祖庚、祖甲之時。第 2 段的時代爲殷墟三期偏早階段，爲商王廩辛、康丁之時。還認爲晚期墓葬不晚於殷墟四期偏早〔註85〕。張天恩綜合了碾子坡、園子坪和蔡家河三個遺址的資料，將碾子坡文化分爲三期 6 段，每期各有兩段。碾子坡遺址早期居址的大部份和前期墓葬屬於第一期，時代爲殷墟一期或略晚。早期居址的 H166、H151 等單位屬於第二期，時代爲殷墟二期或略晚。晚期墓葬爲第三期，時代相當於殷墟三、四期〔註86〕。劉軍社也將碾子坡遺址分爲三期，時代上限爲殷墟一期或略早到殷墟三期左右〔註87〕。王巍和徐良高認爲晚期墓葬可以細分，最晚可至商末周初，並可與遺址的西周初期墓葬相接續〔註88〕。

　　待正式報告發表後，雷興山指出報告以發表完整器物爲主，無居址單位的器類統計表，所以沿用了報告的分期，但認爲早晚期不是直接相連的，並對年代提出了自己的意見，提出前期的時代相當於殷墟一期前後，晚期的時代下限在商周之際〔註89〕。

　　筆者爲了確定遺址是否可以進一步分期，經過仔細分析，發現多組同一件陶器出自不同遺跡單位的現象，如：II 式甗 H1104：40 出自 H1104、H192、

〔註84〕中國社會科學院考古研究所涇渭工作隊：《陝西長武碾子坡先周文化遺址發掘紀略》。
　　　　中國社會科學院考古研究所：《南豳州・碾子坡》。
〔註85〕牛世山：《劉家文化的初步研究》。《遠望集》編委會編：《遠望集──陝西省考古研究所華誕四十週年紀念文集》，陝西人民美術出版社，1998 年，第 200～213 頁。
〔註86〕張天恩：《古密須國文化的初步認識》。《遠望集》編委會編：《遠望集──陝西省考古研究所華誕四十週年紀念文集》，陝西人民美術出版社，1998 年，第 214～220 頁。
〔註87〕劉軍社：《論碾子坡文化》。《遠望集》編委會編：《遠望集──陝西省考古研究所華誕四十週年紀念文集》，陝西人民美術出版社，1998 年，第 221～232 頁。
〔註88〕王巍、徐良高：《先周文化的考古學探索》，《考古學報》2000 年第 3 期。
〔註89〕雷興山：前引書，第 90～91 頁、第 203～204 頁。

T172②，AⅡa式鬲 H151：97 出自 H151、H190，Ⅲ式瓿 H813：50 出自 H813
和 T816③，一類Ⅱ式豆 H188：60 出自 H188、H151、H189，一類Ⅲ式豆
H151：129 出自 H151 和 H189，二類Ⅰ式豆 H159（註90）出自 H159 和 T132
③，三類 BⅢ式豆 H159（註91）出自 H159 和 H185，Ⅲ式盂 H128：40 出自
H128、H151 和 H131，Ⅳ式盂 H7：30 出自 H7 和 H2，Ⅲ式小盆 H191：170
出自 H191 和 H188，Ⅵ式小盆 H191：171 出自 H191 和 H151，Ⅲ式小罐 H191：
72 出自 H191、H111、H151、H1113，Ⅰ式折肩罐 H124：20 出自 H124 和
H111，Ⅳ式尊 H151：135 出自 H116、H140 、H151。

　　整理後發現，可能存在共時性關係的遺跡單位有以下幾組：

第 1 組　H192、H1104、T172 ②。

第 2 組　H111、H116、H124、H128、H131、H140、H151、H188、H189、
　　　　　H190、H191、H1113。

第 3 組　H813 和 T816③。

第 4 組　H159、H185、T132③。

第 5 組　H2、H7。

　　根據上述可能的共時性關係，我們考察了報告中發表的線圖和器物照
片，發現各組器物特徵基本都保持一致。如 H151 的 3 件高領袋足鬲和 1 件
甗都爲扁柱狀足根。H7 的鬲雖然爲扁錐狀足根，但口沿的形狀、口沿外附
加的一周泥條都具有早期風格。H1104：1 鬲爲圓錐狀足，但其形態明顯與
高領袋足鬲不同，口沿外花邊的做法，袋足的形狀等具有趙家溝類和棗樹溝
腦類遺存的特徵（註92）。盂、小盆、大口罐、折肩罐、盆、尊等器類唇部的
主要特徵是附加較薄的泥條，形成圓方唇或方圓唇，另有少量的商式斜方
唇，以及似未加泥條的方唇。

　　早期墓葬只有 6 座墓有隨葬品，8 件陶器中有 5 件袋足鬲、1 件聯襠鬲、
2 件豆。另有農民在墓地修梯田時挖出的 5 件完整陶鬲，其中 4 件爲袋足鬲，
1 件聯襠鬲。袋足鬲有足根者 7 件（M662：1、採集 04、M670、採集 02、
M672：1、採集 03、M660：1），其中扁柱狀足根者 4 件，扁錐狀足根者 3
件。袋足鬲無足根的 2 件爲採集 01 和 M663：2。採集 01 報告中認爲是圓錐

〔註90〕報告中未見到具體器物號。

〔註91〕同上。

〔註92〕與扶風趙家溝 H1 的風格也相近，我們在下一章進行詳細論述。

狀足根，根據線圖和照片看都不明顯，而且口沿外附加泥條的形狀有扶風趙家溝 H1〔註93〕和棗樹溝腦類的特徵。M663：2 這種鬲形狀很少見，其頸部的鋸齒狀紋飾與癟襠鬲（採集 05）和居址 T331③：12 相似。兩件也都與居址的同類器相近。

晚期墓葬出土陶器 113 件，全部爲陶鬲，發表了 68 件。其中高領袋足鬲 64 件，聯襠鬲 3 件，另外 1 件爲袋足鬲，但形制特殊（M1201：1）。高領袋足鬲中明確表述爲扁柱狀足根者 1 件（M1193：1），扁錐狀足根者 4 件（M303：1、M178：1、M1182：1、M135：1），圓錐形足根者 32 件，其餘據線圖和照片觀察應大多爲圓錐狀足根和少量的無足根（圖 2-6）。M1193：1 的形制與前期陶鬲差別極大，反而與晚期 M1：1、M109：1、M1178：1 等和 1997 年灃西 H18：127、128、53〔註94〕等口部基本相同，而且 M109：1 與劉家墓地最晚期的 M49：12〔註95〕，周原禮村 H14：1〔註96〕相似。灃西 H18 爲商後期最晚段的典型遺跡，劉家 M49 的時代也大致在這一時期。所以這類鬲的足根與高領袋足鬲的變化序列不同，應區別對待。雷興山也專門對此進行過論述，並將其命名爲「異型高領袋足鬲」〔註97〕（圖 2-7）。這幾件鬲所屬的墓葬與其他墓葬混雜在一起，墓葬方向保持一致，而且各自分開，相距較遠，可見其與周邊墓葬的時代應相距不遠。此外晚期還有三組墓葬的打破關係，但可用的只有 M161 打破 M168 一組，二者的陶鬲都爲圓錐狀足根，無法分出早晚，並且墓主人分別爲男和女，打破的部份也很小，很可能是夫妻並列的墓葬。

根據以上的分析，可以發現早期墓葬和居址的面貌基本相似，可歸爲一期，符合胡謙盈先生的認識，即早期墓地爲早期居址居民的墓地，時代大致相當於周原遺址的第四期。高領袋足鬲以扁柱狀足根爲主。折肩罐和盆、尊等器類唇部的主要特徵是附加較薄的泥條，形成圓方唇或方圓唇，另有少量的商式斜方唇，以及似未加泥條的方唇。晚期墓地也可歸爲一期，時代大致

〔註93〕周原考古隊：《2004 年秋季周原老堡子遺址發掘報告》，《考古學集刊》第 17 輯，科學出版社，2010 年。

〔註94〕中國社會科學院考古研究所灃鎬工作隊：《1997 年灃西發掘報告》，《考古學報》2000 年第 2 期。

〔註95〕陝西周原考古隊：《扶風劉家姜戎墓葬發掘簡報》，《文物》1984 年第 7 期。

〔註96〕周原遺址 2002 年發掘資料，轉引自雷興山《先周文化探索》圖九：18，屬於周原遺址第五期晚段，時代大致與灃西 H18 相同。

〔註97〕雷興山：前引書，第 112 頁。

相當於周原遺址第六期。高領袋足鬲的足根以圓錐狀為絕對多數，另有少量無足根和個別扁錐狀足根。整個遺址的時代我們在後面整體分期後再進行推定。

圖 2-6 碾子坡遺址出土陶器

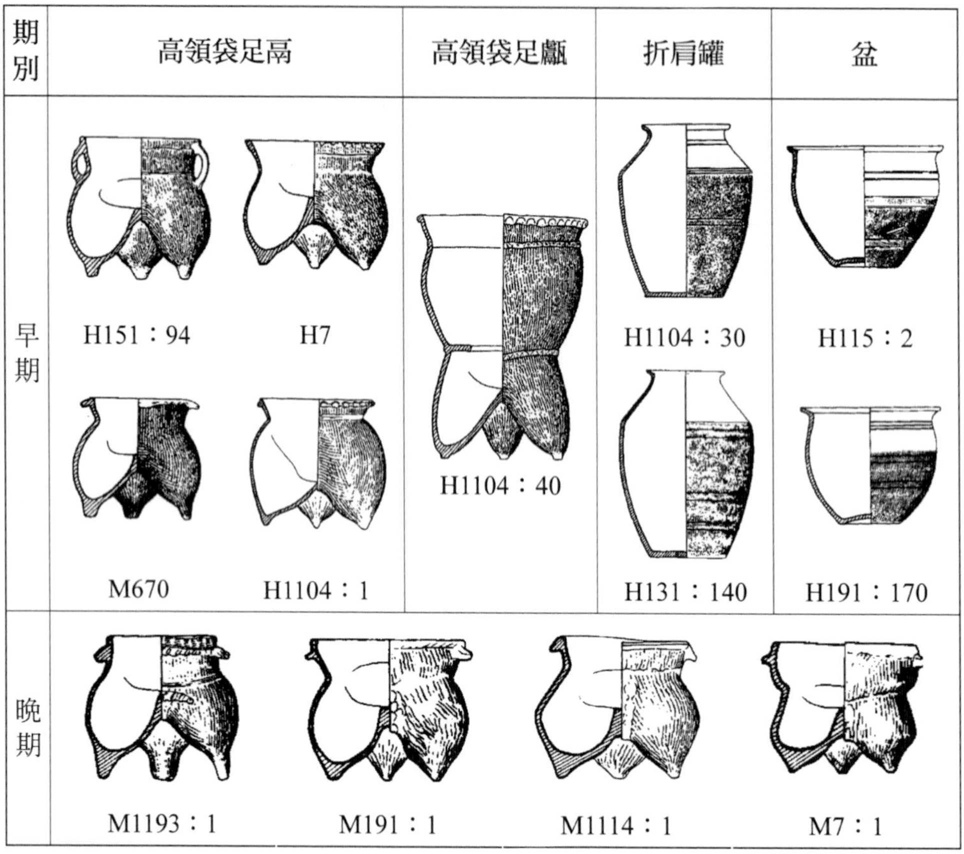

期別	高領袋足鬲		高領袋足甗	折肩罐	盆
早期	H151：94	H7	H1104：40	H1104：30	H115：2
	M670	H1104：1		H131：140	H191：170
晚期	M1193：1	M191：1	M1114：1		M7：1

圖 2-7 異型高領袋足鬲

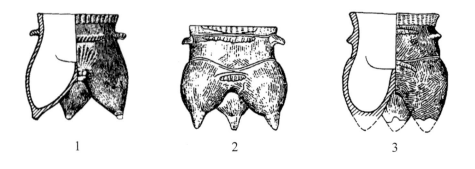

1   2   3

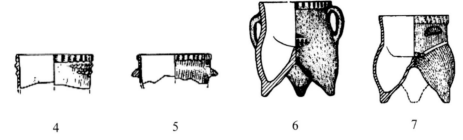

1．碾子坡 M109：1 2．碾子坡 M1178：1 3．碾子坡 M1：1 4．澧西 H18：127
5．澧西 H18：128 6．劉家 M49：12　7．禮村 H14：1

8. 羊元坊遺址

　　遺址位於長安縣郭杜鎮西南，滈河古河道北岸，細柳原南緣的突出部份上，面積約 11 萬平方米〔註 98〕。2000 年陝西省考古研究所調查時清理了一座殘灰坑〔註 99〕。出土器物有陶器、石器、骨器、牙器和卜骨等。共發表陶器 22 件（紡輪除外）。鬲數量較多，分爲 A、B 兩型。A 型爲侈口，方唇或方圓唇，斜折沿，分襠，可見應爲商式鬲。B 型爲侈口，方唇有鋸齒狀花邊，殘餘襠部者常爲聯襠。可見應爲聯襠鬲。甗數量較鬲爲少，似也有商式和聯襠兩種。罐數量較多，有折肩罐和其他型式，折肩罐爲方唇。盆數量也較多，有方唇、方圓唇和圓唇，腹部都飾雙弦紋或單弦紋（簡報中爲旋紋）界邊的方格印紋帶。豆的數量少，有假腹豆和眞腹豆兩種。尊少見，爲侈口，方唇，斜折沿，高領，斂頸，折肩，深腹。上腹飾單弦紋界邊的方格印紋帶兩周，下腹飾麥粒狀繩紋，上界以單弦紋（圖 2-8）。

　　發掘者認爲與老牛坡一期墓葬、朱馬嘴遺址第二期、鄭家坡等遺址前期都有相似器物和特徵，將其定爲殷墟第一期。並指出「在西安以西渭河南岸至秦嶺北麓地區，除了在澧西見到少量先周晚期文化遺存和少量商代銅器外，幾乎再沒有殷商時期文化遺存的報導。故對該地區商代考古學文化面貌的認識，基本上是一個非常模糊的狀態，從一定意義上講，羊元坊的發現開始彌補了這方面的不足。」我們贊同發掘者的這種看法，羊元坊遺址意義正在於此。

<hr>

〔註 98〕數據來自 2003 年殘灰坑清理簡報，文物地圖集上尚無此遺址。

〔註 99〕陝西省考古研究所：《陝西長安羊元坊商代遺址殘灰坑的清理》。

圖 2-8　羊元坊遺址出土陶器

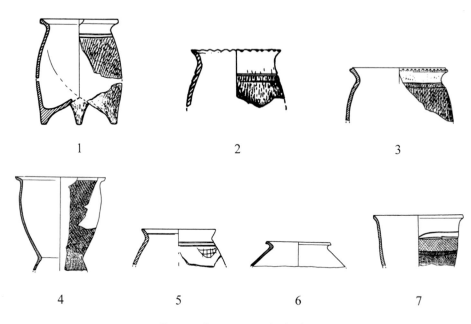

1-3·鬲　4、甗　5、6·折肩罐　7·盆

9. 老堡子遺址

　　遺址位於扶風縣法門鎮官務村老堡子組、魏家組和趙家溝組之間，七星河東岸臺原上，面積約 170 萬平方米〔註100〕。2002 年周原考古隊進行七星河流域調查時發現〔註101〕。2004 年進行了發掘，面積約 413 平方米〔註102〕。共清理商時期灰坑 11 座。出土器物有陶器、石器、骨器、卜骨等。發掘報告認爲遺址商時期的遺存大體爲同一期，時代約相當於殷墟一期或略早〔註103〕。作爲發掘之一，筆者也仔細研究過這批資料，認爲其無法進一步分期，至於其年代我們後面再統一論述。陶器面貌可參見圖 2-9。

〔註100〕數據來自 2002 年七星河流域調查報告。

〔註101〕周原考古隊：《陝西周原七星河流域 2002 年考古調查報告》。

〔註102〕周原考古隊：《2004 年秋季周原老堡子遺址發掘報告》。

〔註103〕周原考古隊：《2004 年秋季周原老堡子遺址發掘報告》。

　　　　付仲楊：《老堡子遺址商代遺存的年代與性質研究》，《考古學集刊》第 17 輯，科學出版社，2010 年。

圖 2-9　老堡子遺址出土陶器

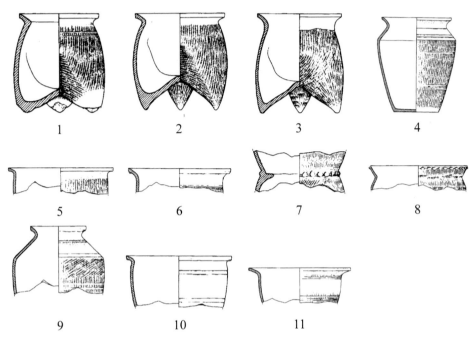

1～3·鬲（H55①：22、H55①：23、SFLH1⑦：9）　　4、9·折肩罐（H55①：24、折肩罐 H55②：140）　5～7·甗（H55①：51、H55②：93、H55①：58）8·花邊鬲 SFLH1④：1　10、11·盆（H55②：96、H45：22）

二、典型遺址分期的對應關係和各期年代

上述 9 處遺址基本上涵蓋了整個關中地區的陶器種類和演變序列，將這9 處遺址的分期進行對應就可以基本建立關中地區主要器類的變化序列。

商前期的遺址爲老牛坡和北村，二者的第一、二期分別爲二里崗下層和上層時期，遺存面貌相近，其器物特徵學界的研究已經非常充分，在此無須重複。我們的主要任務是建立商後期各遺址間的對應關係。

首先對商文化因素較多的老牛坡、北村、朱馬嘴、壹家堡、周原、羊元坊、老堡子等遺址進行對比。張天恩認爲朱馬嘴一期「略同於北村遺址第二期」〔註 104〕。筆者同意這一看法，在此進一步增加對比的資料。朱馬嘴一期商式鬲、甗、盆多爲折沿寬方唇或斜方唇，唇下有出棱或無。罐爲小口，

〔註104〕張天恩：前引書，第 52 頁。

矮直領，唇外附加泥條形成圓厚唇的作風不是典型商式器的特點。北村二期的鬲、甗、盆特徵也如此，小口甕器形與朱馬嘴的罐相似，只是唇部以方唇為主，圓厚唇較少。如朱馬嘴 T2⑥：58 鬲、H3：11 鬲、T2④22 甗、T2⑥：44 盆，北村Ⅰ H5：1 鬲，H10：26 甗、H5：3 盆。器形相似的有朱馬嘴 H3：11 鬲與北村Ⅰ H14：2、ⅠM1：2 鬲等，朱馬嘴 T2⑤：27 簋和北村 0：3，T2⑥：44 盆和北村ⅢH5：6 盆，T2⑥：36 罐和北村Ⅰ D1：31 小口甕（圖 2-10）。

圖 2-10　朱馬嘴遺址第一期與北村遺址第二期陶器對比圖

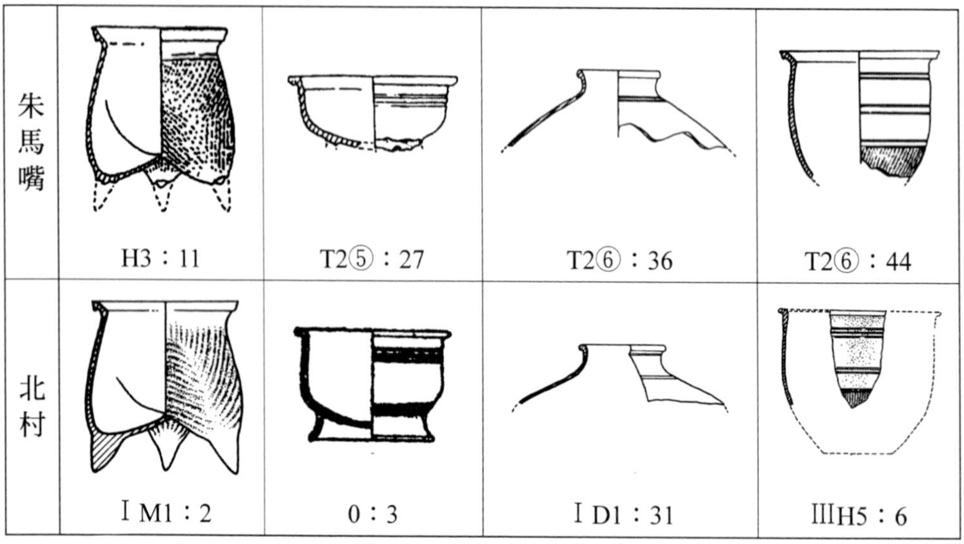

| 朱馬嘴 | H3：11 | T2⑤：27 | T2⑥：36 | T2⑥：44 |
| 北村 | ⅠM1：2 | 0：3 | ⅠD1：31 | ⅢH5：6 |

朱馬嘴遺址第二期的商式器發生了較大的變化，鬲、甗、盆、大口尊為折沿或微卷，方唇或斜方唇略變窄，已經與典型商式器有了很大的區別。北村遺址的商式器也發生了一些變化，明顯的如 AbⅥ式鬲（ⅠT1③：4），已經與典型商式鬲差別較大了，Ⅴ式甗變為圓唇（T33⑥：6），盆出現了大量的圓唇和厚圓唇，小口甕的口沿也開始以圓厚唇為主。兩處遺址的商式器在上述變化上具有很強的相似性，說明二者之間有著相當程度的交流。二者之間可資比較的還有朱馬嘴遺址 H17：12 鬲與北村ⅠT1③：4 鬲，H4：32 豆與北村Ⅰ H17：4、ⅠT1③：1 豆可做大致的對比，H17：6 罐和 H5：5 盆明顯延續了朱馬嘴和北村前期同類器的特徵。可見朱馬嘴遺址二期基本相當於北村遺址的三期。

　　我們曾對朱馬嘴、壹家堡、周原（在此即王家嘴）、老堡子等四個遺址京當類時期的面貌進行過對比，同時，張天恩、雷興山、付仲楊等先生也做過研究，對於其面貌的相似性是一致認可的，故本文不再重複論證。因對朱馬嘴遺址的分期做了調整，所以僅將結論列舉如下：即朱馬嘴遺址一期大致可與周原遺址一期歸爲同一階段，二期與周原二期和老堡子商代遺存歸爲同一個階段，三期與周原三期和壹家堡一期歸爲同一期。壹家堡第二期與周原遺址第六期晚段相當。

　　既然老堡子遺址商時期遺存與朱馬嘴二期同時，所以我們就可以將其與北村第三期進行比較。老堡子商時期遺存數量豐富，特徵非常明顯，商式鬲、甗、折肩罐、盆都以折沿或卷沿，典型的商式方唇（出棱者數量也相當多）或加寬厚泥條的作風，與北村三期具有很強的相似性。可以很容易地找到相似的器物，如 H55①：22 鬲與北村Ⅰ H12：5 鬲，H55②：90、SFLH1⑤：1 甗與北村Ⅰ H12：25 甗，甚至很少見的特徵，如 H55③：26 折肩罐、H45：34 甕與北村Ⅰ H17：7 甕的唇部（圖 2-11）。

圖 2-11　朱馬嘴遺址第二期、北村遺址第三期與老堡子遺址陶器對比圖

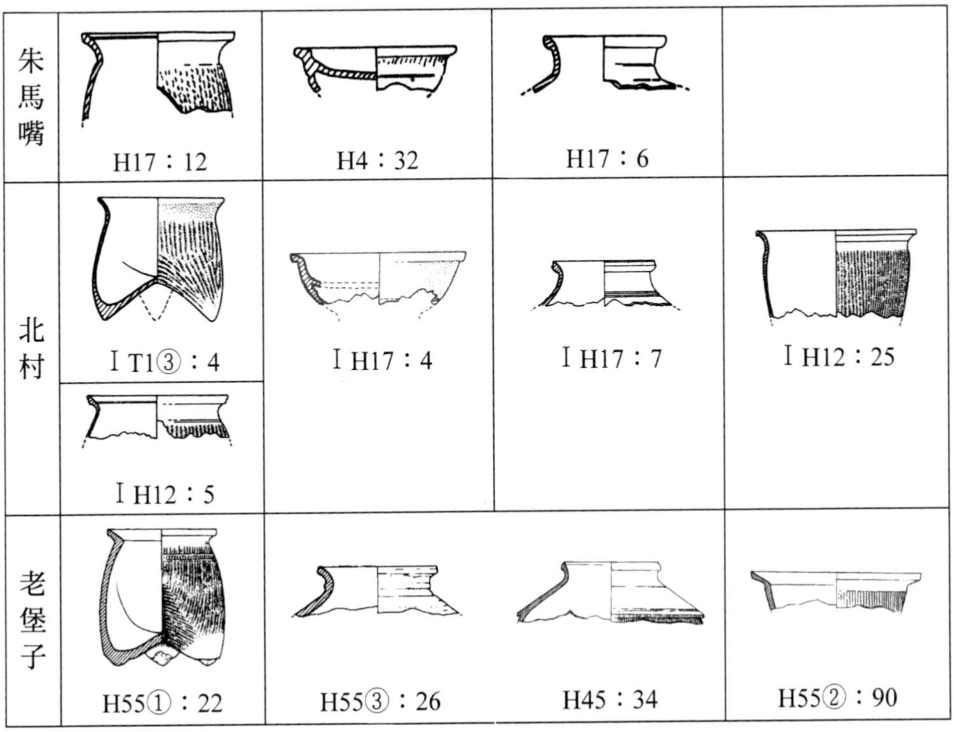

朱馬嘴	H17：12	H4：32	H17：6	
北村	ⅠT1③：4	ⅠH17：4	ⅠH17：7	ⅠH12：25
	ⅠH12：5			
老堡子	H55①：22	H55③：26	H45：34	H55②：90

　　同樣的，老堡子遺址的面貌與羊元坊遺址也有很多的相似之處，主要表現在鬲、甗、罐、盆、尊的口沿和唇部風格上，基本都為典型的折沿、卷沿和商式方唇或明顯的泥條加厚的作風。張天恩也曾指出，羊元坊的時代與朱馬嘴二期相當〔註105〕。

　　老牛坡遺址商後期的文化面貌與其他遺址差別很大，以目前的資料很難進行準確的對應。目前可大致與其他遺址可對應的器物有：第三期 86XLⅢ1H12：10 鬲、86XLⅢ1H8：102 甗與與北村第三期Ⅰ H12：1 鬲、Ⅰ H12：25 甗相近。第三期 87XLⅢ2Y6：5、第四期 87 XLⅠ2H11：63 的罐與朱馬嘴遺址第二期 H18：10 罐相近。第三期 86XLⅢ1H8：93 罐、87XLⅢ2T12②：2 盆、86XLⅢ1H5：124 甕與老堡子 H55②：140 折肩罐、H55②：131（圖 23A41）相近，但第四期 88XLⅠ2H14：76 和 87 XLⅠ2H11：32 甕也與老堡子上述甕相似。第四期 87XLⅠ2H17：27 盆，為折沿，圓唇（似未加泥條），腹下部微鼓。88 XLⅠ2H9：4 盆，侈沿，方唇（未加泥條，似為較晚的窄方唇），腹壁微鼓斜收。可見這兩件盆的整體形制應是一致的，只是口沿和唇稍有差異。大致與周原第五期王家嘴 H77：95，岸底遺址第二期 H6：2、5 盆相近（圖 2-12）。再通過分析老牛坡遺址第三、四期的器物特點就可發現，商式鬲很好的保持了自身的傳統，其口沿和唇部變化不明顯，很難與其他遺址進行準確對應。豆的變化也不明顯。罐、甕、盆、盂的口沿似有變化，第三期似以典型的商式方唇或出棱為主，圓唇或窄方唇較少，第四期典型出棱方唇、圓唇、窄方唇、以及新出現的尖圓唇共存。這些特徵綜合起來就很難與其他遺址進行準確地對應，只能大致認為老牛坡第三期與北村第三期和朱馬嘴第三期有重合但下限可能要晚一些，與周原第二、三期大致對應。老牛坡第四期大致與周原第四、五期和岸底遺址第二期相當。

　　至於老牛坡遺址第五期我們在上面已經做了分析，時代與 1997 年灃西H18、周原遺址第六期、岸底遺址第三期大致相當。

　　再結合老堡子和壹家堡遺址對周原和岸底遺址的分期進行比較〔註106〕。

〔註105〕陝西省考古研究所：《陝西長安羊元坊商代遺址殘灰坑的清理》。

〔註106〕學界公認岸底和鄭家坡遺址是鄭家坡類遺存的典型遺址，二者的面貌基本一致，雖有學者認為岸底遺址前期面貌略晚於鄭家坡遺址，但以筆者看來，二者之間的差別極不明顯。另筆者曾對京當類與鄭家坡類遺存的時代早晚進行過分析，在此似有重複之嫌。其實筆者此前的研究中只對京當類遺存進行了量化分析，而對鄭家坡遺址的幾個單位無法量化，在此因為目的是做整體的遺存分期，所以岸底遺址的資料就是最合適的，借助牛世山先生的統計數據

二者共有的主要器類是聯襠鬲、折肩罐和盆。聯襠鬲不參與對比。周原遺址第三期的折肩罐和盆以寬卷沿爲主，唇部還有許多附加寬厚泥條者，以附加窄泥條者爲主，另有少量商式的寬方唇〔註107〕。相比之下，岸底遺址第一期的唇部雖然也附加窄泥條，但仍不如周原第三期的明顯和數量多，而主要爲圓方唇或方圓唇，或變窄的寬方唇；口沿（或領）寬卷或略窄。佐以我們對京當類和鄭家坡類遺存的關係探討，表明周原遺址第三期早於岸底遺址第一期。周原遺址第四期折肩罐和盆的唇部外附加泥條變薄，口沿與岸底第一期相似，說明二者時代相當。周原遺址第五期盆的口沿外不附加泥條，折肩罐的口沿外附加泥條仍存在，但似以不附加泥條的爲主，這三種器類的口沿都變窄，微折、平折或外卷更明顯。岸底遺址第二期也是類似的情況。二者應大體同時。周原遺址第六期折肩罐和盆以折沿和折沿近平、變窄的方唇、尖圓唇爲主，也與岸底遺址第三期相同，所以二者大體同時。故而，我們認爲周原遺址的第四、五、六期分別相當於岸底遺址的第一、二、三期。

碾子坡遺址早期的器物特徵是：高領袋足鬲以扁柱狀足根爲主，折肩罐和盆、尊等器類的唇部主要是附加較薄的泥條，形成圓方唇或方圓唇，另有少量的商式斜方唇，以及似未加泥條的方唇，其特徵與周原遺址第四期和岸底遺址第一期相近。晚期的器物特徵是：高領袋足鬲的足根以圓錐狀爲絕對多數，另有少量無足根和個別扁錐狀足根，器物特徵與周原遺址第六期和岸底遺址第三期相近。

圖2-12 老牛坡遺址第三四期與北村等遺址陶器對比圖

老牛坡第三期	老牛坡第四期	北村等
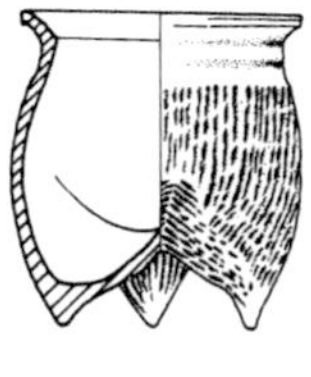 86Ⅲ1H12：10		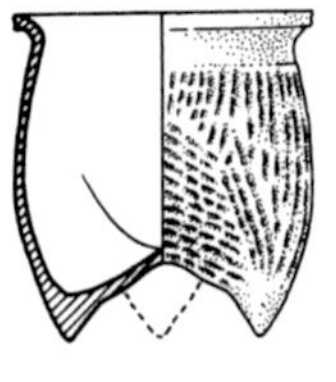 北村 IH12：1

可以使論述更有說服力。

〔註107〕非常遺憾的是周原遺址的各期都無法量化，只能根據文字描述和少量的線圖，以及參考老堡子遺址的資料。

86Ⅲ1H8：102		北村 IH12：25
87Ⅲ2Y6：5	87Ⅰ2H11：63	朱馬嘴 H18：10
86Ⅲ1H8：93	88Ⅰ2H14：76	老堡子 H55②：140
86Ⅲ1H5：124	87Ⅰ2H11：32	老堡子 H55②：131
87Ⅲ2T12②：2	87Ⅰ2H17：27	老堡子 H77：95
	88Ⅰ2H9：4	岸底 H6：2

　　綜上所述，我們可以將上述 9 處遺址分爲六期。第一期爲二里崗時期，分爲早段和晚段。早段包括老牛坡遺址第一期和北村遺址第一期。晚段包括

老牛坡遺址第二期、北村遺址第二期、朱馬嘴遺址第一期和周原遺址第一期。第二期包括老牛坡第三期一部份、北村第三期、朱馬嘴第二期、周原遺址第二期。第三期包括老牛坡第三期一部份、朱馬嘴第三期、周原遺址第三期。第四期包括老牛坡第四期一部份、周原第四期和岸底第一期。第五期包括老牛坡第四期一部份、周原第五期、岸底第二期。第六期包括老牛坡第五期、周原第六期和岸底第三期。

各期年代的推斷：

第一期時代爲二里崗時期，早段和晚段分別相當於下層和上層時期，學界對此已經多次論證，在此不再重複。

第二三期綜合各家意見，大致相當於殷墟一二期。

第六期的下限應爲商周之際，第四五期在目前資料情況下很難與殷墟的分期進行對應，故這三期只能定其下限爲商周之際，上限或可到殷墟二期。

三、典型器類的特徵

商前期的遺存面貌爲典型的商文化，學界的研究已經很充分，在此省略。

關於商後期的典型器類我們首先要做一說明，即典型器類必須同時符合數量多，特徵變化明顯，分佈廣泛這三個標準，否則就無法藉以對整個關中地區的遺存進行有效的分期。商式器的鬲、甗、豆等雖然也廣泛分佈，但特徵變化不明顯，數量很少。聯襠鬲的數量多，分佈廣泛，但特徵變化不明顯。符合這三個原則的就只有高領袋足鬲、折肩罐和盆等三類，尤其是後兩者見於所有的遺址。此外還必須說明的是，因爲遺址中出土完整陶器較少，即使根據個別完整器歸納出某些器形上的特徵，也很難應用到對口沿、襠部、足尖等這些最常見部位的研究上去。同時，有些遺址分期細緻，就其本身而言並無不當，但本文的目標是建立更大範圍內的分期框架，所以只能提煉出各期中最爲明顯的特徵，而忽略某些在具體遺址中具有操作性但在大範圍內或者對出土陶器較少的遺存進行分期時未必適用的特徵。此外，每個具體特徵都會出現在早於或晚於其爲主要特徵的期別中，這是正常且合理的，以往學者多有利用個別器物相似來進行分期對應的，本文不採用這種方法。

高領袋足鬲根據足根的形態分爲鴨嘴狀、扁柱狀、扁錐狀、圓錐狀、無足根〔註108〕等五種。另外一個極明顯的特徵是襠部的坑窩紋。

〔註108〕雷興山先生也指出了無足根的情況，但未將其單獨作爲一種來對待。

鴨嘴狀足根目前見於居址的只有 1 件，爲鄭家坡遺址 1987 年 H71：10，其餘都爲墓葬中出土，或採集的完整器，出自墓葬的可能性極大。鄭家坡遺址的遺存面貌與岸底遺址基本相同，H71 大致相當於岸底第一期。所以鴨嘴狀足根目前只能確定曾見於本文的第四期，或可稍早，至於其是否可以作爲一個階段的典型器物則尚無從談起。

扁錐狀足根在周原遺址第五期爲典型器類，少見於其前後階段的遺存，故其主要使用的年代應爲本文的第五期。這種足根與襠部的坑窩紋有共存現象。

圓錐狀足根和無足根主要見於周原遺址第六期、壹家堡遺址第二期和碾子坡遺址晚期，並在周原遺址第六期早段和碾子坡遺址晚期爲典型器類，所以其主要使用年代爲本文的第六期。這種足根基本都與襠部的坑窩紋共存。

折肩罐和盆　這兩類器物唇部的變化一致，而且都非常明顯。根據唇部的形態分爲商式寬方唇、商式斜寬方唇、附加寬厚泥條的圓唇、附加厚泥條的圓唇、商式窄方唇、商式窄斜方唇、附加窄泥條的圓唇、不附加泥條的圓唇、不附加泥條的窄方唇、尖圓唇等幾種。

商式寬方唇、商式斜寬方唇、附加寬厚泥條和附加厚泥條的圓唇基本共存，主要見於北村第三期、老牛坡遺址第三期、周原遺址第二期、朱馬嘴第二期、老堡子遺址、羊元坊遺址等商式器爲主要器類之一的遺址，即本文第二期的各遺址。

本文第三期的朱馬嘴遺址第三期、壹家堡遺址第一期、周原遺址第三期等遺存中商式寬方唇、商式斜寬方唇、附加寬厚泥條和附加厚泥條的圓唇依然存在，但也出現了商式窄方唇、商式窄斜方唇、附加窄泥條的圓唇等特徵。

商式窄方唇、商式窄斜方唇、附加窄泥條的圓唇爲周原遺址第四期、岸底遺址第一期、碾子坡遺址前期的主要特徵，即本文第四期的主要特徵之一。

不附加泥條的圓唇和不附加泥條的窄方唇爲周原遺址第五期和岸底遺址第二期的主要特徵，即本文第五期的主要特徵之一。

不附加泥條的圓唇和不附加泥條的窄方唇也常見於周原遺址第六期、岸底遺址第三期和碾子坡遺址晚期，但這類遺存中尖圓唇也成爲主要特徵之一。

四、其他遺址的分期

（一）南沙村遺址

遺址位於華縣瓜坡鎮南沙村南側，石堤河北岸臺地上，面積約 30 萬平方米〔註109〕。1956 年的調查發現有商代遺存，此後的發掘中確認有二里崗上層時期的遺存〔註110〕，1983～1984 年半坡博物館的發掘中發現了二里崗下層時期的遺存〔註111〕。清理出房址、灰坑等，出土器物有陶器、石器、骨器、銅器等。根據目前資料判斷商代遺存的年代應為二里崗上下層時期。相當於本文第一期早晚段。陶器面貌參見圖 2-13〔註112〕。

圖 2-13　南沙村遺址出土陶器

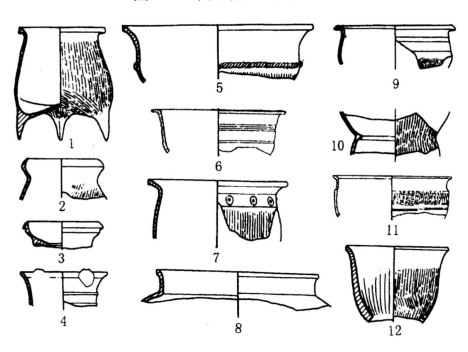

1、7・鬲（H10：13、11）　　2、4・斝（01：1、Y1：1）　　3・豆（T1①：1）
5・大口尊（H7：1）　　6、11・簋（Y1：2、H2：1）　　8・甕（H8：2）　　10・
甑（H10：10）　　12・刻槽盆（H10：4）

〔註109〕數據來自 1980 年調查與試掘報告。
〔註110〕許益：《陝西華縣殷代遺址調查簡報》。
　　　　北京大學考古教研室華縣報告編寫組：《華縣、渭南古代遺址調查與試掘》。
〔註111〕張天恩：前引書，第 107～108 頁。
〔註112〕張天恩：前引書，圖十八，第 121 頁。

（二）懷真坊遺址

遺址位於藍田縣孟村鄉懷真坊村南，地處滻、灞兩河之間的白鹿原上，屬秦嶺山前黃土臺原，上有鯨魚河流貫。海拔高度 600～800 米。遺址分佈在村東和村南，面積約 5 萬平方米〔註113〕。1973 年曾出土過商代前期的青銅器〔註114〕。1978 年西安半坡博物館和藍田縣文化館進行了正式發掘〔註115〕。清理出灰坑 7 座，墓葬 5 座，以及與鑄銅有關的爐壁和銅渣等，出土器物有陶器、石器、骨器、蚌器和銅兵器等。

發掘簡報中推定遺址為二里崗時期。由於發表資料較少，根據目前資料判斷大致應為二里崗上下層時期。相當於本文第一期早晚段。

（三）東白村遺址

遺址位於大荔縣羌白鎮東白村（又被稱為白村）東北，坐落在洛河下游南岸的階地上，面積約 5000 平方米〔註116〕。1980 年西安半坡博物館進行了試掘，清理了少量灰坑，出土陶器和石器等。年代與二里崗時期基本相同，並以下層階段的遺存偏多〔註117〕。相當於本文第一期早晚段。

（四）趙莊遺址

遺址位於大荔縣伯士鄉趙莊（也叫趙家村），坐落在洛河下游的北岸階地上，面積約 28 萬平方米〔註118〕。1984 年前後，西安半坡博物館等進行了小面積的試掘，清理出少量灰坑，出土陶器和石器等。推定遺址商代遺存的年代與二里崗時期基本相同，也以下層階段的遺存偏多〔註119〕。相當於本文第一期早晚段。

（五）姜河遺址

遺址位於渭南市臨渭區陽郭鄉姜河村東側，面積約 8000 平方米〔註120〕。

〔註113〕數據來自 1980 年試掘簡報。
〔註114〕樊維岳、吳鎮烽：《陝西藍田縣出土商代青銅器》，《文物資料叢刊》3，文物出版社，1980 年。
〔註115〕西安半坡博物館、藍田縣文化館：《陝西藍田懷真坊商代遺址試掘簡報》。
〔註116〕國家文物局主編：前引書（下）第 570 頁，32-A32。
〔註117〕張天恩：前引書，第 108～109 頁。
〔註118〕國家文物局主編：前引書（下）第 569 頁，19-A19。
〔註119〕張天恩：前引書，第 109 頁。
〔註120〕國家文物局主編：前引書（下）第 490 頁，6-A6。

1976 年曾出土銅戈，1984 年曾出土商代青銅器 17 件〔註121〕。據張天恩介紹，這個遺址曾採集到商代的鬲、罐等遺物，時代約相當於殷墟一期前後〔註122〕。《中國考古學·夏商卷》中認爲其屬於中商第三期〔註123〕，根據本文的分期，當爲殷墟第一期，大致與張天恩意見相同。

（六）三原邵家河遺址

遺址位於三原縣洪水鄉邵家河村西北，清峪河北岸二級階地上，面積約 5 萬平方米〔註124〕。1974 年曾出土商代青銅器和陶鬲等〔註125〕，1995 年調查也發現了商代晚期的陶鬲等遺物。調查者認爲陶鬲明顯爲商式鬲特徵，年代相當於殷墟二、三期，並結合上述出土銅器和館藏陶鬲認爲其所屬的三原縣在這一階段及其前後，應屬較典型的商文化分佈區〔註126〕。邵家河位於北村遺址、老牛坡遺址和羊元坊遺址之間，應該與這三者的相似性會較大，但目前可進行比較的只有一件鬲，邵家河采：1，具有商式鬲頸部及口沿外磨光、分襠和磨光尖錐足的風格，其袋足變瘤又似具有聯襠鬲的影響，與北村遺址第三期 I T1③：4 鬲最爲相近，也與老牛坡遺址第四期陶鬲有相似之處，所以目前暫定爲本文的第二期至第五期，無法再進一步精確。

（七）趙家溝遺址

遺址位於扶風縣法門鎮官務村趙家溝組，七星河東岸臺原上，可能與老堡子爲同一處遺址，單獨放於此是爲了顯示其遺存面貌。2002 年周原考古隊在進行美陽河流域調查時在遺址上採集到一些商代的陶片，但當時由於這類遺存發現較少，我們還不能充分認識其面貌與時代，將 2 件花邊鬲的口沿誤認爲花邊罐的口沿，時代也定爲夏代到先周（晚商）時期〔註127〕。2004

〔註121〕左忠誠：《渭南市又出一批商代青銅器》，《考古與文物》1987 年第 4 期。
〔註122〕張天恩：前引書，第 110 頁。
〔註123〕中國社會科學院考古研究所編：《中國考古學·夏商卷》第 270 頁。
〔註124〕國家文物局主編：前引書（下）第 444 頁，17-A17。
〔註125〕馬琴莉：《三原縣收藏的商周銅器和陶器》，《文博》1996 年第 4 期。
〔註126〕北京大學考古文博院：《陝西彬縣、淳化等縣商時期遺址調查》，《考古》2001
　　　　年第 9 期。
〔註127〕周原考古隊：《陝西周原七星河流域 2002 年考古調查報告》，《考古學報》2005
　　　　年 4 期。另 2002 年調查時採用的地圖上誤將趙家溝標注爲曹家溝，直到 2004
　　　　年開始發掘後我們才知道是由於當地發音的原因導致了地圖的錯誤，這也導
　　　　致了我們在申請田野發掘執照時仍然按照曹家溝來填寫，後在老堡子遺址的

年周原考古隊發掘老堡子遺址時，在此清理了兩座暴露在七星河東岸上的殘灰坑，編號爲 SFZH1 和 SFLH2。H1 打破 H2，H1 爲商代，H2 爲龍山時代〔註128〕。做爲發掘者和整理者，筆者同意報告中的認識，即趙家溝 H1 的時代與老堡子商代遺存的時代相同，都爲本文的第二期。陶器面貌參見圖2-14。

圖 2-14　趙家溝遺址出土陶器

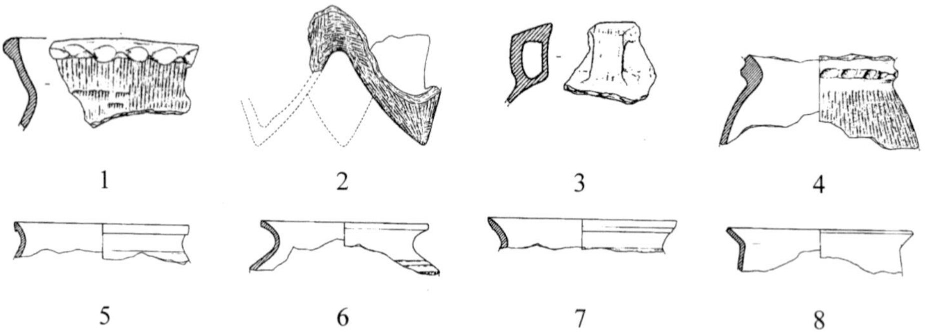

1、2. 花邊鬲（H1：12、21）　3. 蛇紋鬲（H1：15）　4. 甗（H1：23）　5、
6. 折肩罐（H1：29、28）　7. 折肩甕（H1：30）　8. 盆（H1：32）

（八）鄭家坡遺址

遺址位於武功縣武功鎮橋東村到北廟一帶，地處漆水河東岸，面積約 150 萬平方米〔註129〕。

第一章中已經講過，鄭家坡遺址共發掘了三次，正式發表的僅第一次，即 1981～1983 年發掘成果。發掘者將遺存分爲早中晚三期，時代分別相當於二里頭文化晚期至二里崗下層，太王遷岐前後和文王作豐時〔註130〕。後又分別進行了申論和調整〔註131〕。張長壽和梁星彭指出了簡報中資料發布的錯誤，並根據武功滸西莊、灃西張家坡、客省莊遺址西周時期的資料，推測鄭

　　　　正式報告中做了改正。
〔註128〕周原考古隊：《2004 年秋季周原老堡子遺址發掘報告》。
〔註129〕發掘簡報和地圖集數據一致。
〔註130〕寶雞市考古隊：《陝西武功鄭家坡遺址發掘簡報》，《文物》1984 年第 7 期。
〔註131〕尹盛平、任周方：《先周文化的初步研究》，《文物》1984 年 7 期。
　　　　劉軍社：《鄭家坡文化與劉家文化的分期及其性質》，《考古學報》1994 年第 1 期。

家坡遺址的遺存總體上接近西周前期遺存，上限約在文王作豐之時〔註132〕。孫華同意簡報的分期，但對遺跡單位進行了調整〔註133〕。他認爲鄭家坡遺址相當於壹家堡第二期，爲商王武丁至祖甲時期。第二期與壹家堡遺址第三期大體一致，時代爲商王廩辛、康丁前後。第三期與壹家堡第四期相仿，爲商王武乙至帝辛時期。張天恩利用鄭家坡三次發掘和岸底等遺址資料，將鄭家坡文化分爲五期7段，鄭家坡遺址延續了其中的六段，時代從二里崗上層到殷墟四期〔註134〕。雷興山也基於三次發掘的資料但其結論爲5段，時代上限爲花園莊早段，第4段應爲商代最晚期，第5段爲西周初期〔註135〕。此後，還有其他學者也進行了研究，不一一贅述。

我們在第一節已經論述過鄭家坡類遺存的年代要晚於京當類的年代，而京當類的年代大致在殷墟二期或一、二期之際，如此則留給鄭家坡類型的時間範圍並不會太大，所以是否可以分爲上述的多期或多段就值得斟酌。此外，根據張天恩和雷興山的表述，並結合牛世山對岸底遺址的分析以及我們的研究成果，可以發現，鄭家坡遺址中變化明顯的有以下幾點：

一是折肩罐、深腹盆的口沿寬窄、唇部形狀及其數量變化。從沿面寬，唇外附加泥條較厚或較薄爲主，逐漸變化到沿面窄，唇外不附加泥條（呈圓唇或尖圓唇）爲主。深腹盆的口沿從微卷逐漸變至微折、平折。折肩罐和深腹盆的弦紋也逐漸由兩道或多道一組逐漸變爲一道或消失。二是陶色由褐陶爲主逐漸變爲以灰陶爲主。三是麥粒狀繩紋和索狀繩紋（或稱非麥粒狀繩紋）的數量逐漸發生變化。

鑒於雷興山的分期是建立在更多資料的基礎上，並且在表述中對上述特徵的變化更爲明確，所以我們採用他的分期序列，但將其5段調整爲三期。第一期爲第1、2段，第二期爲第3段，第三期爲第4段。第一期典型的器形特徵是折肩罐和深腹盆、方格紋盆的口沿寬，微卷，附加泥條變薄，口沿。第二期是上述器類口沿的主要變化是以不附加泥條爲主，但尚未變爲尖圓唇。第三期的主要變化是沿面明顯變窄，口沿微折、平折或外卷明顯，尖圓

〔註132〕張長壽、梁星彭：《關中先周青銅文化的類型與周文化的淵源》，《考古學報》1989年第1期。
〔註133〕孫華：《關中商代諸遺址的新認識——壹家堡遺址發掘的意義》。
〔註134〕張天恩：前引書，第203～230頁。
〔註135〕雷興山：前引書，第100～105頁。

唇。分別相當於本文的第四、五、六期。陶器面貌參見圖 2-15〔註 136〕。

圖 2-15　鄭家坡遺址出土陶器

期別	聯襠鬲	高領袋足鬲	折肩罐	盆
第一期	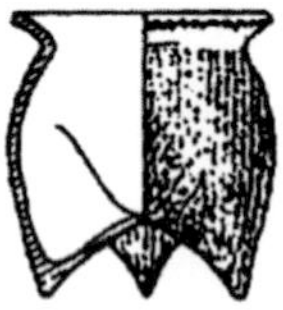 鄭 H71：8 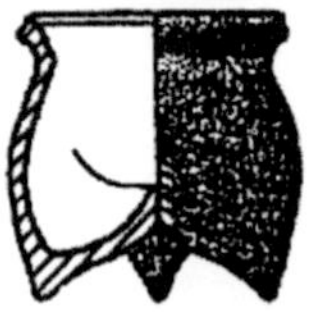 H64①：12	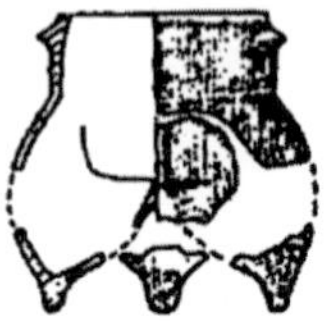 鄭 H71：10	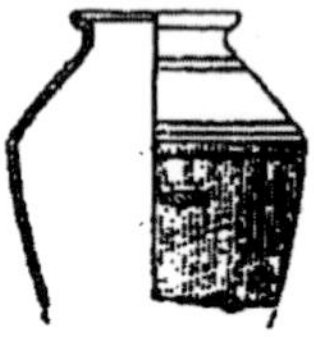 鄭 H71：1	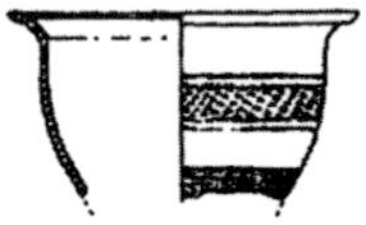 鄭 H71：4
第二期	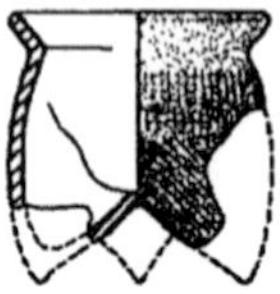 H67：30 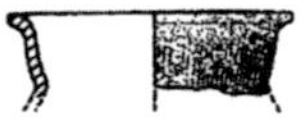 H67：22		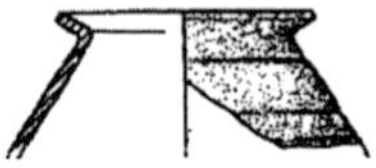 H67：3	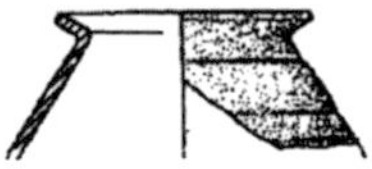 H67：12
第三期	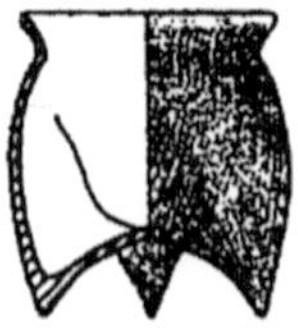 H61⑥：7	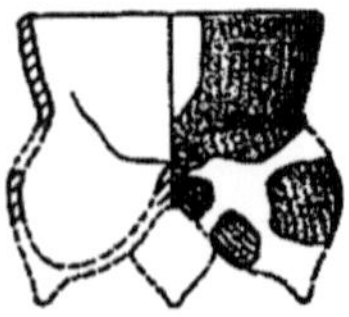 H61④：18	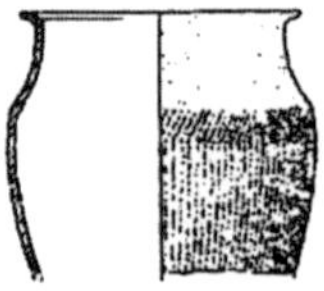 H61③：6	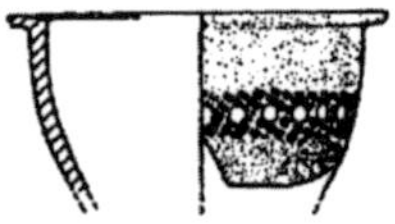 H61⑤：1

〔註 136〕此圖由雷興山《先周文化探索》圖二七改制而成。

	H61⑥：8

（九）斷涇遺址

遺址位於彬縣新堡子鄉斷涇村中、村北、村東和村南，涇河從其北、西、南三面流過，面積約 56 萬平方米〔註137〕。1995 年，中國社會科學院考古研究所涇渭工作隊進行了發掘〔註138〕。揭露面積 200 平方米，清理商代灰溝 1 條，灰坑 22 個，墓葬 4 座。出土陶器、石器、骨器、卜骨、小件銅器和金器等（圖 2-16）。

圖2-16　斷涇遺址出土陶器

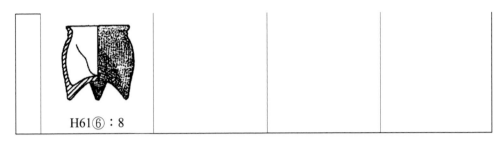

期別	花邊鬲	高領袋足鬲	甗	折肩罐	盆
第一期	H17：2	T203④：3	G1：16	G1：20	H7：5
第二期	M6：1		T103④A：4	H2：12	H3：7

發掘者將遺址分為兩期，第一期時代略早於碾子坡先周文化前期遺存，年代為殷墟一期左右，第二期的年代約與遷岐以後的先周文化相當。張天恩認為第一期可分為前後兩段，但限於資料的不足，故同意報告的分期結果〔註139〕。

〔註137〕數據來自 1995 年發掘報告。國家文物局主編：前引書（下）第 394 頁，42-A42 斷涇遺址條中無商代遺存的內容，遺址面積也只有 3.7 萬平方米。因前者的工作在地圖集出版之後，故以其為準。
〔註138〕中國社會科學院考古研究所涇渭工作隊：《陝西彬縣斷涇遺址發掘報告》。
〔註139〕張天恩：前引書，第 238 頁。

雷興山也持類似意見〔註140〕。斷涇遺址第一期和第二期的面貌與棗樹溝腦遺址的第一期和第三期非常相似，故可相當於本文的第四期和第六期。

（十）孫家遺址

遺址位於旬邑縣原底鄉孫家村東，地處三水河西岸，面積約 16 萬平方米〔註141〕。1994 年陝西省考古研究所發掘了一條探溝，遺存爲同一時期〔註142〕。張天恩將其時代定爲殷墟一期或略早〔註143〕，雷興山將其時代斷定爲殷墟一期前後〔註144〕。其折肩罐和盆的口沿均爲附加泥條的圓唇，特徵與本文的第四期相近，故定爲第四期。陶器面貌參見圖 2-17〔註145〕。

（十一）棗樹溝腦遺址

遺址位於淳化縣潤鎮棗樹溝腦村周圍，地處涇河下游通神溝河東岸臺地上，面積至少在 100 萬平方米〔註146〕。2006～2010 年，西北大學文博學院考古學系先後進行了四次發掘，清理了一批商代的房址、灰坑、墓葬、池塘，出土器物有陶器、石器、骨器等。

韓輝將 2006 年發掘資料分爲三期四段〔註147〕。筆者曾深入參與這次分期，發現陶器最具分期的特徵仍是折肩罐、盆口沿和唇部變化，以及陶色和器類數量的變化，其分期結果大致相當於本文的第四、五、六期，其第一期的年代可能要略晚於同時期的其他遺址。陶器面貌參見圖 2-18。

（十二）劉家墓地〔註148〕

墓地位於周原遺址劉家村西南，面積不詳，商後期墓葬共發現 22 座〔註149〕。

〔註140〕雷興山：前引書，第 83～88 頁。
〔註141〕國家文物局主編：前引書（下）第 414 頁，32-A32。
〔註142〕張天恩：前引書，第 238 頁。
〔註143〕張天恩：前引書，第 242 頁。
〔註144〕雷興山：前引書，第 82～83 頁。
〔註145〕此圖採自雷興山《先周文化探索》圖一八。另，由於孫家遺址資料未正式發表，故未對雷文之圖做刪減。
〔註146〕錢耀鵬、李成、魏女：《淳化縣棗樹溝腦遺址調查發掘的主要收穫》，《西北大學學報（哲學社會科學版）》2008 年 7 月，第 38 卷第 4 期。文物地圖集上無此遺址。
〔註147〕韓輝：《淳化棗樹溝腦先周時期遺存分析》。
〔註148〕劉家墓地屬於周原遺址的一部份，由於其墓葬具有獨特的面貌，所以在此單獨提出來。
〔註149〕陝西周原考古隊《扶風劉家姜戎墓葬發掘簡報》中報導了 20 座墓，雷興山在《先周文化探索》第 170 頁中增加了 2001 年周原博物館徵集的 2 座墓的資料。

　　對於劉家墓地分期的研究成果眾多，我們不一一羅列，僅列舉出以下幾個代表性的意見。發掘者尹盛平先生根據「陶器的演變、器物組合以及墓葬形制的變化」並結合鄭家坡遺址、鬥雞臺墓地和賀家先周墓資料將 18 座墓葬分爲六期。第一期爲 M3，第二期爲 M27。第三期包括 M11、M21、M40、M41、M44、M47 等 6 座。第四期也有 6 座墓，爲 M4、M7、M8、M20、M46、M53。第五期 3 座墓，爲 M9、M14、M37。第六期一座墓，爲 M49。從簡報中的論述可以看到，作者主要還是基於和其他遺址的陶器比對來確定基點，如第一期 M3 的鬲和高領球腹罐（雙耳罐）「具有齊家文化陶鬲和客省莊二期文化斝足的風格，形制與二里頭三期的一件陶鬲近似」，「與甘肅永靖大河莊齊家文化遺址 TA：17 高領球腹罐（雙耳罐）酷似。」「所以一期墓葬的年代與齊家文化比較接近，與二里頭文化晚期相當」。第二期的折肩罐與鄭家坡先周前期的同類器相近，時代應爲二里崗下層。第六期 M49 的墓葬形制與岐山賀家村的先周墓相同，圓肩罐接近周式圓肩罐，陶鬲與召陳西周前期雙耳袋足分襠鬲一致，所以時代最晚〔註 150〕。在這種器形對比確定時間基點的基礎上，研究者才能建立劉家墓地的陶器序列，但這種序列缺乏地層學證據的支持。

　　盧連成先生於 1985 年發表不同意見，基於「二十座墓葬排列有序，相互沒有打破關係。因此，有關墓葬的分期，只能依據陶器組合及器類、器形的變化來判定。」這樣將墓地分爲三期。原簡報的一期不變，二至五期歸爲第二期，第六期爲三期〔註 151〕。這一點就方法而言與尹盛平先生並無大的區別。區別在於他認爲「各期墓葬時代之間不會再有大的空缺，前後銜接是比較自然的。僅據現有資料分析，劉家墓地延續時間不會太長。」後又著文將第一二期合併爲第一期，年代約相當於殷墟第三期，原第三期爲第二期，時代相當於殷墟四期，即文王前後〔註 152〕。

〔註 150〕陝西周原考古隊：《扶風劉家姜戎墓葬發掘簡報》。
〔註 151〕盧連成：《先周文化與周邊地區的青銅文化》。《考古學研究》編委會編：《考古學研究》，三秦出版社，1993 年，第 243～279 頁。
〔註 152〕盧連成：《扶風劉家先周墓地剖析——論先周文化》，《考古與文物》1985 年第 2 期。

圖 2-17　孫家遺址出土陶器

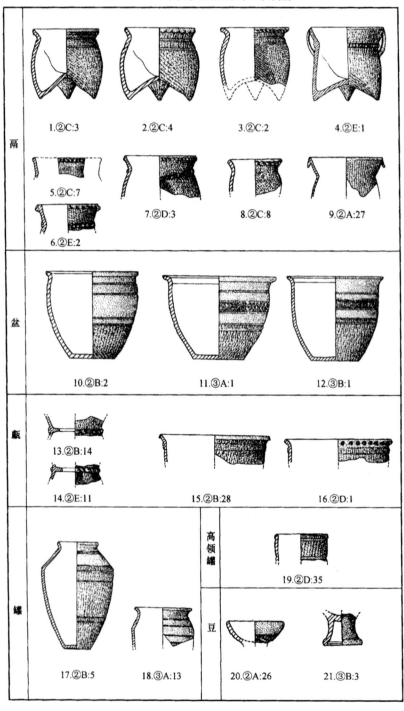

圖 2-18　棗樹溝腦遺址出土陶器

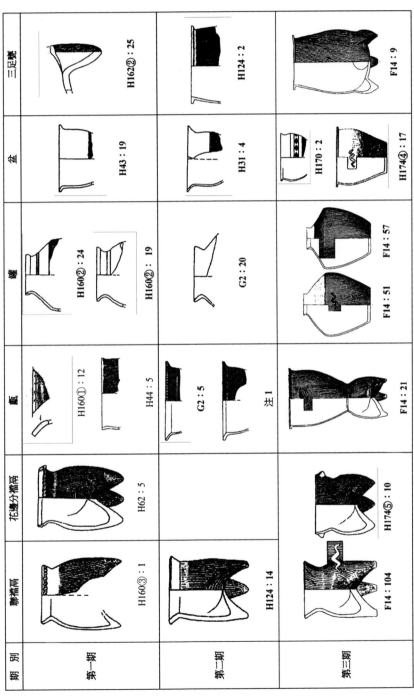

注1：韓輝的論文中未提供器號。

　　碾子坡是商代後期時關中地區發掘面積最大，遺存揭露最豐富的一處遺址。胡謙盈作爲其發掘者，在 1986 年對劉家墓地與碾子坡晚期墓地和徐家碾墓地的面貌比較後，認爲劉家墓地陶器面貌與碾子坡遺址晚期墓葬相同，屬於先周文化第二期，「約屬於古公、季歷時期的先周文化遺存，大致與殷墟三期文化的年代相當。」〔註 153〕可見他認爲劉家墓地無法進一步分期。

　　至 1989 年，張天恩進一步結合碾子坡、鄭家坡和壹家堡等遺址的資料，以高領袋足鬲的類型學研究爲基礎，將劉家文化分爲五期（未包括 M3〔註 154〕）。劉家墓地的二至五期爲劉家文化第三期，略晚於殷墟二期。第六期爲劉家文化第五期，年代相當於殷墟第三期後段至第四期或略晚〔註 155〕。張天恩的分期研究也是基於地層學證據之上的。

　　1993 年，孫華以壹家堡遺址的發掘資料爲基礎，對當時關中地區的十個商代主要遺址進行了分期〔註 156〕。他同意盧連成的分期結果，但對第一期 M3 的器物是否是一個共存體表示了懷疑，並認爲從總體上看，第一期似乎與第三期更接近，應屬於寺窪文化的範疇。他認爲第二期的時代應介於壹家堡三四期之間，並更接近後者，絕對年代應在商王康丁之後，帝乙之前，即殷墟三期晚段到四期早段。

　　至 2002 年，雷興山在上述遺址的基礎上，又增加了周原、蔡家河等遺址的地層關係和研究成果，將劉家墓地分爲 4 段，並依據禮村 H8 和灃西 H18 的發現確認 M3 爲劉家墓地最晚段〔註 157〕。他的分期與上述各位又有所不同。第一段包括 M37 和 2001 年徵集的 2 座墓。第 2 段包括 M8、M9、M11、M20、M40、M41、M46 等 7 座墓。第 3 段包括 M4、M7、M14、M21 等 4 座墓。第 4 段包括 M3、M27、M49 等 3 座墓。墓地時代從殷墟二期偏早階段或殷墟二期延續到商代末期或滅商前夕。

　　筆者在上述分析的基礎上，結合高領袋足鬲的演變序列，將劉家墓地分爲兩期。第一期包括雷文前三段，高領袋足鬲以扁錐狀足根爲主，個別的圓

〔註153〕胡謙盈：《試談先周文化及相關問題》。見胡謙盈著：《胡謙盈周文化考古研究選集》，四川大學出版社 2000 年版，第 124～141 頁。

〔註154〕後在《關中商代文化研究》中將 M3 的年代定爲殷墟三期之後，但未作更具體的年代推斷。

〔註155〕張天恩：《高領袋足鬲的研究》。

〔註156〕孫華：《關中商代諸遺址的新認識——壹家堡遺址發掘的意義》。

〔註157〕雷興山：前引書，第 168～173 頁。

錐狀足根與扁錐狀足根共存於同一座墓內。第二期爲雷文的第四段，高領袋
足鬲的足根爲圓錐狀，折肩罐爲尖圓唇，另外還有異型鬲和典型最晚期的圓
肩罐（圖 2-19）。分別相當於本文的第五六期。

圖 2-19　劉家墓地出土陶器

期　　別	第一期	第二期
高領袋足鬲	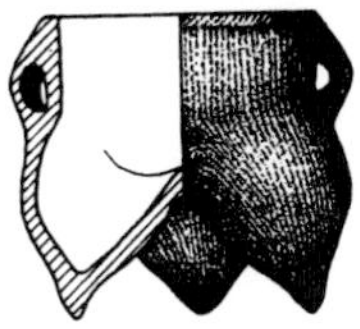 M41：1	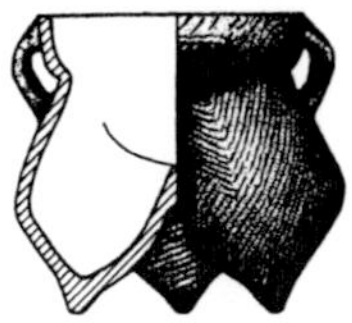 M27：1
異型鬲		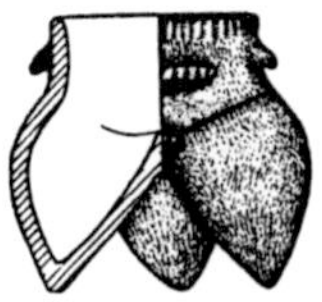 M3：1
腹耳罐	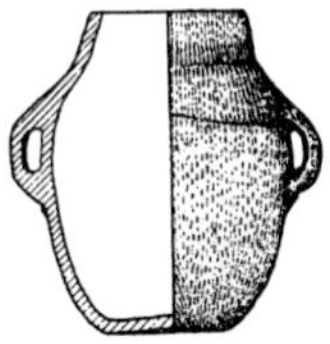 M8：1	
雙耳罐	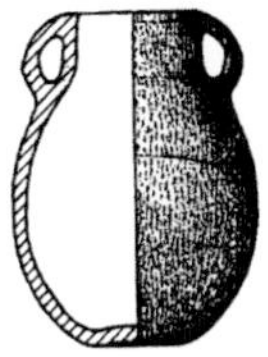 M41：3	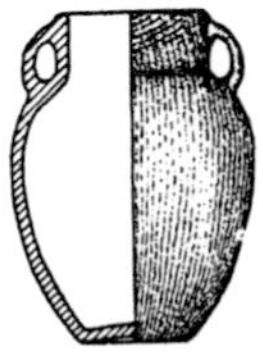 M3：3
單耳罐	 M11：4	 M49：3

折肩罐	M37：2	M27：4
圓肩罐		M49：9

（十三）王家嘴墓地

　　王家嘴墓地位於周原遺址王家嘴村北，歷年來共清理商代墓葬 25 座〔註158〕。雷興山依據層位關係和墓葬與居址的打破關係，將墓葬分爲二期 5 段，其中第一期僅包括第 1 段，時代相當於殷墟一期前後至二期偏晚。第二期包括 2-5 段，時代相當於殷墟二期偏晚至商周之際。由於第一期只有 M2 一座墓葬，出土 1 件商式鬲和 1 件花邊罐，器物數量太少，只能大致將其與本文第二三期相對應；第 2 段的高領袋足鬲爲柱狀足根，大致相當於本文的第四期；第 3 段的高領袋足鬲爲扁錐狀足根，大致相當於本文的第五期；第 4、5 段的高領袋足鬲爲圓錐狀足根，大致相當於本文的第六期。因此，本文將雷文的各期段調整爲四期，即第 1 段爲第一期，相當於本文的第二三期；第 2 段爲第二期，第 3 段爲第三期，第 4、5 段爲第四期，相當於本文的第四五六期。陶器面貌參見圖 2-20〔註159〕。

〔註158〕這 25 座墓葬包括 1996～1997 年陝西省考古研究所清理的 22 座，引自雷興山
　　　　《先周文化探索》第 175～178 頁。另有 2001 年周原考古隊發掘的 3 座，見
　　　　周原考古隊：《2001 年度周原遺址（王家嘴、賀家地點）發掘簡報》。以上墓
　　　　葬的平面圖也引自雷文。
〔註159〕此圖採自雷興山《先周文化探索》第 177 頁圖三九。

圖 2-20　王家嘴墓地出土陶器

期別	商式鬲	罐	高領袋足鬲	聯襠鬲和分襠鬲
第一期	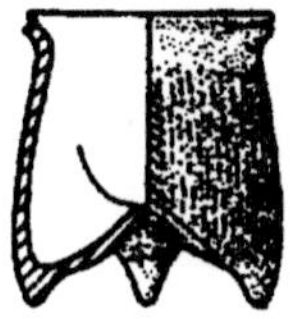 M2	 M2		
第二期			 M9 M14 M7	M9
第三期			M18 M8	

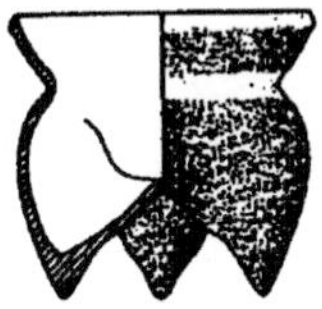

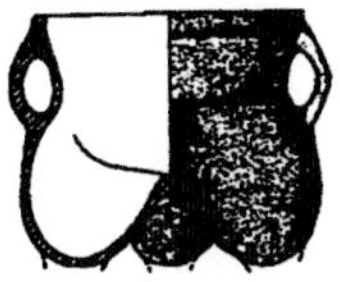

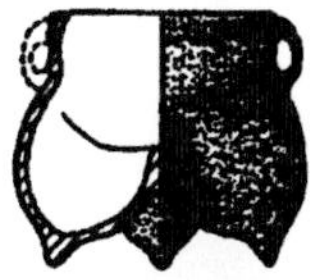

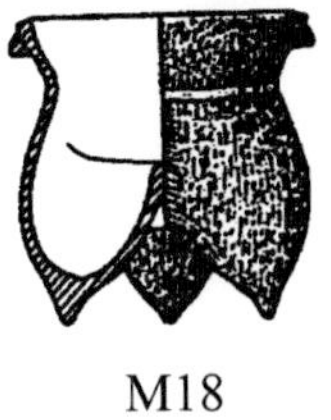

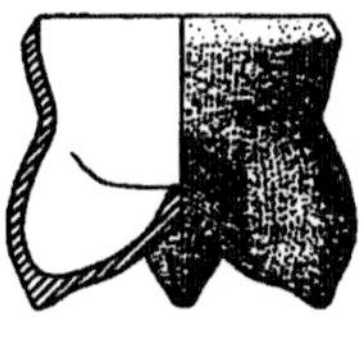

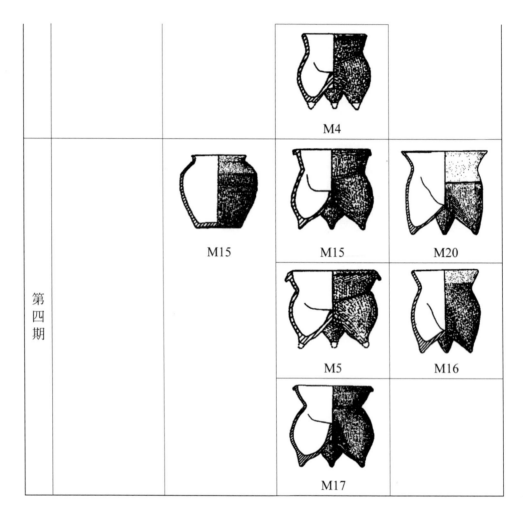

（十四）賀家墓地

　　賀家墓地位於周原遺址賀家村西。可分爲兩期，第一期相當於本文第二、三期，第二期相當於本文第六期。據筆者統計，第一期可確定的墓葬共 4 座，分別爲 1963 年 M26 和 M45〔註160〕，1976～78 年 M116 和 M135，另有採集的 1 件商式鬲〔註161〕。第二期可確定的墓葬至少有 18 座。分別爲 1963 年 M7、M11、M23、M39、M49 等 5 座〔註162〕和 M18、M24、M27、M33、M34、

〔註160〕M26 見陝西省考古研究所：《岐山賀家村周墓發掘簡報》，《考古與文物》1980
　　　　年創刊號。M45 見徐錫臺《周原賀家村周墓分期斷代研究》。《周秦文化研究》
　　　　編委會：《周秦文化研究》，陝西人民出版社 1998 年，第 229～239 頁。
〔註161〕陝西周原考古隊：《陝西岐山賀家村西周墓葬發掘報告》，《文物資料叢刊》第
　　　　8 輯，文物出版社，1983 年。
〔註162〕陝西省考古研究所：《岐山賀家村周墓發掘簡報》，《考古與文物》1980 年創

M40、M47 等 7 座〔註163〕，1973 年 M1 和至少 4 座小墓等 5 座〔註164〕，2001
年 B4M1〔註165〕。陶器面貌參見圖 2-21。

圖 2-21　賀家墓地出土陶器

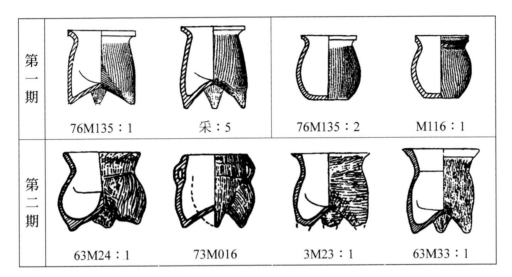

（十五）白家窯水庫商代墓葬

1973 年 12 月在扶風縣城關鎮白家窯水庫大壩西南出土 9 件陶器，器類
有鬲 1 件、尊 1 件、罐 7 件。1976 年一座灰坑中出土 1 假腹豆 1 件（圖 2-22）。
簡報中認爲 1973 年的 9 件陶器可能出自一座墓葬，兩批陶器的時代相當於
殷墟第一期〔註166〕。張天恩認爲其時代當在殷墟第一期或略早〔註167〕。筆
者以爲根據目前同類遺存墓葬的情況來分析，這 9 件陶器屬於一座墓的可能
性不大，但也不應急於推測屬於幾座墓，只要確定其出土於墓葬中即可。2002
年周原考古隊進行七星河流域調查時未發現商代遺存，故遺址面積與堆積不
詳〔註168〕。這 10 件陶器中，商式鬲和假腹豆的特徵與本文第二、三期的商

刊號。

〔註163〕徐錫臺《周原賀家村周墓分期斷代研究》。

〔註164〕陝西省博物館、陝西省文物管理委員會：《陝西岐山賀家村西周墓葬》，《考古》
1976 年第 1 期。另小墓 73M01 爲徐錫臺在《周原賀家村周墓分期斷代研究》
中命名的。

〔註165〕周原考古隊：《2001 年度周原遺址（王家嘴、賀家地點）發掘簡報》。

〔註166〕羅西章：《扶風白家窯水庫出土的商周文物》，《文物》1977 年第 12 期。

〔註167〕張天恩：前引書，第 51、55 頁。

〔註168〕周原考古隊：《陝西周原七星河流域 2002 年考古調查報告》。

式器相近。

圖 2-22　白家窯水庫出土陶器

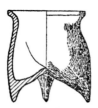

1. 商式鬲　　　　　2. 花邊罐　　　　　3. 假腹豆

（十六）史家塬遺址

遺址位於麟游縣九成宮鎮史家塬村南漆水河與賈家河交匯處的原地上，面積約 8 萬平方米〔註169〕。1992 年北京大學考古文博學院和寶雞市考古工作隊進行了發掘〔註170〕。發掘面積 16 平方米，清理了 3 座商代灰坑，出土器物有陶器、石器、骨器、卜骨等（圖 2-23）。

圖 2-23　史家塬遺址出土陶器

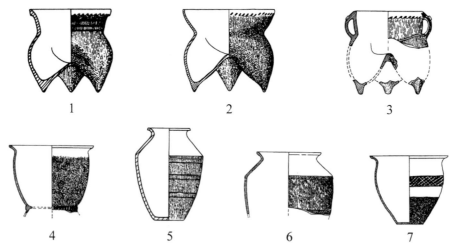

1、2. 聯襠鬲（H2：1、H2：2）　3. 高領袋足鬲（H2：10）　4. 甗（H3：19）

5、6. 折肩罐（H3：21、H3：8、H2：3）

〔註169〕國家文物局主編：前引書（下）第 267 頁，53-A53。

〔註170〕北京大學考古文博學院、寶雞市考古工作隊：《陝西麟游縣史家塬遺址發掘報告》。

發掘者將遺址歸為同一時期，時代相當於殷墟一期前後到二期偏晚階段。高領袋足鬲的足根均為扁柱狀，折肩罐和盆有附加泥條的圓唇和不附加泥條的圓唇以及尖圓唇，綜合特徵與本文第四期大致相近或略晚。

（十七）園子坪遺址

遺址位於麟游縣天堂鄉園子坪村西，涇河三級支流天堂河與其支流南溝的交匯處，面積約 8 萬平方米〔註171〕。1992 年北京大學考古文博學院和寶雞市考古工作隊進行了發掘〔註172〕。清理了 2 座不相鄰的商代灰坑，出土器物發表的只有陶器，其餘不詳（圖 2-24）。2 座灰坑陶器面貌相同，高領袋足鬲和高領袋足甗的比例約占全部陶器的 70%，足根為扁柱狀。發掘者認為與壹家堡遺址第一期、朱馬嘴遺址第二期、王家嘴遺址 H16〔註173〕等時代相近，應為殷墟二期偏早階段。後又在《先周文化探索》中調整為與周原遺址第一期第 1 段相當。根據報告可知，這 2 座灰坑的主要器類為高領袋足鬲、高領袋足甗的特徵為扁柱狀足根，折肩罐和盆為附加薄泥條的圓唇，整體特徵近於本文的第四期，面貌接近於碾子坡遺址早期。

圖 2-24 園子坪遺址出土陶器

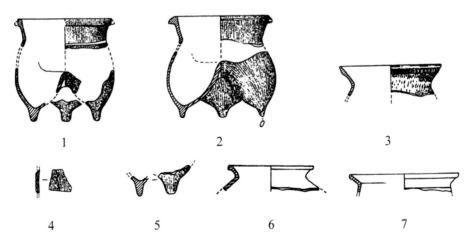

1、2、5. 高領袋足鬲（H1：1、H1：2、H2：13） 3. 鬲（H1：15） 4. 蛇紋鬲（H2：2） 6. 折肩罐（H2：3） 7. 盆（H2：4）

〔註171〕國家文物局主編：前引書（下）第 265 頁，10-A10。
〔註172〕雷興山：《陝西省麟遊縣園子坪遺址商代遺存分析》。
〔註173〕即雷興山《先周文化探索》中周原遺址第一期第 2 段。

（十八）蔡家河遺址

遺址位於麟游縣九成宮鎮蔡家河村邊漆水河與蔡家河交匯處的原地上，面積約 20 萬平方米〔註174〕。1991 年和 1992 年，北京大學考古文博學院和寶雞市考古工作隊進行了發掘〔註175〕。發掘面積 150 平方米，清理商代墓葬 1 座，灰坑 21 座，出土器物有陶器、石器、骨器、蚌器、卜骨和小件銅器等（圖 2-25）。

圖 2-25　蔡家河遺址出土陶器

期別	高領袋足鬲	甗	折肩罐	盆
第一期	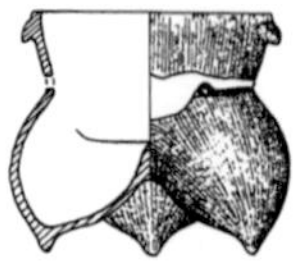 H32：1 H32：3	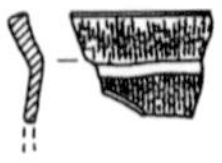 H21：8 H21：9	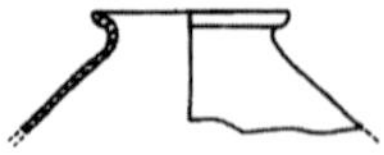 H32：4	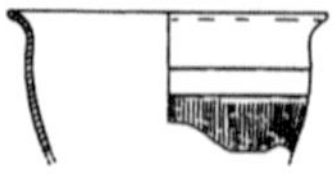 H32：5
第二期	H27：1 T8②：1	T3④：16	H22：4	H22：10

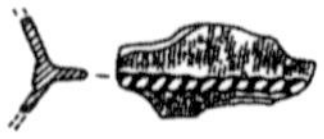

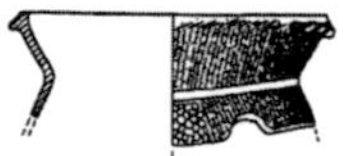

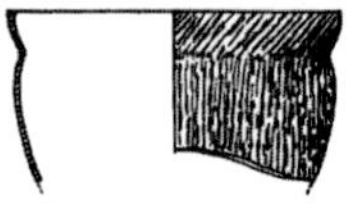

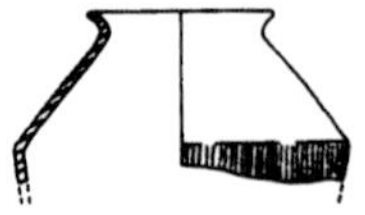

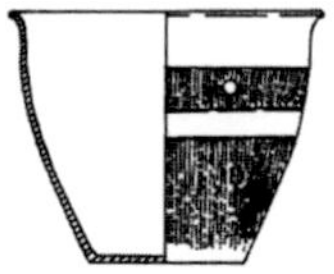

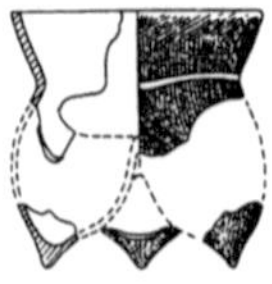

〔註174〕數據來自 1991 年和 1992 年發掘簡報。國家文物局主編：前引書（下）第 266 頁，22-A22 中遺址面積爲 22 萬平方米。二者差距不大，可以接受。

〔註175〕北京大學考古文博學院、寶雞市考古工作隊：《陝西麟游縣蔡家河遺址商代遺存發掘報告》。

發掘者先後將遺址分爲二期 4 段、三期 4 段和 4 段，但典型單位的順序
無變化〔註 176〕。張天恩將對蔡家河遺址的研究納入在對碾子坡文化的研究
中，分爲兩期，前者的時代爲殷墟二期後段至殷墟三期的前段，後者的時代
爲殷墟三期偏晚到殷墟四期，而不會晚到西周初期〔註 177〕。本文將四段合併
爲兩期，第一期包括第 1、2 段，第二期包括第 3、4 段。第一期高領袋足鬲
以扁錐狀足根爲主，折肩罐和盆以不附加泥條的圓唇爲主，有少量附加泥條
者。第二期高領袋足鬲以圓錐狀足根爲主，折肩罐和盆以短沿、尖圓唇爲主，
有少量不附加泥條的圓唇和方唇。相當於本文的第五、六期。

（十九）黑豆嘴遺址和趙家莊遺址

黑豆嘴遺址位於淳化縣夕陽鄉黑豆嘴村，地處三條小溝交匯處，面積約
20 萬平方米〔註 178〕。1982 年，村民平整土地時發現四座墓葬，共出土銅器
100 多件，另有金飾、串飾、貝、綠松石等，未見到陶器〔註 179〕。1995 年北
京大學考古文博院對遺址進行了調查〔註 180〕。

趙家莊遺址位於淳化縣官莊鎮趙家莊村村西。1964 年村西一座墓葬（博
物館編號爲 M2）出土銅鼎、爵等共 6、7 件銅器，現僅存銅鼎 1 件。1982 年
在 M2 以東約 250 米處發現 M1，出土銅器 5 件，陶鬲 1 件。銅器爲鼎、削、
刀、斧、鏡〔註 181〕。

簡報的作者推測黑豆嘴墓葬的時代爲晚商至西周初期，趙家莊墓葬的時
代爲商代中期至西周初期。劉軍社將趙家莊墓葬銅器的時代推定爲殷墟三四
期〔註 182〕。李海榮先生將趙家莊墓葬的銅器定爲殷墟第四期〔註 183〕。張天恩
結合 1995 年調查資料，對黑豆嘴和趙家莊墓葬一起進行分析。他認爲二者可

〔註 176〕先後見於雷興山：《蔡家河、園子坪等遺址的發掘與碾子坡類遺存分析》。北
京大學考古系編：《考古學研究》（四），科學出版社，2000 年，第 210～237
頁。北京大學考古文博學院、寶雞市考古工作隊：《陝西麟游縣蔡家河遺址商
代遺存發掘報告》。雷興山：《先周文化探索》第 63～65 頁。
〔註 177〕張天恩：前引書，第 320～326 頁。
〔註 178〕國家文物局主編：前引書（下）第 420 頁，14-A14。
〔註 179〕姚生民：《陝西淳化出土的商周青銅器》，《考古與文物》1986 年 5 期。
〔註 180〕北京大學考古文博院：《陝西彬縣、淳化等縣商時期遺址調查》。
〔註 181〕姚生民：《陝西淳化出土的商周青銅器》，《考古與文物》1986 年 5 期。
〔註 182〕劉軍社：《先周文化研究》，三秦出版社 2003 年，第 148 頁。
〔註 183〕李海榮：《關中地區出土商時期青銅器文化因素分析》，《考古與文物》2000
年第 2 期。

能同屬「黑豆嘴類型」，趙家莊 M1 的時代可能為殷墟第三期或更晚〔註184〕。
根據筆者分析，黑豆嘴遺址採集的陶器以灰色較多，也有紅褐色（圖 2-26）。
器類中鬲和甗與棗樹溝腦遺址有相近之處，其時代似與棗樹溝腦遺址的第二
期相當，即相當於本文的第五期。

圖 2-26　黑豆嘴與趙家莊遺址出土和採集陶器

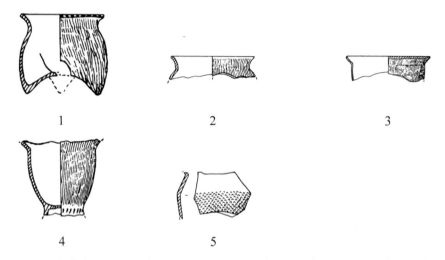

1、2. 鬲（趙 M1：1、采：3）　3、4. 甗（采：4、采：5）　5. 尊？（采：6）

（二十）高家村墓地

遺址位於寶雞市渭濱區高家鎮高家村，地處渭河南岸二級階地上，村東
約一公里處有塔稍河從南向北注入渭河。遺址面積約 10 萬平方米，有前仰韶、
仰韶和劉家文化遺存〔註185〕。1990 年寶雞市考古工作隊進行了搶救發掘，共
清理劉家文化墓葬 19 座〔註186〕（圖 2-27）。

發掘者將墓地分為兩期，第一期為東區墓葬，高領袋足鬲的特點與紙坊
頭④B 層相一致，即圓錐狀足根偏多，扁錐狀足根偏少，相當於殷墟第三期

〔註184〕張天恩：前引書，第98～100頁。
〔註185〕數據來自寶雞市考古工作隊：《陝西寶雞高家村劉家文化墓地發掘報告》，北
　　　　京大學中國考古學研究中心、北京大學震旦古代文明研究中心編：《古代文明》
　　　　第七卷，文物出版社，2008年，第286～322頁。
〔註186〕寶雞市考古工作隊：《陝西寶雞市高家村遺址發掘簡報》，《考古》1998年第4期。
　　　　寶雞市考古工作隊：《陝西寶雞高家村劉家文化墓地發掘報告》。本文所引資
　　　　料皆來自後者。

〔註 187〕。第二期爲西區墓葬，高領袋足鬲全部爲圓錐狀足根，時代爲殷墟
第四期。雷興山以簡報的資料爲基礎進行研究，也得出了與發掘者相近的認
識〔註 188〕。筆者同意上述認識，其陶器特徵分別與本文第五、六期相近，
但第一期可能略晚於劉家墓地的第一期，大致爲第五期偏晚階段或第六期偏
早階段。

圖 2-27　高家村墓地出土陶器

期　　別	第一期	第二期
高領袋足鬲	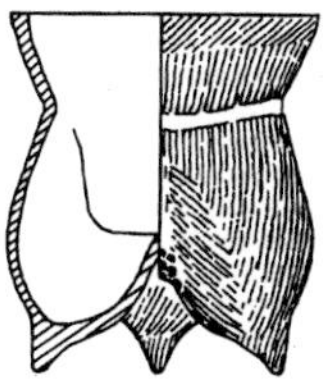 M14：1	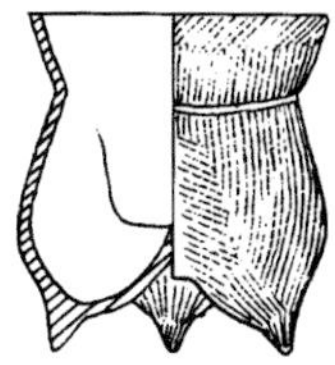 M3：1
腹耳罐	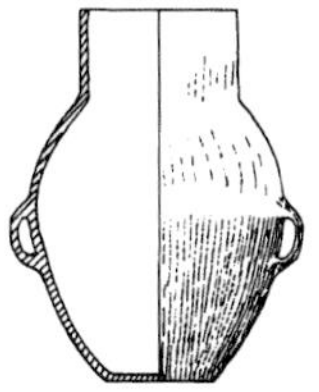 M19：2	
雙耳罐	 M14：6	
單耳罐	 M14：8	

〔註 187〕寶雞市考古工作隊：《陝西寶雞高家村劉家文化墓地發掘報告》。
〔註 188〕雷興山：前引書，第 185～188 頁。

折肩罐	M22：1	M3：3
圓肩罐	M18：6	M7：3
侈口鼓腹罐	M17：3	
肩耳壺		M3：2

（二十一）苟家嶺墓葬

苟家嶺墓葬位於寶雞市渭濱區高家鎮苟家嶺村東北。1990 年曾清理了 3 座劉家文化墓葬。據介紹附近斷崖上還殘存有 1 座偏洞室墓〔註189〕。張天恩將墓葬的時代定為殷墟三期。雷興山將其分為兩段，觀點同於上述對高家嶺墓葬的分析，即分別相當於本文的第五、六期〔註190〕。

〔註189〕高次若、劉明科、李新秦：《寶雞高家村發現劉家文化陶器》，《考古與文物》
　　　　1998 年 4 期。後張天恩先生在《關中商代文化研究》第 281 頁中指出簡報中
　　　　有器物編號混淆的問題，故依張文改正。
〔註190〕因苟家嶺墓地陶器面貌與高家村墓地完全相同，故在此省略。

（二十二）周公廟遺址

遺址位於岐山縣鳳鳴鎮周公廟前的山前坡地上，有馬尾溝和大殿溝兩條小河貫穿其中。商代遺存的分佈範圍約 200 萬平方米。2004 年至 2008 年周公廟考古隊一直進行著斷續的發掘工作〔註191〕。清理商代大型建築基址、陶窯和製陶作坊、墓葬 3 座，灰坑若干。發掘者將遺址商代遺存分爲 2 段〔註192〕（圖 2-28）。指出第 1 段的遺存面貌與周原遺址 6a 段基本相同，第 2 段與 1997 年灃西 H18 的遺存面貌基本相同。第 1 段的時代當不早於文王晚期，第 2 段與第 1 段相去不遠，爲文王遷豐前後至商周之際。發掘者在論證中進行了總體特徵和具體器物的詳細對比，筆者同意其分期意見，將其作爲本文的第六期。

圖 2-28　周公廟遺址出土陶器

期別	高領袋足鬲	聯襠鬲	折肩罐	盆
第一段	 05H34：29	 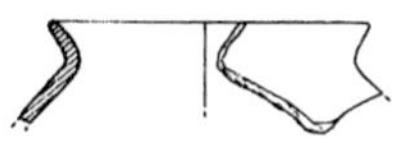 05H34：39 05H34：52	05H34：45	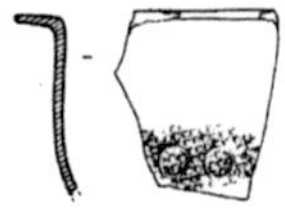 05H34：21
第二段	 06H27：58	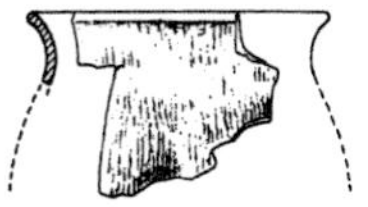 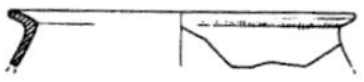 06H27：72 06H27：105	06H27：49	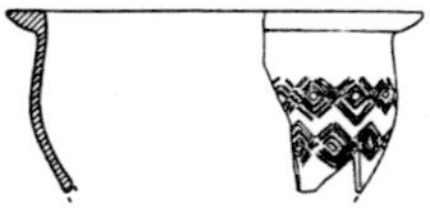 06H27：29

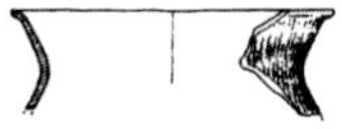

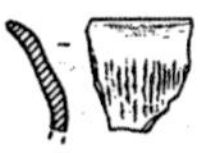

〔註191〕雷興山：前引書，第 71～76 頁、266～269 頁。

〔註192〕兩位發掘者共發表了兩篇（本）論文（論著），分別爲：種建榮、雷興山：《周公廟遺址商周時期陶器分期研究》和雷興山：《先周文化探索》。在這兩篇中遺址的分期、斷代個典型單位是完全一致的。

（二十三）孔頭溝遺址

遺址位於岐山縣蒲村鎮孔頭溝兩岸的趙家臺、張家村、宋家、畫東、溝底和前莊等村莊，遺址商代遺存的分佈面積約 150 萬平方米〔註193〕。周公廟考古隊 2006 年至 2008 年進行發掘，清理了商周之際的灰坑 9 座。出土遺物主要爲陶器和石器等。另有趙家臺遺址的製磚作坊〔註194〕，可能早到商周之際。發掘者將其分爲兩期 3 段。第一期包括第 1 段和第 2 段，遺存面貌與周公廟遺址第 1、2 段相同。第二期與周公廟遺址第二期相同。筆者同意發掘者的分期意見，將其作爲本文的第六期。

（二十四）鬥雞臺墓地

鬥雞臺墓地屬於代家灣遺址。代家灣遺址位於寶雞市陳倉區賈村鎮賈村原村南坡，地處渭河北岸二級階地上，渭河支流金陵河的東岸，面積約 100 萬平方米〔註195〕。遺址的名字先後有鬥雞臺和戴家灣等，近年來寶雞市政府東遷後，戴家灣改爲代家灣〔註196〕。1934～1935 年，北平研究院對墓地進行了發掘，清理墓葬 56 座〔註197〕。其中瓦鬲墓初期與中一期墓葬在以往先周時期的研究中常被提及〔註198〕。

雷興山對這批墓葬進行了迄今最詳細的分析，筆者同意其結論，即「瓦鬲墓初期」除 D2 外，其餘 8 墓屬同期遺存；以往定爲先周時期的「瓦鬲墓中一期」中有些墓葬，其年代應爲西周初期，「瓦鬲墓中一期」的一些墓葬的年代有可能早至先周時期或商周之際。所以他推定這批墓葬的時代爲商周之

〔註193〕種建榮、張敏、雷興山：《岐山孔頭溝遺址商周時期聚落性質初探》，《文博》2007 年第 5 期。

〔註194〕陝西省考古研究所寶雞工作站、寶雞市考古工作隊：《陝西岐山趙家臺遺址試掘簡報》，《考古與文物》1994 年第 2 期。發掘者將較早的遺存定爲西周前期。

〔註195〕遺址的面積引自梁曉青：《戴家灣遺址地貌環境的考古學探討》，《考古與文物》2000 年第 4 期。值得注意的是遺址的延續時間很長，包括新石器、商、周、漢、唐、宋等時期，所以這個數字不是商代時期的面積。

〔註196〕任雪莉：《寶雞戴家灣地區出土商周青銅器的整理與研究》，陝西師範大學碩士學位論文，2008 年 5 月。

〔註197〕蘇秉琦：《鬥雞臺溝東區墓葬》，國立北京大學出版部承印，1948 年版。

〔註198〕代表性的研究有：鄒衡：《論先周文化》。孫華：《關中商代諸遺址的新認識──壹家堡遺址發掘的意義》。
牛世山：《先周文化探索》，《文物季刊》1998 年 2 期。王巍、徐良高：《先周文化的考古學探索》，《考古學報》2000 年第 3 期。張天恩：《關中商代文化研究》。雷興山：《先周文化探索》。

際。相當於本文第六期。陶器面貌參圖 2-29〔註 199〕。

圖 2-29　鬥雞臺遺址出土陶器

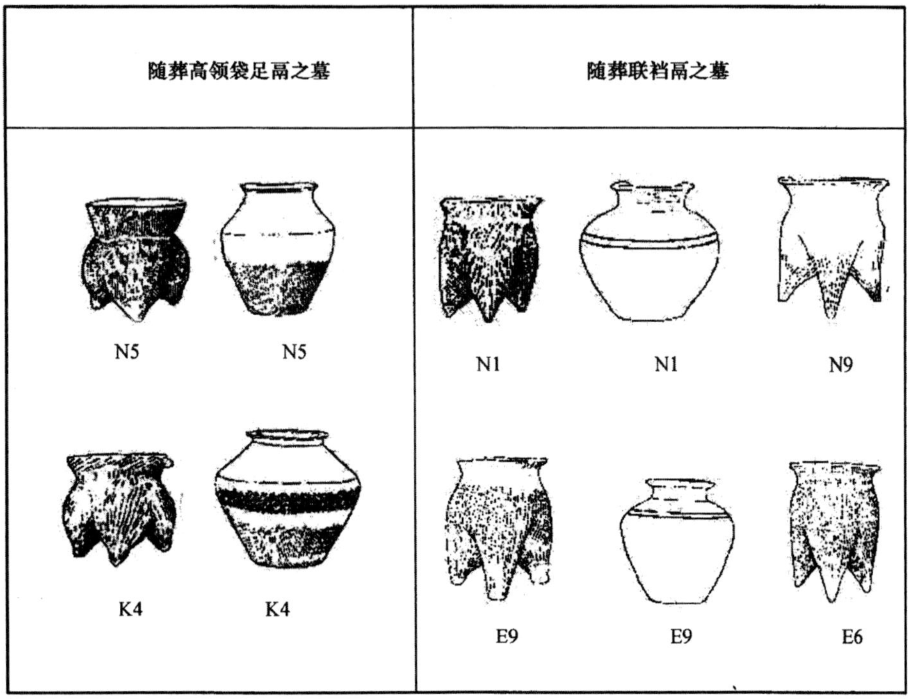

（二十五）北呂遺址

遺址位於扶風縣上宋鄉北呂村北臺原的坡地上，居址面積約 5 萬平方米，墓地面積約 20 萬平方米〔註 200〕。1977～1981 年，扶風縣博物館在此發掘商周時期墓葬 283 座，陶窯 1 座，並試掘遺址 72 平方米〔註 201〕。發掘者將墓地分爲六期，第一期時代爲大致在太王遷岐和文王遷豐之間。第二期的時代爲文武之際，下限不晚於武王滅商之時。以後各期爲西周時期。後又進行了詳細的分期和斷代，將商末周初的墓葬分爲三期 4 組。第一期包括第 1 組，29 座墓葬，時代大致爲王季前後；第二期包括第 2 組，34 座墓葬，時代爲文王前後；第三期包括第 3、4 組，第 3 組 21 座墓葬，第 4 組 18 座

〔註 199〕雷興山：前引書，圖四五，第 190 頁。
〔註 200〕國家文物局主編：前引書（下）第 302 頁，75-A75。墓地面積來自發掘簡報。
〔註 201〕扶風縣博物館：《扶風北呂周人墓地發掘簡報》。

墓葬，時代爲文王晚期到成王初期〔註202〕。胡謙盈先生指出簡報中的M21
屬於先周晚期〔註203〕。王巍等先生同意報告對第一、二、三期的分期與斷
代，認爲其反映了鄭家坡類遺存的葬俗，時代與鄭家坡—岸底遺址的早晚期
相當〔註204〕。張天恩作爲發掘者之一，基於其對先周文化的陶器分期結果，
認爲簡報和報告的分期是成立的〔註205〕。雷興山分析後認爲有 20 座可能爲
先周第五期，但也不排除進入西周的可能〔註206〕。筆者以爲如果按照公認
的典型器，目前可以確定的只有 2 座墓葬（ⅠM11、ⅣM21）（圖2-30），若
按照雷興山對聯襠鬲的研究並結合墓地分區和墓葬排列方向以及打破關
係，有 20 座左右也是有可能的。所以目前可以確定的是，有相當數量的墓
葬屬於本文的第六期，而且以聯襠鬲隨葬的墓葬爲主。

圖 2-30　北呂遺址出土陶器

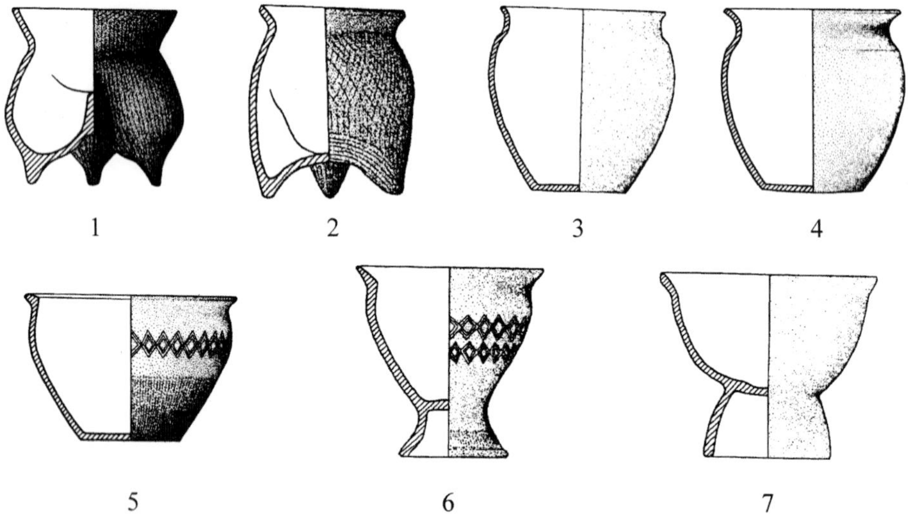

1. 高領袋足鬲（ⅣM21：1）　2. 聯襠鬲（ⅠM11：1）　3、4. 侈口圓腹罐（Ⅰ
M11：2、ⅣM21：2）　5. 盆（ⅣM21：3）　6、7. 簋（ⅠM11：4、3）

〔註202〕羅西章、王占奎：《試論北呂墓地的先周墓葬》。陝西省考古學會編：《慶祝武
　　　　伯綸先生九十華誕論文集》，三秦出版社，1991 年。
　　　　羅西章：《北呂周人墓地》，三秦出版社 1995 年版。
〔註203〕胡謙盈：《試談先周文化及相關問題》。
〔註204〕王巍、徐良高：《先周文化的考古學探索》。
〔註205〕張天恩：前引書，第 247 頁。
〔註206〕雷興山：前引書，第 194～197 頁。

（二十六）西村墓地

墓地位於鳳翔縣南指揮鄉西村，面積約 1.64 萬平方米〔註207〕。1979 年和 1980 年，雍城考古隊共清理商周時期墓葬 210 座。發掘者將整個墓地分爲四期，第一期爲先周中期，第二期爲先周晚期，第三期爲西周初期，第四期爲西周中期。胡謙盈先生指出出土乳狀袋足鬲的 10 座墓大致可以確定爲先周文化墓葬〔註208〕。王巍等先生指出聯襠鬲墓與袋足鬲共處一個墓地，其年代分期不明顯，約同屬先周晚期季歷、文王時期〔註209〕。張天恩認爲簡報先周時期的兩期器物特徵沒有太顯著的區別，應基本屬於先周文化的第五期（即最晚期，時代約相當於殷墟四期），個別墓葬可能進入第四期（時代約相當於殷墟三期）〔註210〕。雷興山認爲除隨葬高領袋足鬲的墓葬爲先周時期遺存外，尚有一些隨葬聯襠鬲、圓肩罐和折肩罐的墓葬也應是先周時期遺存，只是受刊布資料的限制，無法一一確認〔註211〕。筆者持相同的意見。其時代爲商周之際，相當於本文的第六期。可以大致確定爲第六期的陶器面貌參見圖 2-31。

圖 2-31　西村墓地出土陶器

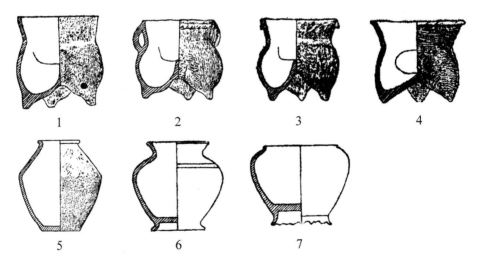

1-3. 高領袋足鬲（79M69：2、80M87：1、79M44：3）　4. 橫繩紋鬲（80M148：1）5. 折肩罐（79M44：1）　6. 瓿（79M69：1）　7. 簋（79M69：3）

〔註207〕數據來自韓偉、吳振鋒：《鳳翔南指揮西村周墓的發掘》。
〔註208〕胡謙盈：《試談先周文化及相關問題》。
〔註209〕王巍、徐良高：《先周文化的考古學探索》。
〔註210〕張天恩：前引書，第 247～248 頁。
〔註211〕雷興山：前引書，第 199～202 頁。

（二十七）紙坊頭遺址

遺址位於寶雞市金臺區長青村紙坊頭，地處渭河北岸的二級階地上，玉澗河從村西南流入渭河。遺址面積不詳。1985 年初，寶雞市考古隊進行了發掘，發掘面積 36 平方米〔註212〕。其最大的收穫是通過④A 層和④B 層的資料表明，高領袋足鬲的足根存在從扁錐狀向圓錐狀變化的趨勢。發掘者認爲④A 層的陶器特徵與灃西馬王 H11 相似，時代不晚於 H11，④B 層的時代在周人遷岐之後與文王武王之間。王巍等先生認爲④B 層的文物保持了較純正的晁峪・劉家類遺存的特徵，不見先周文化多元文化特徵，可能表明它尚未與周原以東、以北的某些文化發生密切接觸，暗示可能姬周文化尚未滲透至此，所以定其下限在遷岐以前較爲合適。雷興山將其時代定爲第四期第 8 段和第五期第 9、10 段，即下限爲商周之際，上限暫無法與殷墟分期對應〔註213〕。筆者同意上述意見並將其分爲兩期，面貌可與高家村墓地的分期與面貌相對應，即第一期約爲第五期偏晚或第六期偏早，第二期與第六期相當。陶器面貌參見圖 2-32。

圖 2-32　紙坊頭遺址出土陶器

期別	第一期	第二期
高領袋足鬲	 T1④B：2	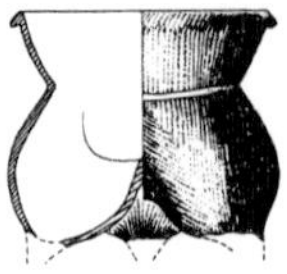 T2④A：1
高領袋足甗	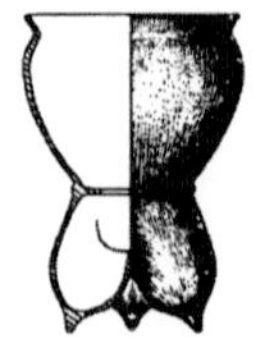 T1④B：1	

〔註212〕寶雞市考古隊：《寶雞市紙坊頭遺址試掘簡報》。
〔註213〕雷興山：前引書，第 92～93 頁。

聯襠鬲		T2④A：10
雙耳罐	T2④B：8	
單耳罐		T1④A：1
折肩罐侈口圓腹罐	T2④B：7	T2④A：9
盆	T2④B：5	

（二十八）豐鎬遺址

豐鎬遺址位於西安市長安區斗門鎮與馬王鎮，地跨灃河兩岸。商代遺存的面積不詳。根據本文各期的陶器特徵，豐鎬遺址商周之際的遺存應屬於第六期。目前可以確認的遺跡主要有 1959 年馬王村 H11〔註214〕，1984～1985 年灃河毛紡廠 H3〔註215〕，1997 年「夏商周斷代工程」期間於灃河毛紡廠東側發掘的 H18〔註216〕等灰坑，67SCCM89〔註217〕、83 灃毛 M1

〔註214〕中國社會科學院考古研究所灃西發掘隊：《陝西長安戶縣調查與試掘簡報》，《考古》1962 年 6 期。
〔註215〕中國社會科學院考古研究所灃鎬工作隊：《1984～1985 年灃西西周遺址、墓葬發掘報告》，《考古》1987 年第 1 期。
　　　　蔣祖棣：《論豐鎬周文化遺址陶器分期》，北京大學考古系編《考古學研究》（一），文物出版社，1992 年。
〔註216〕中國社會科學院考古研究所灃鎬工作隊：《1997 年灃西發掘報告》，《考古學報》2000 年第 2 期。
〔註217〕中國社會科學院考古研究所灃西發掘隊：《1967 年長安張家坡西周墓葬的發掘》，《考古學報》1980 年第 4 期。

和 83SCKM1〔註218〕等 3 座墓葬，這三座墓葬都隨葬高領袋足鬲（圖 2-33）。根據西村、北呂和鬥雞臺等墓地的情況來分析，豐鎬遺址應該還存在隨葬聯襠鬲的墓葬，只是目前限於資料和發現無法確定而已。

圖 2-33　豐鎬遺址出土陶器

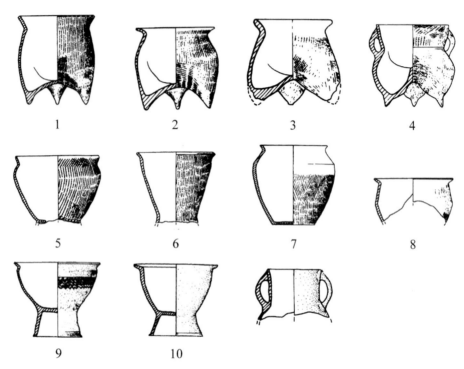

1-3. 聯襠鬲（H18：49、H18：50、H18：52）　4. 高領袋足鬲（H18：53）5. 高領袋足甗（H18：57）　6. 聯襠甗（H18：142）　7. 折肩罐（H18：40）8. 盆（H18：87）　　9、10. 簋（H18：44、H18：46）　11. 雙耳壺（H18：132）

（二十九）黃家河遺址

遺址位於武功縣游鳳鎮黃家河（又名黃南窯村），地處漆水河西岸臺地上，面積約 2 萬平方米〔註219〕。1982 年，中國社會科學院考古研究所武功發

〔註218〕中國社會科學院考古研究所灃鎬發掘隊：《長安灃西早周墓葬發掘記略》，《考古》1984 年 9 期。

〔註219〕數據來自中國社會科學院考古研究所武功發掘隊：《1982～1983 年陝西武功黃家河遺址發掘簡報》，《考古》1988 年第 7 期。國家文物局主編：前引書（下）第 476 頁，24-A24 中遺址面積爲 37 萬平方米。

前者似專指周墓，後者包括新石器時代到秦代的遺址。所以可以認爲遺址面

掘隊進行了發掘，發掘面積約 800 平方米，清理了周代灰坑 7 個，墓葬 51 座
（內含 2 座車馬坑）。發掘者認爲 H3 和 H5 爲先周晚期的遺存，將墓葬分爲兩
期，第一期基本上屬於西周初年，個別墓葬或可早到先周末年，但未明確指
出是哪幾座〔註220〕。雷興山認爲有 15 座墓葬可能屬於先周時期或商周之際
〔註221〕，筆者同意這個意見。其陶器特徵與北呂和西村墓地相近，應屬於商
周之際，相當於本文第六期。

（三十）下孟村遺址

遺址位於長武縣（以前屬於彬縣）冉店鄉下孟村，地處涇河西岸，面積
約 15 萬平方米（按：遺址分爲南北兩部份，南部爲新石器時代，北部爲周代）
〔註222〕。1959 年，陝西考古所涇水隊進行了發掘，遺址北部發掘面積爲 80
平方米。第三層出土有高領袋足鬲，折肩罐爲折沿、尖圓唇，時代相當於本
文第六期。

（三十一）旭光、林家村和峪泉墓葬

寶雞市區附近的旭光、林家村和峪泉都各自清理了 1 座商代墓葬〔註
223〕。發掘者認爲旭光墓葬的時代爲武王伐商前，即大致殷墟四期；林家村
墓葬的時代爲西周初期；峪泉 M5 的時代爲殷墟四期。雷興山將 3 座墓葬分
爲 2 段，旭光墓葬較早，另外 2 座墓葬較晚，但都屬於殷墟四期到商末周初
〔註224〕。由於這幾座墓葬的高領袋足鬲都爲圓錐狀足根，所以筆者同意上
述斷代，但認爲無法進行分段，大致相當於本文的第六期。陶器面貌參見圖
2-34。

積不詳，大於 2 萬平方米。

〔註220〕中國社會科學院考古研究所武功發掘隊：《1982～1983 年陝西武功黃家河遺
　　　　址發掘簡報》，《考古》1988 年第 7 期。

〔註221〕雷興山：前引書，第 197～198 頁。

〔註222〕數據來自陝西考古所涇水隊：《陝西彬縣下孟村遺址發掘簡報》。

〔註223〕王桂枝：《寶雞下馬營旭光西周墓清理簡報》，《文博》1985 年第 2 期。
　　　　寶雞縣博物館，閆宏斌：《寶雞林家村出土西周青銅器和陶器》，《文物》1988
　　　　年第 6 期。
　　　　陝西省考古所、寶雞市考古工作隊：《陝西省寶雞市峪泉周墓》，《考古與文物》
　　　　2000 年第 5 期。

〔註224〕雷興山：前引書，第 192～193 頁。

圖 2-34　旭光、林家村和峪泉墓葬陶器

墓葬	高領袋足鬲		罐
旭光			
林家村			
峪泉			

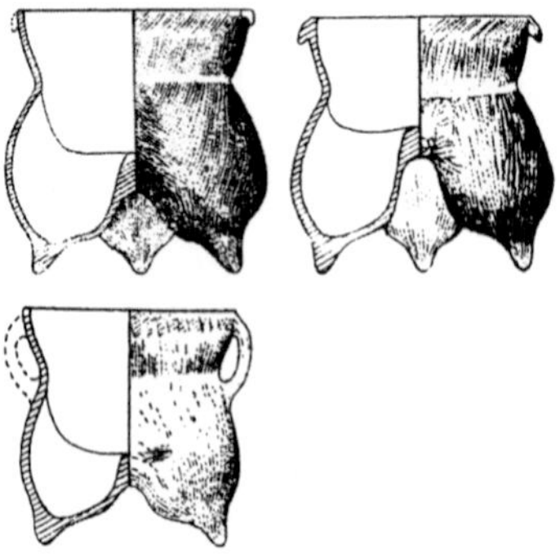

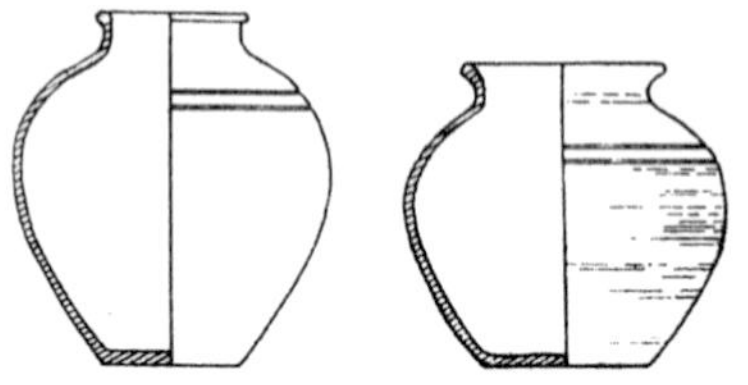

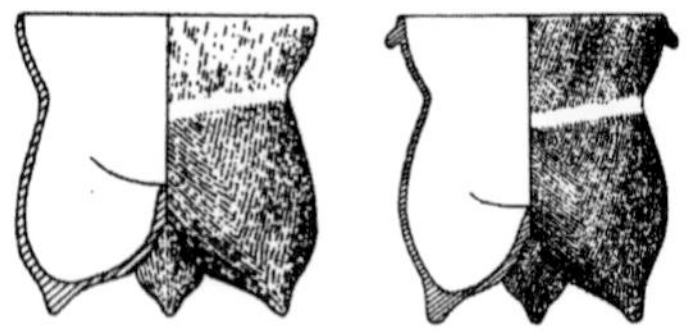

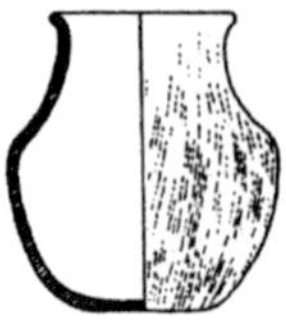

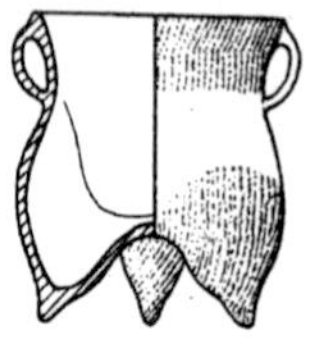

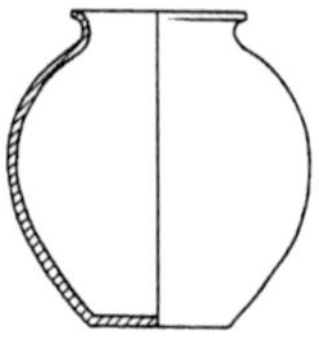

（三十二）寶雞姬家店、金河、石嘴頭、晁峪、虢鎮等地出土的鴨嘴狀高領袋足鬲

　　1959 年，中國科學院考古所在寶雞市八魚鄉姬家店徵集到 2 件高領袋足鬲和 2 件單耳高領圓腹罐，組合關係不明〔註225〕。

　　1972 年在金河公社徵集陶器 6 件，包括 3 件高領袋足鬲、2 件雙耳罐、1 件單耳罐；1982 年 4 月在石嘴頭徵集高領袋足鬲 1 件；1982 年 10 月在晁峪徵集雙耳罐 2 件、單耳罐 1 件。高領袋足鬲都為橙黃色，袋足橫截面為橢圓

〔註225〕考古研究所渭水流域調查發掘隊：《陝西渭水流域調查簡報》，《考古》1959年第 11 期。

中國社會科學院考古研究所渭水流域考古調查發掘隊：《陝西渭水流域西周文化遺址調查》，《考古》1996 年第 7 期。

形，足根爲鴨嘴狀，通體飾淺細繩紋，其上飾索狀細堆紋及泥餅。1982 年在渭河南岸石嘴頭遺址徵集 1 件高領袋足鬲，夾砂紅陶，足根爲鴨嘴狀。口沿外附一周泥條，鋬上有錐刺紋，通體飾細繩紋〔註226〕。1985 年盧連成發表徵集自晁峪的 2 件雙耳罐和石嘴頭的 3 件高領袋足鬲、1 件腹耳罐〔註227〕。

　　1990 年寶雞縣虢鎮也曾發現一組陶器，爲 1 件高領袋足鬲和 2 件無耳的高領球腹罐，估計爲同墓所出〔註228〕。高領袋足鬲爲褐色，扁柱狀足根。大致相當於本文的第四期（圖 2-2）。

　　盧連成還於 1993 年發表了 1 件可能征集自鬥雞臺的雙耳罐〔註229〕。

　　據張天恩介紹，具有類似特徵的還有甘肅平涼翟家溝夾砂紅陶鬲、陝西鳳翔縣范家寨雙耳鬲、寶雞涼泉出土的四鋬鬲、眉縣博物館 03 號鬲、岸底以及鄭家坡 H35（指 1981～1983 年第一次發掘）中類似的標本〔註230〕。

　　前面我們已經指出，目前發表的鴨嘴狀足根中見於居址的只有 1 件，爲鄭家坡遺址 1987 年 H71：10，其具體特徵爲近直領，微斂口，通體飾細繩紋，附加較細類似蛇紋的堆紋。根據層位關係，可確定其時代爲本文的第四期。若再結合上面講到的岸底以及鄭家坡 H35（指 1981～1983 年第一次發掘）中類似的標本，可見出土這類高領袋足鬲的遺址暫時定爲本文的第四期或略早是較爲妥當的。

　　以上陶器見圖 2-35。

（三十三）勸讀遺址

　　勸讀遺址位於鳳翔縣橫水鎮西勸讀村和玉祥村，地處橫水河東岸。面積約 110 萬平方米。遺址中有商周之際的鑄銅作坊。起始時代與周公廟遺址第 1 段相當，爲本文的第六期。

（三十四）水溝遺址

　　水溝遺址位於鳳翔縣陳村鎮水溝村。發現有始建於商周之際的城牆。城周長約 4000 米，城內面積約 100 萬平方米，城外還有商周時期遺存。起始時

〔註226〕劉寶愛：《寶雞發現辛店文化陶器》，《考古》1985 年第 9 期
〔註227〕盧連成：《扶風劉家先周墓地剖析──論先周文化》，《考古與文物》1985 年第 2 期。
〔註228〕張天恩：前引書，第 280 頁。
〔註229〕盧連成：《先周文化與周邊地區的青銅文化》，《考古學研究》，三秦出版社，1993 年。
〔註230〕張天恩：《高領袋足鬲的研究》。

代與周公廟遺址第 1 段相當，爲本文的第六期。

圖 2-35　姬家店等遺址出土陶器

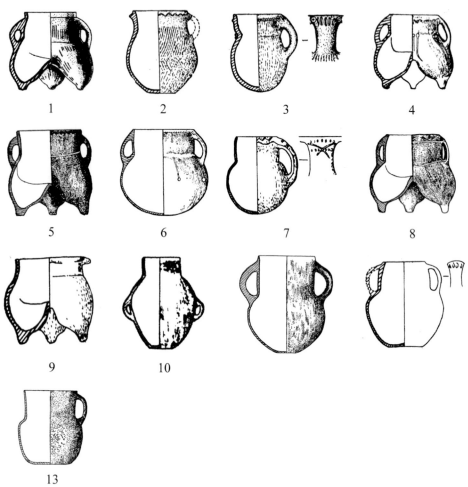

1-3. 姬家店　4-7. 金河　9、10. 石嘴頭　11-13. 晁峪

（三十五）貼家河遺址 [註231]

　　貼家河遺址位於岐山縣鳳鳴鎮貼家河村，面積約 200 萬平方米。發現有空心磚、瓦和一處夯土基址。起始時代與周公廟遺址第一期相當，爲本文的第六期。

〔註231〕勘讀、水溝和貼家河遺址的資料和研究結論全部引自雷興山《先周文化探索》第 286～288 頁。

在以上所舉遺址和墓地之外，歷次調查中也發現了多處遺址，但因調查所見和發表的資料都無法進行準確的分期，所以在此不一一列出，將在後面的相關章節中相機加入到有關的討論中。

根據以上的分期，可以製成表2-1。

表2-1 關中地區商代遺址分期

遺　址	第一期		第二期	第三期	第四期	第五期	第六期	
	早段	晚段					早段	晚段
東白	√	√						
趙莊	√	√						
南沙村	√	√						
懷眞坊	√	√						
姜河			√					
老牛坡	第一期	第二期	第三期		第四期		第五期	
北村	第一期	第二期	第三期					
朱馬嘴		第一期	第二期	第三期				
周原		第一期	第二期	第三期	第四期	第五期	第六期	
王家嘴墓地			第一期		第二期	第三期	第四期	
賀家墓地			第一期				第二期	
羊元坊			√					
老堡子			√					
白家窯				√				
邵家河					?			
壹家堡				第一期			第二期	
碾子坡					早期		晚期	
岸底					第一期	第二期	第三期	
鄭家坡					第一期	第二期	第三期	
斷涇					第一期		第二期	
孫家					√			
棗樹溝腦					第一期	第二期	第三期	
園子坪					√			
史家原					√			

姬家店等					√		
劉家墓地						第一期	第二期
蔡家河						第一期	第二期
黑豆嘴						√	
趙家莊						√	
高家村						第一期	第二期
苟家嶺						第一期	第二期
紙坊頭						第一期	第二期
周公廟						第1段	第2段
孔頭溝						第1段	第2段
鬥雞臺						√	
北呂						√	
西村						√	
豐鎬						√	
黃家河						√	
下孟村						√	
旭光						√	
林家村						√	
峪泉						√	
勸讀						√	
水溝						√	
貼家河							√

第三章 關中地區商代考古學遺存的分類
——以陶器和墓葬爲分析對象

在第二章，我們基於遺址和墓葬的陶器分析建立了關中地區商代考古學遺存的分期與年代框架，本章進一步結合墓葬習俗對其進行分類。

以下按照本文所建立的六期依次進行論述。

第一期　二里崗時期

第一期的遺址主要有柬白遺址，趙莊遺址，南沙村遺址，懷眞坊遺址，老牛坡第一、二期，北村遺址第一、二期，朱馬嘴遺址第一期，周原（僅見於王家嘴遺址第一期）等。可分爲兩類遺存。

1. 老牛坡類型商文化

包括柬白、趙莊、南沙村、懷眞坊遺址和老牛坡遺址第一、二期，北村遺址第一、二期（圖 3-1）。這幾處遺址的陶器面貌和葬俗與二里崗型商文化基本保持一致。

陶器以灰陶爲主。紋飾以細密的繩紋爲主，其他都爲典型二里崗型的紋飾。器類主要有典型的二里崗型器物鬲、豆、簋、盆、罐、大口尊和本地因素的花邊罐等。

圖 3-1　關中地區第一期遺存分佈圖

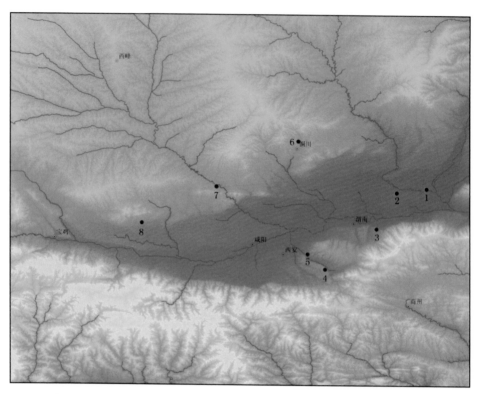

　1. 趙莊　2. 東白　3. 南沙村　4. 懷眞坊　5. 老牛坡　6. 北村　7. 朱馬嘴
8. 周原

　　共清理墓葬 7 座，包括懷眞坊遺址 5 座（M1～M5）、北村遺址 2 座（M1、
M2）。葬俗相同的爲：墓葬形制爲豎穴土坑，墓向北或東北、無葬具。不同
的是懷眞坊的葬式有 3 例仰身直肢（圖 3-2：1）、2 例俯身直肢（圖 3-2：2）；
無腰坑；墓主人屍骨都殘缺，還發現有刀砍的痕跡；隨葬品有鬲、簋、碗、
石球、石鑿、石鐮等完整器和鬲、甗、豆的殘片。發掘者據此推測這批墓葬
的墓主人可能是專爲商王朝冶銅的奴隸。北村的墓葬都有一個腰坑，內有殉
狗；葬式爲仰身直肢；有 4 個生土二層臺；隨葬器物爲 2 件陶鬲，置於頭端
（圖 3-2：3）。如果與懷眞坊的墓葬相比，這批墓葬的墓主人地位要高一些，
應爲平民。

圖3-2　第一期老牛坡類型墓葬

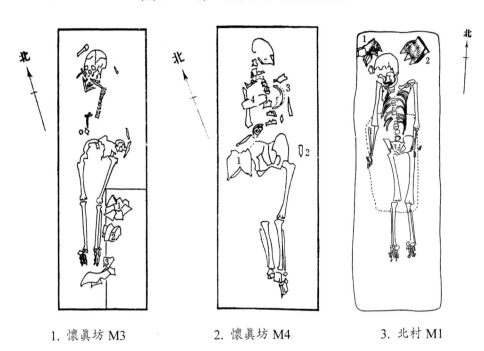

1. 懷眞坊 M3　　　　　　2. 懷眞坊 M4　　　　　　3. 北村 M1

2. 京當類遺存

包括朱馬嘴遺址第一期和周原遺址第一期。

陶質陶色以泥質陶和灰陶爲主，夾砂陶和紅褐陶次之。具體如朱馬嘴遺址的灰陶占 70%多。王家嘴遺址只有 H28 一個單位，出土器物也很少，夾砂陶爲 56.09%，其中夾砂黑陶達 37.8%，泥質褐陶占 23.19%。

紋飾以繩紋爲主，其中又以麥粒狀繩紋較多，弦斷繩紋和交錯繩紋等較少。其次是弦紋和附加堆紋，另有方格紋和雲雷紋（飾於尊和缸上）。具體如朱馬嘴遺址第一期麥粒狀繩紋約占 30%以上，還有一些弦斷繩紋及少量細繩紋。王家嘴 H28 麥粒狀繩紋的數量爲 47.56%，條狀、交錯繩紋爲 28.05%，素面占到 23.17%。

陶器的器類按照張天恩的研究結果，可辨識出的有六類因素，分別爲商文化、鄭家坡類（張文稱之爲先周文化）、北方蛇紋陶器類、劉家文化、孫家類型、黑豆嘴類。其中商文化因素和鄭家坡類因素一直爲主體。如朱馬嘴遺址第一期中商文化因素數量占 65%，鄭家坡類因素數量占 32%。王家嘴遺址 H28 的器物數量不詳，但所發表的 3 件器物都是商式器。

　　商文化器物的種類有鬲、甗、盆、假腹豆、罐、簋、斂口甕、缸、壺等。張天恩先生認為朱馬嘴遺址第一期的商文化器物無論泥質或夾砂陶，均以灰色為主，褐色及其他少見，質地較硬，燒成溫度高，與鄭州、安陽、北村有密切的關係。根據發表資料觀察，其中只有 1 件甗腰部的附加泥條可能受到土著文化的影響。鄭家坡類器物的種類有聯襠鬲、聯襠甗、繩紋盆、真腹豆、折肩罐、尊等。在發表的 15 件器物中有 8 件，即 1 件鬲、2 件深腹盆、3 件折肩罐、2 件尊，具有商文化因素的寬沿、寬方唇、雙弦紋、方格紋、口沿內飾單弦紋、唇部泥條加厚、折肩罐的束頸近直等特徵。因相關資料有限，還有 2 件真腹豆不能確定是否也受到了商文化的影響。

　　目前除朱馬嘴的 1 座灰坑葬（M2）之外尚未發現典型墓葬，故葬俗尚無從談起。

第二、三期　殷墟一二期

　　這兩期有些遺存的時間跨度無法精確，只能暫時定為第二三期，由於其內涵未有變化，所以在此將這兩期進行一併分析。主要有老牛坡遺址第三期，北村遺址第三期，朱馬嘴遺址第二、三期，周原遺址第二、三期（主要是王家嘴遺址第二、三期和墓地第一期、賀家墓地第一期）、白家窯、姜河、老堡子、羊元坊等（圖 3-3、圖 3-4）。可分為四類遺存。

1、老牛坡類遺存

　　包括姜河遺址和老牛坡遺址第三期，因姜河遺址無資料發表，故本期的資料只有老牛坡遺址第三期。

　　整體面貌與第一期典型的商文化有很大的差別。陶色以灰陶為主，但褐色陶的比例增加。陶質以夾砂陶為主，泥質陶次之。各個發掘點的陶色稍有差別相同。如Ⅲ區第一地點以灰陶為主，夾砂陶最多，泥質陶次之。第二地點不同的是褐色陶居多，灰陶次之，相同的是夾砂陶最多，泥質陶次之。具體比例以 87XLⅢ2H7 為例，夾砂褐陶占 43.02%，泥質褐陶占 1.98%；夾砂灰陶占 34.13%，泥質灰陶占 7.34%；夾砂紅陶占 12.11%，泥質紅陶占 2.4%。夾砂陶的比例為 89.26%，泥質陶的比例為 10.74%。

　　紋飾以麥粒狀粗繩紋為主，弦紋和附加堆紋也比較常見，另有少量的雲雷紋、方格紋、乳釘紋、圓圈紋、菱形紋、人字紋、指甲紋、劃紋、葵瓣紋、麻點紋等。以 87XLⅢ2H7 為例，繩紋占 90.11%、弦紋占 2.19%、附加堆紋占

1.47%、素面占 5.39%。

器類與第一期相比互有增減，但仍保持了前期的器類。器類主要有鬲、瓿、簋、眞腹豆、盤、盆、罐、甕、大口缸等。出現變化的是第一期流行的大口尊和小口尊未再有發現，假腹豆變少，新出現了大口缸，同時眞腹豆增加。

陶器器形本身的變化體現在典型商文化因素逐漸減少、地方化因素逐漸出現。如瓿腰開始裝飾附加泥條、不再有隔。但總體而言，其變化似發生在文化內部，而非受到外來文化的影響。

發掘者和張天恩先生都認爲 M44 屬於本期，但依報告所言，M44 的地層關係顯示其屬於第四期，而且無陶器隨葬，僅根據銅器就將其調整到第三期是不合理的。姜河的銅器屬於同一個遺跡單位，但破壞嚴重，無法確定是墓葬或窖藏。所以本期的葬俗也無從談起。

圖 3-3　關中地區第二期遺存分佈圖

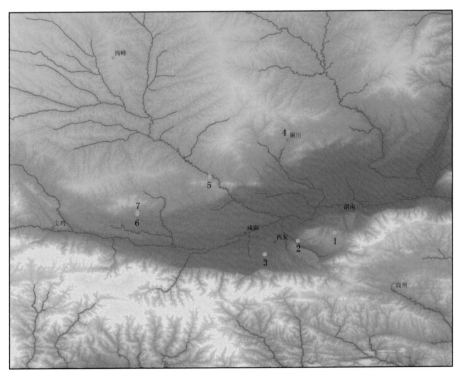

1. 姜河　2. 老牛坡　3. 羊元坊　4. 北村　5. 朱馬嘴　6. 老堡子　7. 周原

圖 3-4　關中地區第三期遺存分佈圖

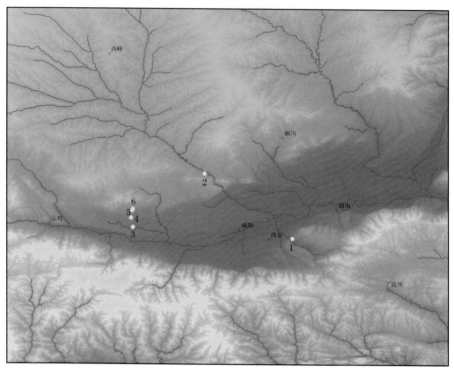

1. 老牛坡　2. 朱馬嘴　3. 壹家堡　4. 白家窯　5. 老堡子　6　周原

2. 北村類遺存

目前可以確定的只有北村遺址第三期。

北村類型與老牛坡類型都是由當地前期的商文化發展而來。陶器中泥質陶略多於夾砂陶，灰色陶占絕對多數。紋飾以繩紋為主，弦紋次之。

器類有鬲、甗、盆、豆、簋、壺、甕、花邊罐、鼎等。據張天恩的意見，本期的器類與第一二期的基本相同，只有甗腰的附加堆紋和部份器物上的麥粒狀繩紋具有京當型商文化和先周文化（即本文的鄭家坡類遺存）的特點。此外，還有來自北方的蛇紋鬲。其與老牛坡類型的區別在於沒有後者的大口缸、高柄眞腹豆、肩飾繩紋的折肩罐等。

墓葬僅發現 1 座（M3）（圖 3-5）。葬俗爲：墓葬形制爲豎穴土坑，南北向；墓底有一個腰坑，內有殉狗；無葬具，有 4 個生土二層臺；葬式爲仰身直肢，頭向北；隨葬器物爲 2 件陶鬲，置於北端二層臺上。填土中的殘蛇紋鬲可能不是有意隨葬的。

圖 3-5 第二期北村類遺存墓葬（北村 M3）

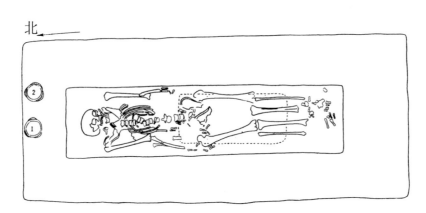

北

3、京當類遺存

包括羊元坊遺址、朱馬嘴遺址第二、三期，周原遺址第二、三期（還有王家嘴墓地第一期和賀家墓地第一期）、壹家堡遺址第一期、老堡子遺址、白家窯遺址。

陶質陶色仍以泥質陶和灰陶的數量爲主，夾砂陶和紅褐陶數量較少。如王家嘴遺址第二期和老堡子遺址泥質陶達 71.5% 以上，王家嘴遺址第三期泥質陶比例在 61% 以上。

紋飾仍以繩紋爲主，其中麥粒狀繩紋逐漸減少，但所佔比例仍最高。如朱馬嘴遺址第二期麥粒狀繩紋占 44% 以上。流行以弦紋界邊的條帶形裝飾風格。壹家堡遺址第一期以麥粒狀繩紋和條索狀爲主，並有少量細繩紋。印紋只有方格紋。王家嘴遺址第三期方格紋有所增加（主要飾於方格紋盆上）。

陶器的器類仍可分爲六類，以商文化和鄭家坡類因素爲主，前者的數量逐漸下降，後者則逐漸增加，並且朱馬嘴遺址商式器種類多，王家嘴遺址和老堡子遺址只有鬲、甗、假腹豆、眞腹豆等四類，其他器類很少見。具體如第二期時，朱馬嘴遺址商文化器物占 53%，鄭家坡類器物占 31%。王家嘴和老堡子遺址前者占 24.81%，後者占 46.62%，商文化與其他文化的混合因素器物爲 18%。第三期時，朱馬嘴遺址商式器占 37%，鄭家坡類器占 35.6%。壹家堡遺址各種文化因素則可有兩種比例：第一種是商文化器物占 28.6%、先周文化器物（即鄭家坡類因素）占 16.3%，二者的混合因素器物占 44.9%。第二種是商文化因素占 55.9%，先周文化因素占 33.9%。王家嘴遺址中商文化器物占約 23.3%，鄭家坡類器物約占 48%，混合因素約占 14.92%。

陶器自身的變化主要表現為商文化器物逐漸的土著化傾向，即器類不變，但部份器形已不具備典型商式特徵。鄭家坡類器物原有器類不變，新出現了方格紋盆。如第二期時，如朱馬嘴遺址商式鬲 H17：12 沿下無弦紋。王家嘴 H64：18、39，老堡子 T11—16②：22 商式鬲雖仍有弦紋，但口沿下已通飾繩紋，具有聯襠鬲的特徵。鬲盆罐等在寬方唇之外，出現加寬厚泥條和窄泥條者，且前者數量已不占主要地位。第三期時商式器變化更多。朱馬嘴遺址商式鬲 H11：14，壹家堡 H33：1、2，王家嘴 H16：57 呈現出侈口、窄方唇、短足根或近無等新特徵。朱馬嘴 A 型盆 H11：39 可能為新出現的器類。假腹豆已經接近真腹豆的形制。罐、盆、甗以窄方唇、圓唇居多。罐的頸部變短或可稱之為從直頸變為束頸，小口變得稍大。

本期墓葬可以明確的為 8 座，資料介紹都不充分。主要有王家嘴 M2，賀家 63M45、63M26、76M116（圖 3-6）、76M135 以及一些採集品，壹家堡 M1、M2、M3 以及採集的幾件陶鬲和 1 件銅鼎，白家窯商代墓葬。可見到的葬俗有：墓葬形制為豎穴土坑，只有王家嘴 M2 有腰坑，其餘墓葬無或不詳；葬式為仰身直肢；隨葬器物主要為商式鬲和花邊罐或繩紋鼓腹罐（似由花邊罐變化而來），可見的組合似為鬲與罐。

圖 3-6　第二三期京當類遺存墓葬（賀家 76-78M116）

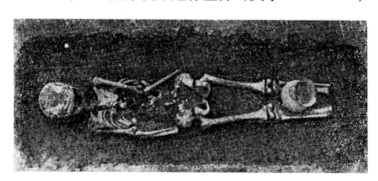

4、趙家溝類遺存

目前僅有趙家溝 H1 一處遺跡。

陶器中泥質陶多於夾砂陶，前者為 56.5%，後者為 43.5%。陶色中黑皮陶最多，占 47.8%，紅陶次之，占 37.9%，灰陶又次之，占 11.5%，灰褐陶占 2.8%。紋飾中繩紋最多，其中索狀繩紋占 43.4%，麥粒狀繩紋占 25.7%，附加堆紋的比例很高，達 13.8%。

　　H1 的器類中數量最多的是花邊鬲、此外還有甗腰、折肩罐、盆、蛇紋鬲。器形中最典型的爲矮領花邊鬲、附加堆紋的花邊，以及折肩罐和盆的唇部爲商式寬方唇、商式斜寬方唇、附加寬厚泥條和附加厚泥條的圓唇等形式共存。

　　由於僅發現了一座殘灰坑，出土的陶片數量也只有 253 片，可辨器形僅47 件，而且花邊鬲及其鬲足就有 28 件，所以這座灰坑在陶質陶色和紋飾器類等方面的代表性肯定是不全面的，但因爲它與緊鄰的京當類遺存在器類、紋飾方面還是存在很大的區別，並且與陝北的西岔渠類遺存 [註1] 以及稍後的涇河流域的棗樹溝腦類遺存之間似乎存在一些聯繫，在此將其作爲單獨的一類提出，主要是考慮到突出其面貌的獨特性。

第四期

　　遺址有老牛坡遺址第四期，周原遺址第四期（僅包括王家嘴遺址第四期和墓地第二期），碾子坡遺址早期，岸底遺址第一期，鄭家坡遺址第一期，斷涇遺址第一期，孫家遺址，棗樹溝腦遺址第一期，園子坪遺址，史家原遺址，虢鎮遺址，姬家店等遺址（圖 3-7）。可分爲六類。

1. 老牛坡類遺存

　　目前可以確定的只有老牛坡遺址第四期。

　　陶器仍以灰陶爲主，褐陶次之，夾砂陶爲主，泥質陶次之。紋飾中繩紋占 70%，弦紋次之，附加堆紋又次之。此外有雲雷紋、菱形紋、圓圈紋、方格紋、羽狀紋、網文、條紋、蕫紋和鉚釘紋等。

　　器類與第三期相比基本無變化，區別主要表現在器形和紋飾方面。器形變化中陶鬲的「癟襠」現象很明顯。鬲通體飾繩紋，但頸部繩紋往往被抹去，或加飾一或兩道弦紋，也有的繩紋飾至足根上。陶豆出現高粗柄折腹者。

　　墓葬有 38 座，另有馬坑和車馬坑各 1 座（圖 3-8）。葬俗爲：墓葬形制爲豎穴土坑；中型墓多有腰坑和二層臺，小型墓多數有腰坑，少有二層臺；有些墓除腰坑外，還有頭坑和腳坑，甚至角坑或邊坑，最多者可達 7 個；角坑中都有殉狗；中型墓的葬具爲一棺一槨，小型墓一棺或無棺；葬式以仰身直肢爲主，俯身葬次之，側身屈肢者較少；墓主人的頭向不一，以東北和西北爲主；20 座墓有殉人，數量從一人到十幾人不等；隨葬器物中銅禮器有鼎、

────────────

〔註 1〕 在第三章第二節關中以北地區的分析中有詳細的介紹。

瓠、爵，兵器有戈、鉞、戚、鏃，工具有斧、鑿、錐，裝飾品有人面形飾、牛面形飾小獸面飾、虎形飾、魚形飾、鏤空牌形飾、尖頂圓泡、圓頂圓泡、帶柄圓泡、銅鈴等；陶器為鬲和罐，組合多為一或三件鬲，個別墓會加上一件罐；另有鳥形金飾，石戈、玉戈、玉璧、玉環、玉璜、玉管、蚌、貝、漆器等。

圖 3-7　關中地區第四期遺存分佈圖

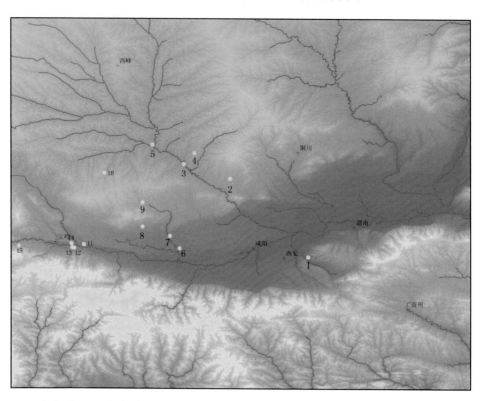

1. 老牛坡　2. 棗樹溝腦　3. 斷涇　4. 孫家　5. 碾子坡　6. 鄭家坡　7. 岸底
8. 周原 9. 史家原　10. 圍子坪 11. 虢鎮　12. 姬家店　13. 石嘴頭　14. 金河
15. 晁峪

圖3-8　第四期老牛坡類遺存墓葬

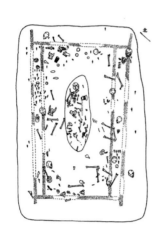

1. 86Ⅲ1M41　　　　2. 86Ⅲ1M20　　　　3. 86Ⅲ1M15

2、鄭家坡類遺存

包括鄭家坡遺址第一期、岸底遺址第一期和史家塬遺址。

陶器以岸底遺址爲例，泥質陶比例高於夾砂陶，灰陶多於褐陶，泥質陶中灰色最多，夾砂陶中灰褐色最多。紋飾以繩紋爲主，其中麥粒狀繩紋占絕對優勢，其次爲索狀繩紋和絃斷繩紋。其他紋飾還有方格紋、雙弦紋、單弦紋、劃紋、附加堆紋、方格乳釘紋、雲雷紋等。

器類以聯襠鬲、聯襠甗、折肩罐、方格紋盆爲主。

折肩罐和盆的口部與唇部特徵最具分期特徵，與王家嘴類同類器的特徵保持一致。

史家塬遺址略有差異，其與鄭家坡和岸底遺址相同的是，陶器以夾砂褐陶和泥質褐陶爲主，泥質陶稍多。紋飾以麥粒狀繩紋爲大宗，約占 60%。主要器類也是聯襠鬲、聯襠甗、折肩罐和方格紋盆等。不同之處是高領袋足鬲和高領袋足甗數量多於前兩處遺址，約有 8%。

墓葬資料僅見於《中國考古學年鑒（1987）》上的簡單介紹〔註2〕，無法確定各期的面貌，暫將其介紹附錄與此，作爲整個鄭家坡遺址商周時期的葬俗，「墓葬位於遺址東南部壕溝外側。排列整齊，一組爲南北向，一組爲東西

〔註2〕《中國考古學年鑒》編輯委員會編：《中國考古學年鑒（1987）》，文物出版社，1988 年，第 259 頁。

向，個別墓葬之間有打破關係。全爲豎穴土坑，小型墓，大多口底相等，部份底部略大，一般長 2、寬 1 米，深約 2.5 米。大部份爲熟土二層臺，也有生土二層臺。沒有腰坑。葬式可辨者均爲仰身直肢。有些還可以看出雙手交於腹前。一般都隨葬陶器，組合爲 1 鬲、1 鬲 1 簋 2 豆、1 鬲 1 罐等，另外還有銅戈、銅泡和貝等隨葬。從陶器看，墓葬的延續時間較長，從鄭家坡遺址的前期晚段一直到西周中期。」

3. 王家嘴類遺存

目前僅有周原遺址第四期和王家嘴墓地第二期。

陶器中泥質陶的數量遠多於夾砂陶，如 H147 中泥質陶占 73.92%，夾砂陶爲 26.07%。灰陶多於褐陶，如 H147 中灰陶爲 56.47%，褐陶爲 42.77%〔註 3〕。

器類以高領袋足鬲、高領袋足甗、折肩罐、盆爲主，其他有聯襠鬲、聯襠甗、高領球腹罐、斂口罐、真腹豆、假腹豆、甕、尊等。

器形中最具特點的是高領袋足鬲以扁柱狀足根爲主，含少量扁錐狀足根，盆和折肩罐的口沿外附加泥條變薄，口沿微卷。

墓葬有 3 座（M7、M9、M14）。葬俗爲：墓葬形制爲豎穴土坑，墓口與墓底相當或略小；2 座墓的墓向爲東西向，1 座爲東北～西南向；2 座墓的葬式爲仰身直肢，1 座爲側身屈肢；M7 和 M14 個隨葬 1 件高領袋足鬲，M9 隨葬 1 件高領袋足鬲和 1 件高斜領花邊鬲。

4. 石嘴頭類遺存

包括石嘴頭、姬家店和虢鎮等遺址。

這類遺存的陶器都非發掘出土，而且都是完整器，出自墓葬的可能性較大。器類爲夾砂陶的高領袋足鬲和單耳罐、高領球腹罐（雙耳罐）、腹耳罐等，顏色爲橙黃色和紅褐色。高領袋足鬲的足根爲鴨嘴狀和扁柱狀。紋飾有細繩紋、索狀細堆紋和附加的泥餅。

如果按照墓葬來分析，則以上器類就是墓葬的隨葬陶器，組合應爲高領袋足鬲和罐。

5. 棗樹溝腦類遺存

包括孫家遺址、斷涇遺址第一期和棗樹溝腦遺址第一期。孫家遺址資料

〔註 3〕 付仲楊：《周原商代遺存的分期與性質研究》第 28～29 頁。

較少，主要以後兩處遺址爲例進行論述。

陶器中泥質陶、灰陶較多，夾砂陶、褐陶次之。如斷涇遺址第一期泥質灰陶爲 72.4%，夾砂褐陶爲 13.1%，夾砂灰陶爲 10.2%。棗樹溝腦遺址第一期泥質陶比例在 60% 左右，灰陶在 50% 以上。

紋飾以繩紋爲主，其次爲方格紋、弦紋等。兩個遺址略有差異的是斷涇遺址的繩紋以麥粒狀爲主，棗樹溝腦遺址以粗繩紋爲主，只有一定量的麥粒狀繩紋，這可能是時間上略有早晚的體現。作爲本類遺存的特徵是鬲和甗的花邊較多，花邊的施加方法有兩種，一是現在口沿外側附加寬厚泥條，然後在上面用手指捏印，二是直接在脣外側戳刺或捏壓。甗口沿的花邊一般爲刺紋。甗束腰處絕大部份附加泥條並捏印、戳刺，風格與鬲口沿花邊的風格一致。

器類主要有聯襠鬲、聯襠甗、矮領花邊鬲、折肩罐、方格紋盆、三足甕等，還有少量商式鬲、豆、尊等。

器物方面的主要特徵主要體現在花邊鬲、三足甕，以及鬲和甗上裝飾的花邊。

墓葬資料不詳。

本類遺存與鄭家坡類遺存有很大的相似性，因此張天恩先生才將孫家類型與鄭家坡類型並列爲先周文化下的兩個類型。

6. 碾子坡類遺存

包括碾子坡遺址第一期和園子坪遺址。

陶器中碾子坡遺址以泥質陶爲主，占 79.79%，灰陶占 80.34%。園子坪遺址中夾砂陶爲 57.9%，略多於泥質陶。灰陶 67%，多於褐陶。紋飾以細繩紋爲主，中粗繩紋次之，其他還有麥粒狀繩紋、雙弦紋、附加堆紋、蛇紋等，方格紋少見。

器類以高領袋足鬲、高領袋足甗、折肩罐、盆爲主。器形特徵中高領袋足鬲以雙鋬型爲主，無鋬型較少，缺乏雙耳型，足根以扁柱狀足根爲主。折肩罐和盆、尊等器類脣部的主要特徵是附加較薄的泥條，形成圓方脣或方圓脣，另有少量的商式斜方脣，以及似未加泥條的方脣。

墓葬只有碾子坡墓地的 92 座（圖 3-9）。墓葬以南北向爲主。墓主頭向以向北者居多，有 49 座，其次爲向南者 37 座，向西和向東者罕見。墓葬形制爲覆斗狀豎穴土坑。葬具痕跡有七類：①棺，55 座；②席子，5 座；③石棺，

1 座；④有木棺又放置大石板，6 座；⑤石板和木板搭建成棺，3 座；⑥席子裹屍，又有大石板，1 座；⑦只有大石板，5 座。可辨別性別的人骨中，仰身直肢的為女性，俯身直肢的為男性。另有 4 座側身葬，2 座二次葬。大部份墓葬沒有隨葬品，只有 6 座墓有隨葬品，共 8 件陶器，其中 5 件袋足鬲、1 件聯襠鬲、2 件豆。有 4 座墓只隨葬 1 件高領袋足鬲，另 M501 隨葬 2 件真腹豆，M663 隨葬 2 件聯襠鬲。

圖 3-9　第四期碾子坡類遺存墓葬

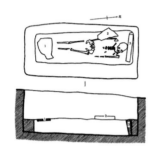 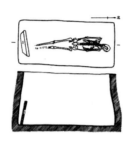 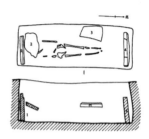

1. 碾子坡 M686　　　2. 碾子坡 M602　　　3. 碾子坡 M683

第五期

遺址有老牛坡遺址第四期、周原遺址第五期（包括王家嘴遺址第五期和墓地第三期、劉家墓地第一期）、岸底遺址第二期、鄭家坡遺址第二期、棗樹溝腦遺址第二期、蔡家河遺址第一期、黑豆嘴遺址、趙家莊遺址、紙坊頭遺址第一期、高家村墓地第一期、苟家嶺墓地第一期等（圖 3-10）。可分為七類。

1. 老牛坡類遺存

目前可以確定的只有老牛坡遺址第四期。面貌特徵同第四期。

2. 鄭家坡類遺存

包括鄭家坡遺址第二期和岸底遺址第二期。

仍以岸底遺址為例，陶質陶色的比例與上期接近。麥粒狀繩紋大減，索狀繩紋占絕對優勢。弦紋基本為單弦紋，三角劃紋流行，還有少量方格重菱紋、渦紋和麻點紋。

器類與上一期保持一致，器形變化主要是折肩罐和盆的唇部基本為不附加泥條的方圓唇；口沿變窄，出現折沿。

葬俗同上期。

圖 3-10　關中地區第五期遺存分佈圖

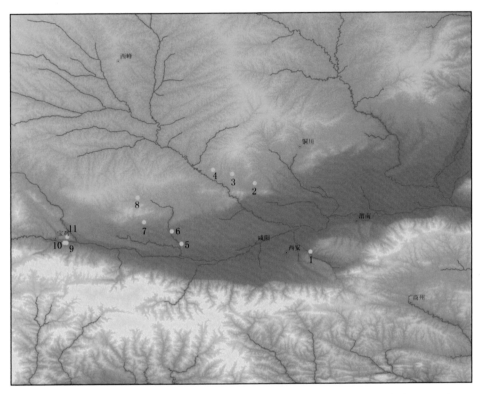

1. 老牛坡　2. 黑豆嘴　3. 棗樹溝腦 4. 趙家莊　5. 鄭家坡　6. 岸底　7. 周原　8. 蔡家河　9. 高家村　10. 苟家嶺 11.紙坊頭

3. 王家嘴類遺存

包括周原遺址第五期（包括王家嘴遺址第五期和墓地第三期）、蔡家河遺址第一期。

陶器中泥質陶稍多於夾砂陶，如王家嘴遺址 G1 的泥質陶爲 58.02%，夾砂陶爲 41.98%；H77 中 泥質陶占 64.3%，夾砂陶占 35.7%。灰陶與褐陶比例相當。如 G1 中灰陶占 35.61%，褐陶占 28.58%；H77 中灰陶占 49.5%，褐陶占 45.39%〔註4〕。

器類仍以高領袋足鬲、高領袋足甗、折肩罐、盆爲主，其他有聯襠鬲、聯襠甗、高領球腹罐、斂口罐、眞腹豆、甕、尊等。器形的典型特徵是高領

〔註4〕付仲楊：前引文，第28〜29頁。

袋足鬲以扁錐狀爲主，少見扁柱狀足根和圓錐狀足根，盆的口沿外不附加泥
條，折肩罐的口沿外附加泥條仍存在，但似以不附加泥條爲主，這三種器類
的口沿都變窄，微折、平折或外卷更明顯。其中王家嘴遺址的高領袋足鬲分
爲有鋬、有耳和無鋬無耳三種，蔡家河遺址只有有鋬和無鋬無耳兩種，這大
概是因爲王家嘴遺址地處周原，與劉家墓地相鄰，同時周原也更近寶雞地區
的其他遺址。

　　墓葬共有 5 座（王家嘴遺址 M4、M8、M18、01M2 和蔡家河遺址 M1）。
葬俗爲：墓葬形制爲豎穴土坑，墓口與墓底相當或略小；2 座墓的墓向爲西北
—東南向，2 座爲東北—西南向（含蔡家河 M1）（圖 3-11），1 座爲西南—東
北向（01M2）；蔡家河 M1 葬具爲單棺。葬式爲仰身直肢；隨葬陶器都爲 1 件
高領袋足鬲。其他隨葬品有陶紡輪，如王家嘴 01M2。

圖 3-11　第五期王家嘴類遺存墓葬（蔡家河 M1）

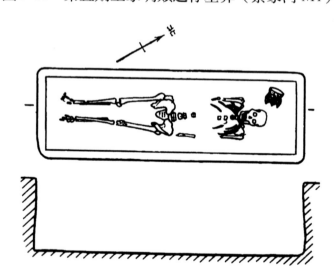

4. 劉家類遺存

　　僅有劉家墓地第一期，包括 12 座發掘的墓葬和 2 座徵集的墓葬。

　　葬俗有：墓葬形制爲偏洞室墓，葬具爲單棺。棺爲長方形，無蓋和底。
葬式以仰身直肢爲主，只有一例爲側身直肢（圖 3-12）。墓主人頭頂部有雙聯
小銅泡，可能是髮卡。另有銅管、銅鈴、貝、石頭等。隨葬陶器主要爲高領
袋足鬲、單耳罐、高領球腹罐（雙耳罐）、腹耳罐、折肩罐等。每件陶器的口
上都壓有扁平石塊。高領袋足鬲、單耳罐、高領球腹罐、腹耳罐爲夾砂陶，

灰色居多，少量爲紅褐色和灰褐色。折肩罐爲泥質灰陶，有少量爲紅陶。紋飾以繩紋爲主，還有附加堆紋、戳劃紋、弦紋、指甲紋等。高領袋足鬲以帶雙耳者爲主，帶雙鋬和無鋬無耳者極少。

圖 3-12　第五期劉家類遺存墓葬

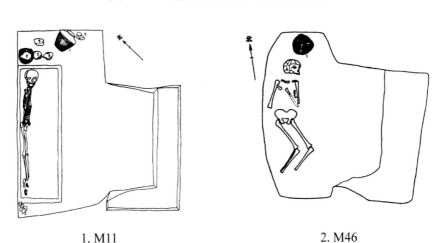

1. M11　　　　　　　　　　　　　　　　2. M46

5. 紙坊頭類遺存

包括紙坊頭遺址第一期、高家村墓地第一期、苟家嶺墓地第一期等。

陶質陶色無具體數據公佈，可知的是高領袋足鬲、高領袋足甗、高領球腹罐（雙耳罐）、單耳罐以灰褐陶爲主，紅褐陶次之；折肩罐和盆爲泥質灰陶。紋飾以繩紋爲主，還有抹劃紋、雞冠狀和索狀附加堆紋等。高領袋足鬲中圓錐狀足根多於扁錐狀足根。

墓葬共 14 座，包括高家村墓地第一期（東區）的 13 座和苟家嶺墓地的M1。葬俗爲：墓葬形制有偏洞室墓、豎穴土坑帶頭龕墓和豎穴土坑墓（圖3-13）。高家村墓地墓向向西，苟家嶺墓地墓向不詳。葬具爲 1 棺 1 槨、1棺和無棺三種。葬式爲仰身直肢。隨葬陶器有高領袋足鬲、肩耳罐、腹耳罐、單耳罐、高領罐、肩耳罐、侈口鼓腹罐、罐形高領杯、小口圓肩罐、深腹罐、侈口罐、小口甕等，其他隨葬品還有石管、綠松石串珠、銅泡、貝、石頭等。

圖 3-13　第五期紙坊頭類遺存墓葬（高家村）

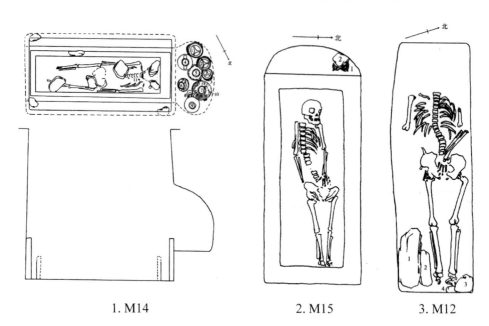

1. M14　　　　　　　2. M15　　　　　　　3. M12

6. 棗樹溝腦類遺存

僅包括棗樹溝腦遺址第二期。

陶器中泥質陶與夾砂陶的比例與上一期基本相當，灰陶的比例增加至70%以上。紋飾仍以粗繩紋為主，方格紋較多，弦紋尤其是雙弦紋減少，附加堆紋也減少。鬲和甗的口部以及甗腰仍裝飾花邊，但附加泥條變窄，捏印和戳刺紋變淺。

器類仍以聯襠鬲、聯襠甗、折肩罐和盆為主，商式鬲和花邊鬲消失，另有少量雙鋬陶鬲和直口花邊鬲。

墓葬資料不詳。

7. 黑豆嘴類遺存

包括黑豆嘴遺址和趙家莊遺址。

遺址中採集的陶器以灰色較多，也有紅褐色。紋飾有繩紋、刺紋、淺指窩紋。其中刺紋為其特徵紋飾。

器類有聯襠鬲、甗、折肩罐等。典型特徵是鬲和甗的唇部裝飾刺紋。

墓葬共 6 座。其中黑豆嘴遺址 4 座墓葬，分別為 CHXM1、CHXM2、CHXM3、CHXM4，趙家莊遺址 2 座墓葬，編號為 CHZHM1、CHZHM2。

葬俗爲：墓葬形制不詳。隨葬器物完整的只有 CHZHM1，銅器有鼎、削、刀、斧、鏡各 1 件，陶器有鬲 1 件。其餘 5 座隨葬品都不完整。隨葬品最多的 CHXM1 有青銅器 67 件，金飾 1 件，串珠數百枚，另有貝、綠松石等。青銅器爲刀 1 件、削 2 件、鏃 22 件、尖頂銅泡 3 件、渦紋銅泡 33 件、小圓泡 6 件。綠松石串在金飾上。CHXM2 有銅器 9 件。其中有饕餮紋爵 1 件、刀 1 件、弓形器 1 件、斧 1 件、鉞 1 件、戚 1 件、圓泡 2 件、銅飾 1 件。CHXM3 有銅器 23 件，其中饕餮紋壺 1 件、斧 1 件、鏃 5 件、小銅泡 16 件。另有金耳環（金器）4 件，還有骨笄、綠松石、貝。CHXM4 有銅有鋬戈、銅鏃、金耳環等。CHZHM2 出土有銅鼎、爵等共 6、7 件銅器，現僅存銅鼎 1 件。以類別而言，隨葬品主要有禮器、兵器、裝飾品和工具。

第六期

遺址有老牛坡遺址第五期，周原遺址第六期（包括賀家遺址和禮村遺址，以及王家嘴墓地第四期、劉家墓地第二期、賀家墓地第二期），壹家堡遺址第二期，碾子坡遺址晚期，岸底遺址第三期、鄭家坡遺址第三期、碾子坡遺址第二期，斷涇遺址第二期，棗樹溝腦遺址第三期，蔡家河遺址第二期，高家村遺址第二期，苟家嶺墓地第二期、紙坊頭遺址第二期，周公廟遺址第 1、2 段，孔頭溝遺址第 1、2 段，豐鎬遺址，黃家河遺址，北呂遺址，西村墓地，下孟村遺址，旭光、林家村、峪泉等遺址和鬥雞臺墓地（圖 3-14）。可分爲八類。

1. 老牛坡類遺存

只有老牛坡遺址第五期。僅發現零星分佈的 19 座小型墓葬和徵集的 5 座墓葬的陶器以及個別較薄的地層堆積。

陶質陶色基本未變化，紋飾以繩紋和絃紋爲主，其他紋飾少見。

器類基本保持一致。變化主要表現在器形上，如鬲變小，胎加厚，繩紋不齊，形狀不規整。每種器類的型式變少。

葬俗有；墓坑形狀不規整，一般僅可容下一個人；葬具爲一棺或無棺，未發現腰坑；墓向不一致；葬式主要爲仰身直肢，其次爲俯身直肢和俯身屈肢、仰身屈肢（圖 3-15）；隨葬陶器有鬲、豆、罐、簋，組合爲鬲、豆、罐或鬲、簋、罐；其他隨葬品有石戈、陶紡輪、骨錐、蚌殼等。

圖 3-14 關中地區第六期遺存分佈圖

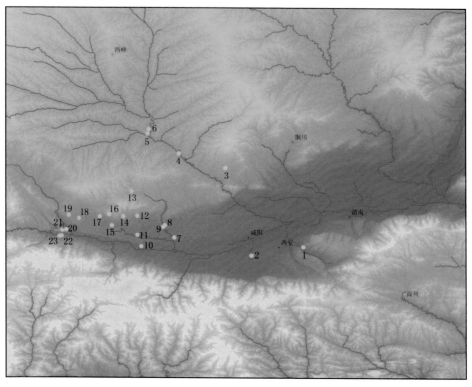

1. 老牛坡 2. 豐鎬 3. 棗樹溝腦 4. 斷涇 5. 碾子坡 6. 下孟村 7. 鄭家坡 8. 岸底 9. 黃家河 10. 北呂 11. 壹家堡 12. 周原 13. 蔡家河 14. 孔頭溝 15. 貼家河 16. 周公廟 17. 勸讀 18. 西村 19. 水溝 20. 鬥雞臺 21. 紙坊頭 22. 高家村 23. 苟家嶺

圖 3-15 第六期老牛坡類遺存墓葬

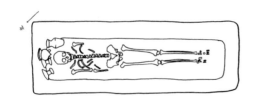
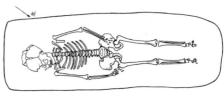

1. 85 II 2M2　　　　　　　　　　　2. 86 I 3M2

2. 灃西類遺存

包括豐鎬遺址、周原遺址第六期的禮村遺址、周公廟遺址第 2 段、孔頭

溝遺址第 2 段等。

陶器中夾砂陶爲主，褐陶多於灰陶。如澧西 H18，泥質灰陶占 34%，夾砂陶占 66%。灰陶占 24%，褐陶占 74%；周公廟遺址第 1 段 06H41，泥質灰陶占 45.8%，夾砂陶占 54.2%。灰陶占 45.8%，褐陶占 54.2%〔註 5〕。

紋飾以繩紋爲主，麥粒狀繩紋數量很少，此外還有弦斷繩紋、弦紋、方格紋、方格乳丁紋、重菱紋、附加堆紋等。如澧西 H18 中繩紋占絕對多數，細繩紋占 76%，麥粒狀繩紋僅占 0.4%。

主要器類爲聯襠鬲、聯襠甗、高領袋足鬲、高領袋足甗、折肩罐、盆等。其中聯襠鬲和聯襠甗的比例高於高領袋足鬲和高領袋足甗。以澧西 H18 爲例，聯襠鬲占 32.9%，聯襠甗占 7.5%，高領袋足鬲占 6.8%，高領聯襠甗占 9.1%〔註 6〕。而周原禮村遺址中聯襠鬲占 25.4%，聯襠甗占 7.8%，高領袋足鬲占 9.6%，高領袋足甗占 13.3%。另孔頭溝遺址第 2 段居址的 ZH1，聯襠鬲和聯襠甗的比例分別爲 16%和 19%，高領袋足鬲和高領袋足甗的比例分別爲 14.5%和 8%，不見高領球腹罐和球腹鉢，折肩罐占 14.5%，盆占 9.6%。周公廟遺址第 2 段的 06H27 中，聯襠鬲和聯襠甗共占 22%多，高領袋足鬲和高領袋足甗的比例爲 16.6%〔註 7〕。

3. 賀家類遺存

包括周原遺址第六期的賀家遺址、周公廟遺址第 1 段、孔頭溝遺址第 1 段、勸讀遺址、水溝遺址、貼家河遺址。

陶器中夾砂陶多於泥質陶，褐陶多於灰陶。如賀家 H9 中夾砂陶占 64.2%，泥質陶占 35.8%；H7 中夾砂陶占 64.8%，泥質陶占 35.2%。紋飾以索狀繩紋爲主，麥粒狀繩紋次之，其他還有弦斷繩紋、交錯繩紋、旋紋、附加堆紋、方格紋、坑窩紋等。如賀家 H9 中索狀繩紋占 67.8%，H7 中索狀繩紋占 64%〔註 8〕。

主要器類爲高領袋足鬲、高領袋足甗、折肩罐、盆等，另外還有高領球腹罐、球腹鉢等。具體如周原賀家遺址的 4 個單位中，高領袋足鬲的比例高達 50%，高領聯襠甗的比例爲 28%，高領球腹罐約爲 4%，球腹鉢約爲 2%。

〔註 5〕種建榮、雷興山：《周公廟遺址商周時期陶器分期研究》。
〔註 6〕中國社會科學院考古研究所豐鎬工作隊：《1997 年澧西發掘報告》。
〔註 7〕雷興山：前引書，第 164 頁、第 76 頁。
〔註 8〕周原考古隊：《2001 年度周原遺址（王家嘴、賀家地點）發掘簡報》。

孔頭溝遺址第 1 段中，高領袋足鬲與高領袋足甗之和占 50%以上，高領球腹
罐和球腹缽的比例爲 2%多，聯襠鬲和聯襠甗的比例爲 13%。周公廟遺址第 1
段的 05H34 中，高領袋足鬲占 26%，高領袋足甗占 11.7%，聯襠鬲和聯襠甗
的總和只有 3%〔註9〕。

　　器形特徵中最明顯的還是高領袋足鬲以圓錐狀足根爲主，折肩罐和盆口
沿變短直，唇部以尖圓唇爲主。

灃西類與賀家類的墓葬

　　這兩類遺存居址的面貌雖然有很大的差異，但根據目前的發現我們尚不
能將其與相鄰的墓地一一對應起來。如在周原遺址中，賀家墓地與賀家遺址
和禮村居址相距都不遠，其隨葬器物在兩類居址中都能發現。周公廟遺址也
是如此。豐鎬遺址目前可以確認的居址只有一類，但可確認的墓葬卻有隨葬
高領袋足鬲的。再者，周原遺址的遺存種類本就複雜，豐鎬遺址也是文王整
合了「西土」之後才遷入的，遺存種類複雜也在情理之中。所以，結合以上
分析，筆者認爲灃西類和賀家類遺存的墓葬習俗就體現在和王家嘴墓地第四
期、賀家墓地第二期、西村墓地、周公廟第一期墓葬、鬥雞臺墓地、旭光 M1、
林家村墓葬、峪泉 M5 等之中。

　　墓葬可確定的至少有 65 座，其中豐鎬遺址至少有 3 座，王家嘴墓地 13
座，賀家墓地至少 18 座，西村墓地至少 20 座（含 11 座隨葬高領袋足鬲的墓
葬，1 座隨葬橫繩紋鬲的墓葬和雷興山所列出的 8 座隨葬聯襠鬲的墓葬），周
公廟遺址 3 座〔註10〕，鬥雞臺墓地至少 8 座（圖 3-16）。

　　葬俗爲：墓葬形制主要爲豎穴土坑（周公廟「95 小學墓」應爲紙坊頭
類的偏洞室墓，在本類中爲個例），個別爲土坑豎穴帶頭龕（西村墓地
79M42、80M80，賀家 73M1）（圖 3-16）；葬式爲仰身直肢，有的雙手垂放，
有的雙手交叉，具體數量不詳。葬具有一棺一槨、單棺和無棺三種。豐鎬遺
址的 3 座墓葬有腰坑，其中 1 座還有殉人。豐鎬遺址的墓向爲東西向；王家
嘴墓地的墓向爲東南—西北向和東北—西南向兩種；賀家墓地的墓向有東北
—西南向、西北—東南向、東西向、南北向〔註11〕；西村墓地的墓向爲以南

〔註9〕 雷興山：前引書，第 165 頁。

〔註10〕 雷興山：前引書，第 208～209 頁。

〔註11〕 之所以出現四種方向，是因爲資料發表不詳，有的是筆者根據墓葬分佈圖所
　　　　做的描述，有的是發掘者自己的描述比較模糊，未提供具體數據。

北向爲主，也有東西向者。鬥雞臺墓地墓向爲南北向，頭向都向北。旭光
M1 爲 170°，頭向南；峪泉 M5 爲 340°，頭向北。隨葬陶器主要有高領袋
足鬲、聯襠鬲、折肩罐、圓肩罐等，組合爲 1 件聯襠鬲或 1 件高領袋足鬲，
二者也可分別與折肩罐或圓肩罐等組合。豐鎬遺址的墓葬隨葬的銅器有禮
器、弓形器、鏃，玉石器有石璧、玉飾、玉片，其他有貝、蛤蜊、骨管、獸
骨等；鬥雞臺墓葬隨葬蚌泡、骨刀、貝、蚌器、綠松石串珠、瑪瑙珠等。賀
家墓葬隨葬有戈、銅泡。旭光 M1 隨葬有銅鼎和銅甗。林家村墓葬和峪泉 M5
隨葬有銅鼎和銅簋。

圖 3-16　灃西類與賀家類遺存墓葬

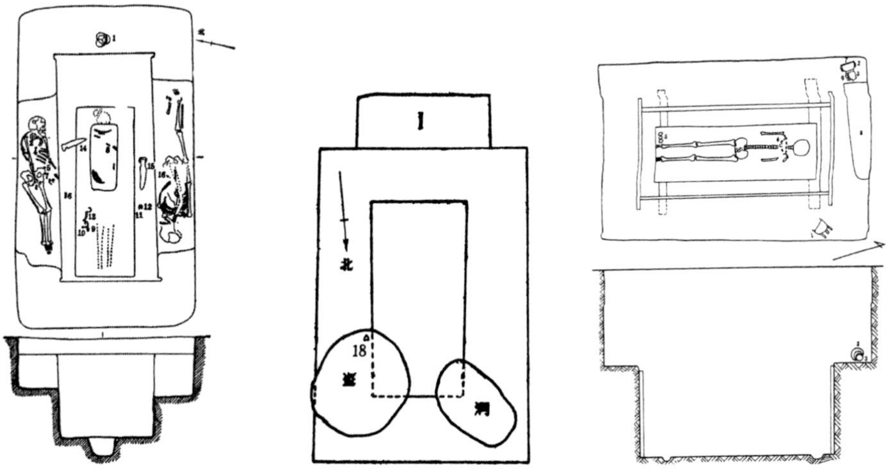

1. 豐鎬 83SCKM1　　　2. 賀家 73M1　　　3. 峪泉 M5

4. 蔡家河類遺存

目前僅有蔡家河遺址第二期 1 處。

陶器中泥質陶多於夾砂陶，灰陶多於褐陶。如 H24 中泥質陶占 77.1%，
夾砂陶占 22.9%，灰陶占 80.9%，褐陶占 19.1%。紋飾中繩紋仍最多，另有少
量方格紋、旋紋、弦紋、乳丁紋、坑窩紋等。如 H24 中，繩紋占 61.4%。

器類主要爲高領袋足鬲、高領袋足甗、聯襠鬲、聯襠甗、折肩罐、盆等。
其中高領袋足鬲和高領袋足甗的比例高於聯襠鬲和聯襠甗。如 H24 中，高領
袋足鬲占 27.8%，高領袋足甗占 5.5%，聯襠鬲占 11.1%；H22 中，高領袋足鬲
占 26%，聯襠鬲占 18.5%，聯襠甗占 11.1%。H18 中，高領袋足鬲占 31.6%，

高領袋足鬲占 11.3%，聯襠鬲占 8.9%，聯襠甗占 8.9%。

器形特徵主要為高領袋足鬲的足根以以圓錐狀為主，折肩罐和盆以短沿、尖圓唇為主，有少量不附加泥條的圓唇和方唇。

目前暫無墓葬發現。

5. 鄭家坡類遺存

包括鄭家坡遺址第三期、岸底遺址第三期、壹家堡遺址第二期、北呂墓地、黃家河墓地。

以岸底遺址為例，泥質陶與夾砂陶的比例相當。灰陶的比例占絕對多數，夾砂陶中也以灰陶為主。紋飾繩紋中交錯繩紋增多，新出現重菱乳丁紋。

器類與上期保持一致，器形變化主要是唇部為窄方唇和尖圓唇，口沿為折沿或折沿近平。

北呂和黃家河墓地的墓葬數量最少在 17 座以上（圖 3-17）。墓葬形制為豎穴土坑，葬具不詳。墓向為南北向和東西向兩種。葬式為仰身直肢。北呂兩座墓的隨葬陶器為聯襠鬲、罐、盆、簋，高領袋足鬲等，如果結合其他聯襠鬲墓葬來分析，則隨葬陶器組合以 1 件聯襠鬲、1 件或 2 件聯襠鬲與 1 件罐、1 件盆或 1 件（2 件）簋的組合為主。黃家河墓地僅採集到 1 件高領袋足鬲，其餘墓葬均隨葬聯襠鬲，大部份墓葬的陶器為 1 件聯襠鬲，也有 1 鬲 1 罐和 1 鬲 1 盆等。其他隨葬器物有銅戈、銅鏡、銅泡，銅戈之鋒均殘；其他還有玉墜、石刀、蛤蜊殼等。

圖 3-17　第六期鄭家坡類遺存墓葬（北呂）

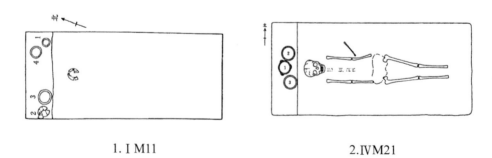

1. I M11　　　　　　　　　　　　2.IVM21

6. 紙坊頭類遺存

包括紙坊頭遺址第二期、高家村墓地第二期、苟家嶺墓地第二期、劉家墓地第二期。

陶質陶色無具體數據公佈，根據簡報可知高領袋足鬲有夾砂灰褐陶，聯襠鬲有夾砂灰陶，單耳罐和折肩罐、圓肩罐、尊等有泥質灰陶。紋飾應以繩紋爲主，另有少量方格紋、方格乳丁紋、重菱紋等。

器類有高領袋足鬲、高領袋足甗、聯襠鬲、聯襠甗、折肩罐、盆、雙耳罐、腹耳罐、肩耳罐、單耳罐、高領罐、球腹鉢等。其中高領袋足鬲的數量遠多於聯襠鬲，具體數量爲高領袋足鬲殘片 330 片，聯襠鬲殘片 20 片，並且高領袋足鬲的殘片占全部陶片數量的近 1 / 2。

器形特徵主要是高領袋足鬲和高領袋足甗的足根以圓錐足爲主，折肩罐與盆的口沿變短直，唇部以尖圓唇爲主。

墓葬共發現 13 座，其中高家村墓地第二期 6 座，苟家嶺墓地 4 座，劉家墓地 3 座（圖 3-18）。葬俗爲：墓葬形制有偏洞室式和豎穴土壙帶頭龕式兩種，根據目前資料分析，二者應並存於同一處墓地中。高家村墓地的墓向都向西，苟家嶺墓地墓向不詳，劉家墓地僅 M49 可知墓向爲東北—西南向。高家村墓地葬具爲一棺一槨、單棺和無棺三種，苟家嶺墓葬不詳，劉家墓地 M49 爲單棺。高家村墓地的葬式均爲仰身直肢，苟家嶺墓葬不詳，劉家墓地 M49 爲仰身直肢。隨葬陶器有高領袋足鬲、肩耳罐、小口圓肩罐、深腹罐、小口甕、肩耳壺、小口壺等。除劉家墓地 M49 外，其他墓葬陶器的口部都壓有扁平石塊，但 M49 和高家村的墓葬中都隨葬河卵石。

圖 3-18 第六期紙坊頭類遺存墓葬

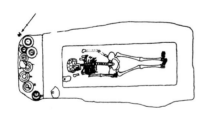

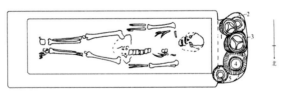

1 · 劉家 M49　　　　　　　　　　　2. 高家村 M4

7. 棗樹溝腦類遺存

包括棗樹溝腦遺址第三期和斷涇遺址第二期。

陶器中泥質陶仍約爲 70%左右，與前兩期相當。灰陶的比例增高，但無具體數據，據筆者估計應與鄭家坡類遺存的比例相當。紅褐陶增加。紋飾中繩紋依然最多，新出現三角形紋、重菱形紋、乳釘紋、渦紋、同心圓紋、雲

雷紋、橫蛇紋、星形紋、麻點紋等。

　　器類基本保持不變，新增加的橫繩紋鬲和異型高領袋足鬲數量都很少。主要的變化體現在以下幾個方面：1）聯襠鬲以高領聯襠鬲爲主；聯襠鬲、聯襠甗的足部多圓闊、看似袋足，部份足尖內收，足的橫斷面爲扇形，足內側往往形成明顯的折棱；鬲基本上不再有花邊口沿；甗則在唇面上捏印、戳刺花紋，有的在口沿下附加泥條並戳刺或直接裝飾繩紋。2）三足甕數量大增，已經成爲主要器類。3）折肩罐和盆的唇部以尖圓唇爲主。

　　斷涇遺址發現了 4 座墓葬（M4-M7），都已被盜（圖 3-19）。棗樹溝腦遺址墓葬數量不詳。葬俗爲：墓葬形制爲豎穴土坑，大墓有腰坑和腳坑或只有腰坑，小墓無腰坑。大墓有殉人、殉狗、殉雞。墓向基本爲南北向。葬式似爲仰身直肢。葬具爲一棺一槨或一棺。大墓隨葬品還殘留有銅刀、銅飾、銅泡、銅鏃、銅釘、金飾、石珠、骨鏃、貝和陶鬲，小墓殘留陶鬲、簋、器蓋、貝等。

圖 3-19　第六期棗樹溝腦類遺存墓葬（斷涇）

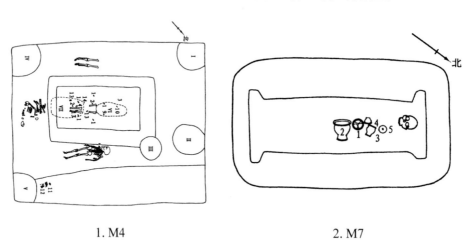

1. M4　　　　　　　　　　　　2. M7

8. 碾子坡類遺存

　　以碾子坡遺址第二期墓葬爲代表，似也應包括下孟村遺址，只是後者資料過少，暫不討論。

　　陶器爲 113 件陶鬲，其中 109 件高領袋足鬲，4 件聯襠鬲，夾砂陶，以紅褐色和磚紅色爲主，個別爲橙黃色和灰色。鬲的紋飾主要是繩紋和附加的泥條、雙鋬，以及附加泥條上的橫繩紋和少量器耳上的 X 形劃紋。器形特徵最

明顯的就是高領袋足鬲以雙鋬和圓錐狀足根爲主。

　　墓葬爲 139 座（圖 3-20）。葬俗爲：墓葬形制中 137 座爲豎穴土坑，墓寬約等於或接近墓長的 1／2，呈口小底大的覆斗狀。另有 2 座偏洞室墓。68 座墓葬有壁龕（其中 1 座爲洞室墓），1 座有腰坑。墓葬以向東爲主。葬式以俯身直肢葬和仰身直肢葬爲主，俯身直肢葬 64 座，仰身直肢葬 60 座，俯身屈肢葬 3 座，仰身屈肢葬 3 座，側身葬 2 座，二次葬 4 座。隨葬陶器 113 件，高領袋足鬲 109，聯襠鬲 4 件。每座墓隨葬 1 件陶鬲。不隨葬器物的墓葬已經變爲少數，僅 26 座。晚期洞室墓 M184 的隨葬陶器只有 1 件高領袋足鬲，M121 頭端被破壞，不知有無隨葬品。這個葬俗與劉家墓地和高家村不同。

圖 3-20　第六期碾子坡類遺存墓葬（碾子坡）

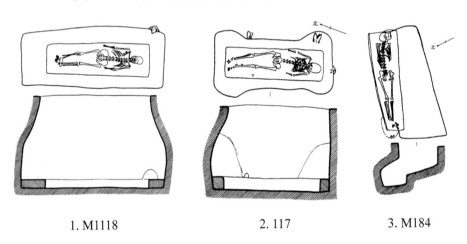

1. M1118　　　　　　2. 117　　　　　　3. M184

　　綜合以上的分類結果可以製成表 3-1：

表 3-1　關中地區商代考古學遺存的種類

期別	二里崗類型	老牛坡類	北村類	澧西類	鄭家坡類	京當類	王家嘴類	賀家類	趙家溝類	劉家類	石嘴頭類	紙坊頭類	棗樹溝腦類	蔡家河類	碾子坡類	黑豆嘴類
第一期	√					√										
第二三期		√	√			√			√							
第四期		√			√		√				√		√		√	
第五期		√			√		√			√		√	√			√
第六期		√		√	√			√				√	√	√	√	

下編　區域視野中的關中社會

　　李峰曾經指出周人及其西部同盟通過牧野之戰使商王朝壽終正寢，「這場衝突，就其實質而言，固然是政治和軍事性的，但其完全可被視爲東部平原與西部多山地區之間的一種對抗，前者是商王朝及其眾多臣服集團的地盤，後者則是實力迅速崛起的周人領地。」〔註1〕筆者以爲，商王朝後期時其周邊存在眾多的敵對勢力，根據文獻和甲骨卜辭的記載，這些敵對勢力似乎主要分佈在王朝的東西兩個邊疆，尤以西部的敵人更爲強大和難以對付。在所有這些敵人之中，周人起初似乎算不上是最強大的之列，但有趣的是，這個「蕞爾小邦」最終竟然能成爲「西土」的盟主，率眾滅商。如僅就地理單元而言，商王朝的「西土」至少要包括汾河盆地和關中盆地這兩處，也許還有陝北。汾河盆地在夏商時期似乎一直就領先或者至少不落後於關中盆地，而且距離商都更近，陝北地區更是長期對汾河盆地和關中盆地保持壓力，二者似乎都具備滅商的實力，但歷史卻選擇了周人或者說關中社會集團。當然，要回答歷史爲何選擇了周人作爲商王朝的終結者是非常困難的，但這個問題卻能讓我們將視野投向更爲廣闊的文化、經濟和社會環境中來，促使我們思考這些因素在周人崛起中所起到的作用，因而，將關中地區作爲一個逐漸具有獨立意義的區域社會來考察，就顯得必要且應該了。

　　所以，在下編中，筆者從文化、經濟、社會三個角度來論述關中區域社會在更高一級社會——關中及其四鄰——中的形成與發展，並最終從區域社會發展水平對周滅商這一歷史事實作出探索性的解讀。

〔註1〕李峰：《西周的滅亡——中國早期國家的地理和政治危機》，上海古籍出版社2007年版，第36頁。

第四章　文化視野中的關中社會

　　本章所採用的文化是就考古學文化而言的。首先分析周邊地區的文化遺存類型和面貌，具體包括陶器面貌、墓葬特徵、銅器以及占卜習俗，然後探討關中地區各時期每類遺存在區域內外互動的環境中的形成與變化過程，最後對關中地區文化面貌的形成過程做總體的描述與分析。

　　在此，我們首先從宏觀上將關中各遺址與其周邊地區各類遺存的主要遺址表示出來（圖 4-1）。

第一節　關中以東地區

　　關中以東地區主要分爲兩個區域：一是典型的商文化區域〔註1〕，一是山西地區。

一、典型商文化

　　在商前期時主要是鄭洛地區的二里崗類型商文化，其與關中地區不只是緊緊相鄰，更是在向西擴張中將關中東部納入其分佈範圍之內。商後期時其核心區轉移到豫北的安陽一帶。中國社科院考古研究所二里頭工作隊的調查結果顯示，隨著偃師商城的廢棄，洛陽盆地在商後期人口大幅度減少，有些

〔註1〕在此，商文化主要就考古學文化面貌而言，以免與商王朝統治區域這樣的概念產生衝突，因爲我們並不能確定政治意義上的統治區域與物質遺存意義上的考古學文化是否重合，而且我們認爲更可接受的意見是二者應該不重合才符合歷史的眞相。

地段也許已經成爲無人區〔註2〕。筆者向調查者瞭解得知，60處商文化遺址中發現的商後期的遺存可能大都屬於殷墟四期，而這又恰好與周初分封有直接關係，所以商後期時洛陽盆地可能已經極度衰落，直到西周初期隨著大量外來人口的遷入才重新繁榮起來。據《中國考古學・夏商卷》的研究，鄭州地區在鄭州商城廢棄後，中商二、三期（即本文的商後期的殷墟第一期）的遺存也已相當少。關於商後期商文化與關中地區交流的證據就更多的來自文獻和甲骨卜辭了，考古學上反而缺乏直接或者更爲強有力的證據。對於典型商文化的陶器面貌、墓葬習俗和銅器，以往的研究已經相當充分，本文不擬再做介紹，只有占卜習俗學界似並未廣泛關注，故在此以朴載福的研究爲基礎進行簡單的介紹〔註3〕。

圖4-1 關中周邊地區各類遺存典型遺址分佈圖

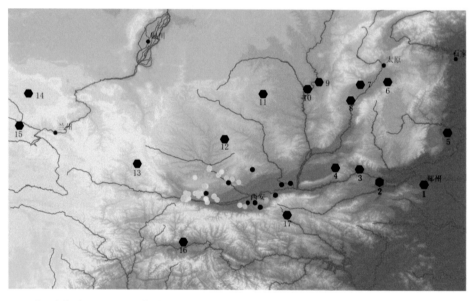

1. 鄭州商城 2. 偃師商城 3. 垣曲商城 4. 東下馮商城 5. 殷墟 6. 白燕
7. 杏花村 8. 旌介 9. 高紅 10. 李家崖 11. 西坬渠 12. 九站 13. 徐家碾 14. 董家臺 15. 小旱地 16. 寶山 17. 東龍山

〔註2〕 中國社會科學院考古研究所二里頭工作隊：《河南洛陽盆地2001～2002年考古調查簡報》，《考古》2005年第5期。

〔註3〕 朴載福：《中國先秦時期的卜法研究——從考古資料探討卜用甲骨的特徵與內容》，北京大學博士研究生學位論文，2008年12月。本文以下所引甲骨資料及研究結論，不注者皆引自朴文。

1. 卜用甲骨的類別與時地考察

商代前期延續夏代的作風，牛、豬、羊肩胛骨兼用，牛肩胛骨比例大大增加；龜甲比重還較低。商代中期龜甲和牛肩胛骨比重占絕大部份，其餘明顯減少。商代晚期以殷墟類型為主，龜甲和牛肩胛骨的數量大量增加，占主導地位。商代卜用甲骨集中出土於中心地區，即商代前期的鄭州二里崗、東下馮類型，中期的曹演莊、臺西、大辛莊類型，晚期的殷墟類型占絕大部份。商人系統的甲骨，商代前期（或其特徵的）使用範圍最廣泛；中期其範圍變小；晚期基本以殷墟為主。

2. 肩胛骨的整治

（1）骨臼

Ａ型：保留原狀。不普遍，只有少數的牛肩胛骨和多數豬、羊肩胛骨保留原狀。

Ｂ型：切去骨臼。商後期中心地區很流行，周邊地區則受到商文化的影響，開始出現切去骨臼的現象。多為直線切去一半或三分之一（圖4-2：1）。

（2）骨脊

Ａ型：刮削一部，仍保留脊根。二里崗下層一期出現，在牛、豬、羊肩胛骨中都有發現。

Ｂ型：全部削去。二里崗上層一期出現，主要為牛肩胛骨，此後的商時期卜骨幾乎均屬於該類型（圖4-2：2）。

（3）臼角

Ａ型：保留臼角。商代前期的卜骨基本都保留臼角。

Ｂ型：鋸切臼角。洹北商城晚期開始出現，到殷墟時期普遍使用（圖4-2：3）。這種整治方式為商人特有，其他遺存雖有使用，但都很少。

3. 鑽　商代卜骨的鑽以圓鑽為絕對主體（圖4-2：4）。

4. 鑿　商後期開始出現，可分為三型。

Ａ型：弧形（棗核形）。商後期開始出現，在整個後期都有使用。

Ｂ型：長方形。於殷墟一、二期首先在卜骨上開始出現，到商周之際在卜甲上也出現方鑿。

Ｃ型：貓眼狀。商後期開始出現，數量較少。

圖 4-2　商文化卜骨整治資料

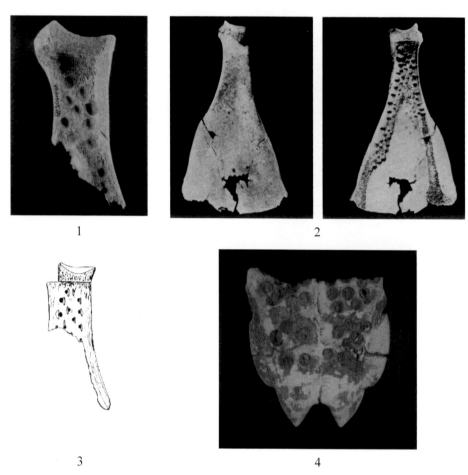

1　　　　　　　　　　　　2

3　　　　　　　　　　　　4

1. 洹北商城遺址（T1④：21）　2. 藁城臺西遺址（T8：19）正反面　3. 洹北
商城 WWT1JA：11　4. 鄭州二里崗 C5H39：7

二、山西地區諸文化

　　關於山西地區商代考古學研究的論著已經極其豐富，近年來更是出現了
綜合研究的嘗試，本文主要基於蔣剛和常懷穎的研究來展開論述〔註4〕。按照

〔註4〕　蔣剛：《太行山兩翼北方青銅文化的演進及其與夏商西周文化的互動》，吉林
　　　　大學博士學位論文，2006 年 6 月。
　　　　常懷穎：《夏商時期古冀州之域的考古學研究》，北京大學博士研究生學位論
　　　　文，2010 年 6 月。
　　　　另，筆者並非不關注學術史的回顧，由於在此的目的只是揭示一個與關中地

常懷穎的意見，山西地區目前的資料可分為晉南、晉中以及南流黃河東岸三
處，其中南流黃河東岸與地處對岸的陝西延安和榆林的部份地區文化面貌接
近，二者也正是本文關中地區以北的文化，本文將南流黃河兩岸暫放至關中
地區以北進行介紹，特此說明。

　　王立新將晉南地區以東下馮遺址為代表的遺存稱為早商文化東下馮類型
〔註5〕，並將其陶器群分為 A、B、C、D 四群，分別為二里崗類型商文化因
素、東下馮文化因素、二里崗和東下馮文化共有的因素、晉中白燕文化因素。
其中 A、C 兩類數量最多。他認為東下馮類型是二里崗型商文化向西擴張後形
成的結果。筆者同意這一見解，因為關中東部的老牛坡、懷眞坊、南沙村、
北村，商洛地區的東龍山等遺址二里崗時期的遺存面貌中雖然也有其他因
素，但商文化因素始終佔據絕對多數，而且器形、紋飾等與鄭洛地區的商文
化基本保持一致，對這種現象最合理的解釋就是商文化向西的擴張。對於晉
中和忻定盆地的考古學文化。蔣剛認為夏至早商時期有遊邀類型遺存、白燕
文化和狄村、東太堡、許坦等三類遺存；晚商時期有白燕文化（包括白燕居
址、杏花村居址和墓地）、旌介類型、以及以長治地區晚商時期銅器群為代表
的殷墟類型商文化。常懷穎則認為早商時期晉中的考古學遺存為早商文化白
燕類型，忻定盆地可確定的遺址僅尹村一處；晚商時期晉中地區遺存甚少，
並且文化面貌與晉南相同，為晚商時期杏花類型。

　　對於以上的意見，筆者同意對早商時期二里崗類型的命名和定性，對於
此外的各種命名，竊以為可採取與關中地區相同的做法。鑒於目前上述區域
內發掘過的遺址數量少、面積小、出土遺跡遺物不豐富，資料發表少，學者
之間在命名上的分歧以及各自命名時的理由都表明了上述情況的存在，這也
正是以往先周文化爭論不休的原因所在。雷興山和筆者都採用了「××類遺
存」，更有甚者，他還將居址和墓地分開各自命名，這都說明考古學遺存的命
名問題是如何的困難。由於筆者並未對山西地區進行專門研究，所以只能據
自己的理解和經驗暫時採用常懷穎的意見，當然，這並不表明這種選擇必然
是正確的，只是比較符合筆者自己的思路罷了，並且筆者不同意早商文化白
燕類型的命名，應直接稱為白燕類型，如果從定性的角度而言，在這一點上

　　區不同面貌的文化區域，再者由於本人學力有限，無法對引用的所有資料進
　　行一一甄別，所以引用資料最多的研究成果也許就最為安全吧。
〔註5〕王立新：前引書，第 170～174 頁。

筆者與蔣剛是相同的。以下簡單引述對各類遺存的介紹，並增加對葬俗、銅器種類及組合、占卜習俗等的描述。

1. 商前期東下馮類型商文化　晉南地區

典型遺址有夏縣東下馮，垣曲商城、古城東關、寧家坡、平陸前莊等。可分為兩期四段。炊器特徵和組合整體上與鄭洛地區和豫北商文化接近，盆、豆、簋、罐、甕等主要器類也如此，具有地方特色的主要是甑、鬲、刻槽盆、高領罐和蛋形甕（圖 4-3）〔註 6〕。石器的種類和形制也與二里崗類型大致相同，有石斧、石鏟、石鐮、石刀等，區別在於前者中石刀的數量略多於石鐮的數量。

圖 4-3　商前期東下馮類型商文化陶器

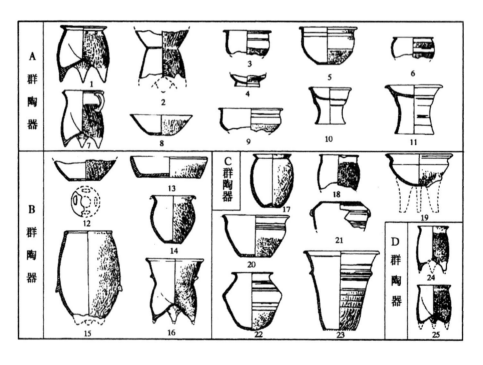

在東下馮遺址和垣曲商城都發現有墓葬，據《中國考古學・夏商卷》可知，東下馮類型的葬俗與鄭洛地區的葬俗大部份是一致的，既有隨葬青銅器、棺、殉人的貴族墓（如垣曲商城 M16），也有僅隨葬陶器、石器、骨器的平民墓葬（如垣曲商城 M3）（圖 4-4）。區別在於未發現腰坑。

〔註 6〕此圖採自王立新《早商文化研究》第 175 頁圖十六。

圖4-4　東下馮類型墓葬（垣曲商城）

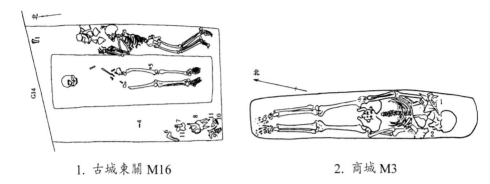

1. 古城東關 M16　　　　　　　　　2. 商城 M3

　　按照常懷穎的研究，東下馮類型銅器中容器有鼎、斝、爵、罍，兵器有鏃，工具有小刀等。垣曲商城發現 1 件石芯，可能是斧的內芯，以及冶銅殘留的煉渣。東下馮遺址中發現 3 件石範，其中 2 件為斧範，1 件為鏃範。這些資料說明東下馮類型的容器很可能來自二里崗文化的遺址如鄭州商城，而武器和工具則可能是本地鑄造的。

　　據朴載福研究，東下馮類型中出土卜骨和卜甲的有東下馮遺址、垣曲商城和垣曲古城南關三處遺址。其卜骨種類與二里崗類型商文化非常接近，都以牛、豬、羊的肩胛骨為主，卜甲只有 1 件。卜骨的整治方法與二里崗類型一致。

2. 商前期白燕類型　晉中地區

　　白燕類型應為商早期晉中地區的地方類型，其主要因素為二里崗類型商文化與白燕文化的混合因素，其次為二里頭時期延續而來的白燕文化和來自二里崗類型的因素〔註7〕。典型遺址有太谷白燕和汾陽杏花村。可分為三期4段，時代從二里崗下層到洹北商城早段〔註8〕。第 1 段材料較少泥質陶多於夾砂陶，灰色為主，其他色澤的陶器少見。陶器陶質普遍偏薄。紋飾以細繩紋占絕對多數。第 2 段仍以泥質陶、灰陶為主，褐陶數量增多。紋飾也以繩紋最多，但細繩紋減少，中繩紋和粗繩紋增多。鏤孔、旋紋常見，新出現獸面紋、雲雷紋、圓圈紋等。第 3 段時陶質陶色不變，紋飾中粗繩紋繼續增多，獸面紋與雲雷紋銳減，附加堆紋少見。

〔註7〕常懷穎：前引文，第408頁。
〔註8〕常懷穎對早商和晚商的區分與筆者不同，由於本文的重點在於做宏觀的對比研究，所以在此並未做調整。

炊器在第1段時以高領鬲和淺腹卷沿鬲爲主，第2、3段以深腹侈沿鬲和淺腹鬲爲主，淺腹鬲開始減少，第4段時以深腹侈沿鬲爲主，淺腹鬲更少。其他器物主要有蛋形甕、小口甕、斂口鉢、折肩罐等（圖4-5）〔註9〕。

目前未發現墓葬、銅器和卜用甲骨。

圖4-5　商前期白燕類型陶器

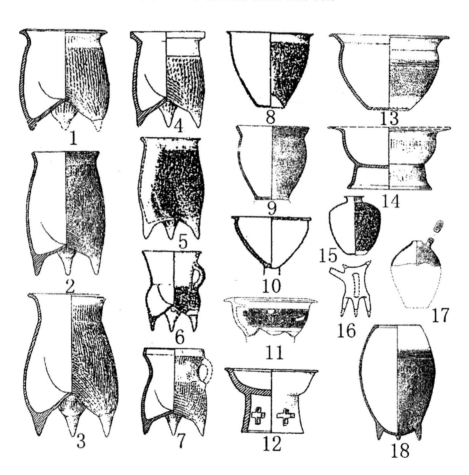

3. 商後期杏花類型　晉南、晉中地區

杏花類型對白燕類型多有繼承，但也有自身的特徵，此外還有明顯的商文化因素〔註10〕。主要遺址爲汾陽杏花村和靈石旌介。共分爲三期，時代從

〔註9〕此圖引自常懷穎《夏商時期古冀州之域的考古學研究》第395頁圖五・二五。
〔註10〕常懷穎：前引文，第413頁。

殷墟二期到殷墟四期。陶器中夾砂陶似多於泥質陶，陶色以灰色為主，褐陶似逐漸增加其他色澤的少見。紋飾以中繩紋為主變為以粗繩紋為主。由於材料較少，少見旋紋、附加堆紋等。

炊器中淺腹卷沿鬲占絕對多數，高領深腹鬲較少並逐漸消失，新出現的鬲中杏花村採集 030 與陝西扶風趙家溝遺址和棗樹溝腦類遺存中的花邊鬲非常接近。其他器類較少，豆、盆、罐、小口甕與太行山東麓冀南與冀中南的遺存面貌接近，三足蛋形甕較有本地特色（圖 4-6）。

圖 4-6　商後期杏花類型陶器

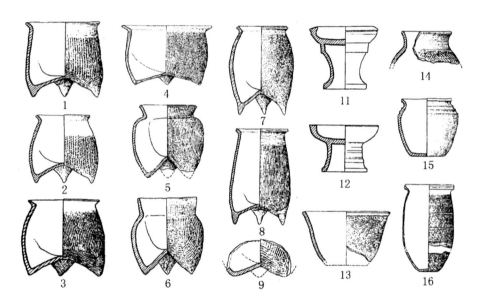

杏花類型在杏花村遺址可以確認有 37 座墓葬，在旌介墓地發掘了 3 座墓葬（圖 4-7）。杏花村墓地的葬俗為：墓葬形制為土坑豎穴，大部份為南北向，僅墓地西部的四座墓未東西向。大部份墓葬有單棺，為熟土二層臺。2 座墓有腰坑和殉狗。葬式以仰身直肢為主，另有俯身直肢和側身屈肢。19 座墓葬隨葬 1 件鬲或豆，18 座墓葬無隨葬品。只有 2 座墓隨葬了 1 件或 2 件石飾。

旌介墓地的 3 座墓葬為土坑豎穴，長度均為 3 米多，寬度均為 2 米多。據《靈石旌介商墓》的總結，其葬俗中與商文化相同的是有腰坑殉狗。隨葬品一般放在棺槨之間或棺內，墓地鋪朱砂，槨上蓋畫幔。墓主人頭部二層臺

上殉葬牛、豬或其他動物的頭和部份肢體等。也存在不同的地方，如墓向、一槨三棺、四觚十爵、矛多戈少以及隨葬鼉鼓等〔註 11〕。而此前，李伯謙先生也已對此進行了較爲全面的論述，他指出旌介墓葬屬於商系文化系統，是商文化在發展過程中吸收、融合當地及其他青銅文化的某些因素形成的一個地方類型〔註 12〕。

圖 4-7　杏花類型墓葬

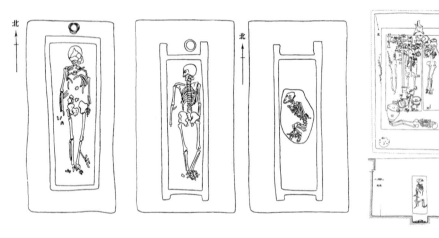

1. 杏花村 M3　　　　　2. 杏花村 M21　　　　　3. 旌介 M1

　　銅器目前發現的容器有鼎、簋、觚、爵、斝、觶、尊、壺、觥、卣、罍等；兵器有有銎鉞、有銎戈、無銎戈、矛、鏃；樂器有鈴；車馬器有弓形器、軎、踵飾、衡末飾、鞭管、鈴、管狀器，工具有獸首刀〔註 13〕。李伯謙先生將旌介墓葬的隨葬銅器分爲 A、B 兩群，指出 A 群銅器與殷墟同類器幾乎完全一致；B 群的圓餅紋銅鼎、透雕羽狀紋三角援銅戈等不見或少見於殷墟，而流行於關中地區或與關中出土的同類器相似，獸首刀、銎內戈、銎內鉞等也較殷墟爲多。其他多位學者也進行了相關的研究。這些研究都表明 B 群銅器爲商文化區域外所生產，而且可能出現了地區間的流通。

〔註 11〕　山西省考古研究所：《靈石旌介商墓》，科學出版社，2006 年，第 205～206 頁。
〔註 12〕　李伯謙：《從靈石旌介商墓的發現看晉陝高原青銅文化的歸屬》。李伯謙著：《中國青銅文化結構體系研究》，科學出版社 1998 年版，第 167～184 頁。
〔註 13〕　此處據常懷穎《夏商時期古冀州之域的考古學研究》和《靈石旌介商墓》綜合而成。

　　杏花村遺址的卜骨，均用牛肩胛骨，經鋸或削、磨加工。粗糙面鑽孔密佈，少數針孔由於不夠薄，再經鑿挖。孔內都有灼痕，對應的正面有清晰的卜紋，延續了二里崗型商文化的整治方法，而與同時期殷墟的整治方法如鋸切臼角、有鑿的特點不同。

　　綜上所述，山西地區的文化面貌在商代前後期也發生了很大的變化，也大致表現出了隨著商文化中心北移後商文化對本區域控制和影響力的削弱，以及地方因素趁勢而起的現象。但由於二者畢竟較爲鄰近，商文化對山西地區的影響較之陝北和關中、陝南等地還是要多一些。

第二節　關中以北地區

　　這個區域內目前學術界公認的只有有南流黃河兩岸的李家崖文化〔註14〕。安塞縣西坬渠遺址簡報中曾建議對以蛇紋鬲爲代表的遺存應選擇一處已發掘的典型遺址來重新命名，也許考慮到試掘面積較小的原因，發掘者並未就重新命名進一步發表意見〔註15〕。由於其現有陶器面貌與李家崖文化確有不同，筆者在此暫將其稱爲西坬渠類遺存。

〔註14〕李家崖文化的代表性研究文章主要有：

　　呂智榮：《試論李家崖文化的幾個問題》，《考古與文物》1989 年第 4 期。《朱開溝文化遺存與李家崖文化》，《考古與文物》1991 年第 6 期。《李家崖文化的社會經濟形態及發展》。《考古學研究》編委會編：《考古學研究》，三秦出版社，1993 年，第 356～359 頁。《李家崖古城址 AF1 建築遺址初探》。《周秦文化研究》編委會：《周秦文化研究》，陝西人民出版社，1998 年，第 116～123 頁。《李家崖文化因素分析和相關問題》，《陝西歷史博物館館刊》第 8 輯，2001 年。

　　張忠培、朱延平、喬梁：《陝晉高原及關中地區商代考古學文化結構分析》。內蒙古自治區文物考古研究所編：《內蒙古文物考古文集》，中國大百科全書出版社，1994 年。

　　李伯謙：《從靈石旌介商墓的發現看晉陝高原青銅文化的歸屬》《中國青銅文化結構體系研究》，科學出版社，1998 年。

　　蔣剛：《太行山兩翼北方青銅文化的演進及其與夏商西周文化的互動》，吉林大學博士學位論文，2006 年 6 月。

　　蔡亞紅：《李家崖文化研究》，西北大學碩士學位論文，2008 年 6 月。

　　常懷穎：《夏商時期古冀州之域的考古學研究》。

〔註15〕陝西省考古研究所：《陝西安塞縣西坬渠村遺址試掘簡報》，《華夏考古》2007 年第 2 期。

一、李家崖文化

李家崖文化目前可供討論的遺址有清澗李家崖〔註16〕、綏德薛家渠〔註17〕、柳林高紅〔註18〕、清水河縣西岔等〔註19〕四處，以及離石馬茂莊、後趙家溝和雙務都〔註20〕等遺址的調查資料。

蔣剛認為高紅遺址的時代為晚商早、晚期，薛家渠遺址的時代為晚商晚期，李家崖遺址的時代則從晚商晚期延續到西周前期。常懷穎將馬茂莊、後趙家溝和雙務都等遺址作為第一期，時代相當於殷墟三期左右，將高紅、李家崖和薛家渠三處遺址作為第二期，時代為殷墟四期。筆者以為，將馬茂莊、後趙家溝和雙務都等遺址作為較早的遺存是合理的，但高紅、李家崖和薛家渠三處遺址的時代在目前資料缺乏以及缺乏典型商文化器物的情況下是無法精確地與殷墟的分期相對應的，不妨參照關中地區殷墟一期以後斷代的方法，暫就自身做一分期即可，不必急於和殷墟的分期對應。另外，馬茂莊、後趙家溝和雙務都等遺址的資料太少，遺存面貌似與關中地區相差較大，故在此我們僅關注高紅等三處遺址。

各遺址的陶器都以泥質灰陶為主，夾砂灰陶次之。紋飾以繩紋為主，附加堆紋較多，另有雲雷紋、回字形紋、方格紋等。器類主要有高領卷沿鬲、花邊鬲和高領凸肩鬲、小口折肩罐、蛋形三足甕、簋、大口尊等（圖4-8）〔註21〕。

〔註16〕 張映文、呂智榮：《陝西清澗李家崖古城址發掘簡報》，《考古與文物》1988年第1期。
　　　　戴應新、呂智榮：《清澗縣李家崖青銅時代墓葬》，《中國考古學年鑒（1987）》，文物出版社，1988年。
〔註17〕 北京大學考古系商周考古實習組：《陝西綏德薛家渠遺址的試掘》，《文物》1988年第6期。
〔註18〕 國家文物局、山西省考古研究所、吉林大學考古學系：《晉中考古》，文物出版社，1998年，第87～93頁。
〔註19〕 內蒙古文物考古研究所、清水河縣文物管理所：《清水河縣西岔遺址發掘簡報》。內蒙古自治區文物考古研究所編：《萬家寨水利樞紐工程考古報告集》，遠方出版社，2001年，第60～78頁。
〔註20〕 國家文物局、山西省考古研究所、吉林大學考古學系：前引書，第91～97頁。
　　　　山西省考古考古研究所：《2004柳林高紅商代夯土基址試掘簡報》。山西省考古研究所、山西省考古學會編：《三晉考古》第三輯，山西人民出版社，2006年，第116～127頁。
　　　　王京燕、高繼平：《山西柳林高紅商代夯土基址發掘取得重要收穫》，《中國文物報》2007年1月5日第2版。
〔註21〕 此圖採自常懷穎《夏商時期古冀州之域的考古學研究》第397頁圖五·二六。

據常懷穎分析，李家崖文化中有杏花類型與商文化的一些因素〔註22〕。

　　李家崖遺址共發掘成人墓葬 42 座，均爲土坑豎穴，方向不一。葬具爲單棺。葬式以仰身直肢爲主。只有 6 座墓有隨葬品，共有銅鑾鉞、鑾斧各 1 件，銅戚 2 件，石斧 1 件，陶缽 2 件。薛家渠遺址發掘 1 座墓葬，墓葬形制爲土坑豎穴，口略大於底。墓口長 4.3，寬 2.5、底長 3.6、寬 2.28 米。墓底面積爲 8.21 平方米。葬具爲單棺。墓已被盜，盜洞中殘留有鬲、小口折肩罐、甗等的殘片，另外還有許多大石塊（圖 4-9）。

圖 4-8　李家崖文化陶器

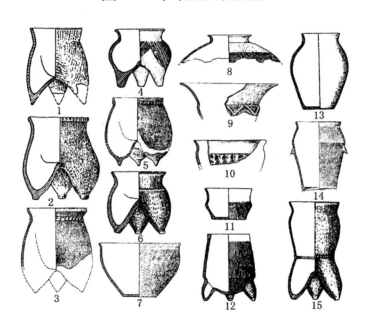

圖 4-9　李家崖文化墓葬（薛家渠 M1）

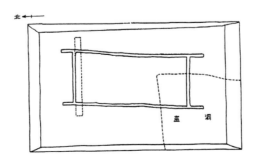

〔註22〕常懷穎：前引文，第 413 頁。

　　銅器的種類有容器、兵器、樂器、車馬器、工具及其他器類。以往研究成果眾多，但結合關中地區的銅器研究，筆者同意曹瑋和常懷穎對南流黃河兩岸銅器的斷代〔註23〕，並認為其目前與李家崖文化相聯繫是可以接受的。按照李伯謙先生的研究，其因素可分為三類〔註24〕。A類為殷墟常見器形，以容器為主，其他有直內戈、直內鉞、雙翼銅鏃、錛、匕等武器和工具。說明當地居民上層對商禮和習俗的極力模仿。B類因素的器類和數量均多於A類，具有明顯的地方特色，肯定全是當地鑄造。其中的容器多是仿商式改進型。部份容器和樂器以及武器、工具和飾品的大部則不同於商文化。C類的數量最少，僅包括雙環首刀和冒首刀兩種，可能來自卡拉蘇克文化。另外，李家崖文化的黃金弓形飾和雲形耳飾也極具特色。

　　在李家崖遺址發現2件卜骨，將骨臼的一半連同骨脊取掉，略加修整，有圓鑽和橢圓形鑿。薛家渠遺址也發現了幾件，多用羊肩胛骨製成。標本H1：47為羊左肩胛骨，骨脊削去，並鋸掉臼角，施長方形鑿，有灼無鑽，鑿的剖面呈V形。標本H1：49，為羊右肩胛骨，骨脊已削去，未施鑿、灼。具有殷墟時期的去掉臼角的特徵，但其多使用羊肩胛骨應是自身的特點。

　　以上分析說明李家崖文化是一支極具自身特徵的考古學遺存，其所受商文化的影響主要體現在銅器方面，其他方面基本保持著自身的特徵。

二、西坬渠類遺存

　　西坬渠類遺存目前在陝北地區已見於西坬渠遺址和佳縣石摞摞山等近十處，經過發掘的只有這兩處，後者的資料尚未發表。發掘者認為西坬渠遺址的上限為殷墟二期，下限為殷墟四期，而此類遺存（因素）的上限可到夏代晚期，下限可延續至戰國中期。陶器中夾砂陶占58%，泥質陶次之，占42%；灰陶居多，為56%，紅（褐）陶次之，占44%。在夾砂陶中以灰陶居多，約占70%，而泥質陶中卻以紅陶最多，達90%以上。紋飾以繩紋為主，其中細繩紋又最多；附加堆紋次之，主要裝飾在鬲上。器類有花邊鬲、甗、罐、三足甕等（圖4-10）。其中最具特徵的是無足跟的花邊鬲，據目前的資料來看與關中地區的趙家溝類和棗樹溝腦類遺存以及山西的杏花類型的同類器都相

〔註23〕　曹瑋：《陝北的商代青銅器研究》，《陝北青銅器》（第1卷），巴蜀書社，2009年，第001~043頁。

〔註24〕　李伯謙：《從靈石旌介商墓的發現看晉陝高原青銅文化的歸屬》。

似，另外三足甕應與李家崖文化具有密切的關係。

圖 4-10　西坬渠類遺存陶器

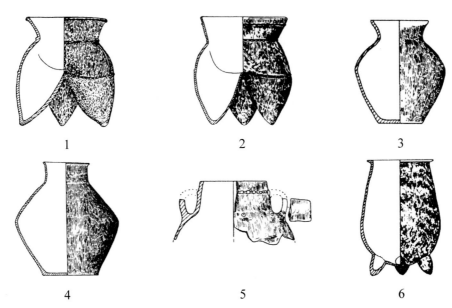

1、2. 鬲（H3：4、H3：6）　3-5. 罐（F2：6、H3：10、H3：15）　6. 三足甕（F2：5）

　　甘泉閻家溝發現一座晚商時期墓葬，時代爲殷墟二期晚段到四期之間〔註25〕。出土銅器 57 件。其中禮器 15 件，有鼎、簋、甗、尊、罍、觚、卣等。兵器 7 件，有羊首鉞、直內戈、有銎戈、鈴首劍、三銎刀、鏃等。其他銅器 35 件，有銅馬、馬鑣〔註26〕、泡等。其他器物還有金箔、骨鏃、綠松石等。其銅器面貌特徵與上述李家崖銅器相同。這座墓葬與是否屬於西坬渠類遺存目前尙不可知，暫附於此。

第三節　甘青地區

　　甘青地區夏商代的考古學遺存類別目前確定的有齊家文化、四壩文化、寺窪文化、辛店文化、卡約文化、沙井文化等，另外可能還有董家臺類型

〔註25〕王永剛、崔風光、李延麗：《陝西甘泉縣出土晚商青銅器》，《考古與文物》2007年第 3 期。

〔註26〕簡報中誤認爲鈴首七。

〔註 27〕和劉堡坪類型〔註 28〕。由於此外的重點在於描述關中地區所處的大文化環境，而且上述各類遺存數量較多，所以在此不一一介紹，只選擇與關中地區相似的文化因素進行介紹。以下我們將關注陶器、葬俗、銅器、占卜習俗等方面。

（一）陶 器

以往曾有學者指出劉家文化〔註 29〕來源於齊家文化〔註 30〕、辛店文化姬家川類型〔註 31〕、董家臺類型〔註 32〕或劉堡坪等。據李水城的意見，董家臺類型的時代在齊家文化以後，陶器有雙耳圓底罐、腹耳圓底壺、雙耳缽等，流行紅褐彩繪的菱形條帶和下垂的三角形條帶紋，器底多飾疏淺的細繩紋。石嘴頭類、劉家類和紙坊頭類遺存除了沒有彩繪外，從分佈地域、時間範圍來看，確實可能與董家臺類型有一些聯繫。張天恩則指出莊浪劉堡坪遺址出土的陶器中，袋足鬲飾淺細繩紋和波狀、垂線狀蛇紋。高領罐飾淺細繩紋，有雞冠狀雙鋬或雙耳，或還有波狀附加堆紋。以褐色為主，也有橙黃色，均為較薄夾細砂陶，與劉家文化有多方面的一致性，應當屬於同一類遺存。但他也指出，劉家文化陶器中的圓底者可能來自董家臺類型和辛店文化山家頭類型（圖 4-11）。所以，劉家文化不是單一的先行文化自然發展延續的結果，而是甘青地區繼齊家文化之後的文化逐漸發展融合的產物。筆者認為就目前的資料而言，只能認為石嘴頭等類遺存可能主要來源於甘青地區，在進入關

〔註27〕李水城：《劉家文化來源的新線索》。《遠望集》編委會編：《遠望集──陝西省考古研究所華誕四十週年紀念文集》，陝西人民美術出版社，1998 年，第193～199 頁。

〔註28〕張天恩：前引書，第 315～316 頁。

〔註29〕即本文的石嘴頭類、劉家類、紙坊頭類遺存。

〔註30〕尹盛平、任周方：《先周文化的初步研究》，《文物》1984 年 7 期。
張天恩：《高領袋足鬲的研究》，《文物》1989 年第 6 期。
劉軍社：《鄭家坡文化與劉家文化的分期及其性質》，《考古學報》1994 年第 1 期。

〔註31〕盧連成：《扶風劉家先周墓地剖析──論先周文化》，《考古與文物》1985 年第 2 期。
張忠培：《陝西史前文化的譜系與周文明的形成》。《遠望集》編委會編：《遠望集──陝西省考古研究所華誕四十週年紀念文集》，陝西人民美術出版社，1998 年，第 145～163 頁。
張長壽、梁星彭：《關中先周青銅文化的類型與周文化的淵源》，《考古學報》1989 年第 1 期。

〔註32〕李水城：《劉家文化來源的新線索》。

中地區後又融入了相鄰遺存的一些因素，如此則上述意見都是可取的，尤其是張天恩的意見更爲穩妥，但若想要確定下來則需更多新資料的出現。

圖 4-11　甘青地區陶器

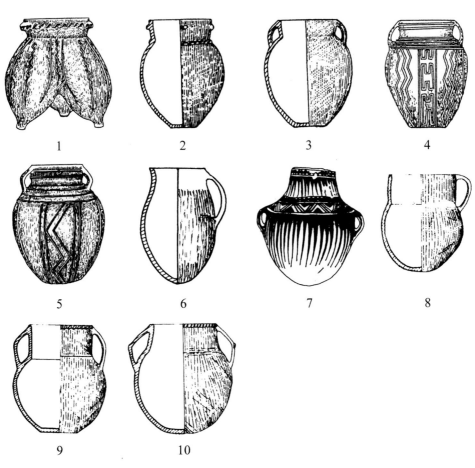

1-4. 劉堡坪　5. 喬家坪　6. 董家臺　7. 洛門鎮　8-10. 山家頭

（二）葬　俗

　　劉家類和紙坊頭類遺存墓葬形制的一個主要特點就是偏洞室墓和土坑豎穴帶頭龕墓共存，並普遍隨葬各類裝飾品和石塊〔註33〕。

　　據研究，洞室墓在西北地區從史前時期的馬家窯文化就開始出現，商周

〔註33〕關於隨葬石塊，胡謙盈先生曾有論及。見胡謙盈《南邠州碾子坡先周墓葬和西周墓葬——周人早期葬俗探討之一》。胡謙盈著：《胡謙盈周文化考古研究選集》，四川大學出版社 2000 年版，第 171～172 頁。

時期仍在沿用〔註34〕。但值得注意的是從未發現一處單純的偏洞室墓地，所以筆者一直懷疑劉家墓地可能是發掘墓葬數量太少，才導致出現了這樣一個偶然的現象。在與其有相似葬俗的高家村墓地就有三種墓葬形制共存。西北地區的洞室墓的墓室與墓道之間一般都會用木板、木棍等分割開來，劉家墓地使用不規則的土塊疊起來封上墓門，高家村墓地有用木板封上墓門的做法（如M17、M19）。同樣，土坑豎穴帶頭龕墓也是西北地區的傳統葬俗。

以辛店文化小旱地墓地爲例〔註35〕。共發掘墓葬 367 座，其中土坑豎穴墓 342 座，占 93%，偏洞室墓 25 座，占 7%。土坑豎穴墓中有頭龕的 61 座，占 16.6%。74 座墓中隨葬裝飾品。69 座墓葬的填土、墓室或二層臺中都發現石塊。可見這些都是西北地區常見的葬俗。寺窪文化徐家碾墓地發掘豎穴土坑墓葬 102 座〔註36〕。其中 6 座墓有壁龕，45 座隨葬裝飾品，25 座隨葬石塊。寺窪文化九站墓地清理墓葬 80 座〔註37〕。其中豎穴土坑墓 79 座，洞室墓 1 座〔註38〕（圖 4-12）。豎穴土坑墓中帶頭龕的 61 座，不帶頭龕的 15 座，情況不詳的 3 座。隨葬石板、石塊或石片的墓葬有 4 座。隨葬裝飾品的墓葬有 27 座。隨葬品的種類有銅臂釧、鏤孔銅牌飾、銅泡、銅鈴、銅飾、石（骨、蚌）串珠、綠松石珠、玉珠、瑪瑙珠、骨珠、骨管飾、牙飾、耳飾、海貝等（圖 4-13）。

（三）銅 器

目前主要發現的是武器、工具和裝飾品。僅在西寧鮑家寨發現 1 件二里崗時期銅鬲，被認爲可能是商文化的產品。武器和工具有刀、斧、鉞、矛、劍、鏃等，裝飾品有臂釧、鏡、鏤孔牌飾、泡、鈴、銅飾、管、連珠等。目前看來，裝飾品具有濃厚的地方風格，應爲本地生產，武器則有可能來自周邊地區，但也不排除自身生產的可能性。

〔註34〕謝端琚：《試論我國前期土洞墓》，《考古》1987 年第 2 期。

〔日〕高濱侑子：《中國古代洞室墓》，韓釗譯，《文博》1994 年第 1 期。

〔註35〕青海省文物考古研究所、青海省文物管理處、西北大學文博學院：《民和核桃莊》，科學出版社 2004 年版。

〔註36〕中國社會科學院考古研究所編著：《徐家碾寺窪文化墓地——1980 年甘肅莊浪徐家碾考古發掘報告》，科學出版社 2006 年版。

〔註37〕北京大學考古學系，甘肅省文物考古研究所：《甘肅合水九站遺址發掘報告》。

北京大學考古系編：《考古學研究》三，1997 年，第 300～477 頁。

〔註38〕洞室墓 M48 不是在墓道一側的偏洞式，而是在墓道的一端。

圖 4-12　甘青地區墓葬

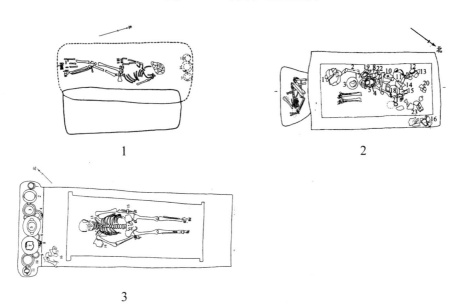

1. 小旱地 M119　2. 徐家碾 M41　3. 九站 M49

圖 4-13　甘青地區墓葬隨葬裝飾品

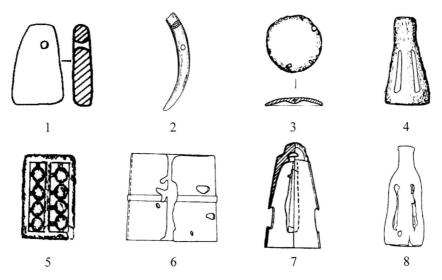

1. 綠松石飾（小旱地 M184：1）　2. 牙飾（小旱地 M277：5）　3. 銅泡（小旱地 M95：3）4. 銅鈴小旱地（M151：5）　5. 銅飾（小旱地 M189：2）　6. 銅釧（徐家碾 M71 下：21）　7. 銅鈴（徐家碾 M65：1）　8. 銅鈴（徐家碾 M71 下：20）

（四）占卜習俗

僅在寺窪文化卓尼芭兒遺址發現 8 件卜骨，其中牛肩胛骨 1 件，羊肩胛骨 7 件。骨面無修治痕跡，骨脊均保持原貌，應是其自身的特點，與商文化無關係。齊家文化的卜骨就以羊肩胛骨最多，豬肩胛骨其次，牛肩胛骨極少，所以芭兒遺址的這種占卜習俗可能來自本地的齊家文化傳統。

第四節　陝南地區

目前發現陝南地區文化遺存主要集中在漢中盆地，安康地區僅發現東龍山一處遺址〔註39〕。

一、寶山文化

寶山文化為漢中地區的地方文化。據研究，其時代為二里崗上層或稍晚延續至殷墟三期〔註40〕。陶器以圈足與高柄器、小平底、圜底器為主，典型器類有高柄豆、高頸小平底尊、小底尊形杯、高柄器座、大口深腹罐、有鋬圈足尊、有柄尊、扁腹壺、釜以及鬲、甑等（圖4-14）。其中的高柄器座、細高柄尊形杯、高圈足尊形杯、有柄尊等更是作為專門的陶禮器存在。鬲的數量極少，發掘者認為主要是受到京當型商文化的影響，有些鬲的造型與老牛坡遺址同類器形制形似，可能是吸收了關中東部商文化的某些因素。根據我們在前幾章對關中地區考古遺存的研究，可以確定這些影響肯定不限於關中東部而應包括西部。

銅器中以兵器占大宗；中原式禮器和容器比例較小，其中以尊、罍、瓿較為常見，並為基本組合。兵器中的三角援戈、深銎鉞、儀仗器的「鐮形器」、璋形器以及面具、尖頂泡與透頂泡等特點鮮明。

墓葬只發現了 8 座小墓，為淺穴土坑，無葬具。葬式為仰身直肢與屈肢兩種。隨葬陶釜、尊形杯、高頸小平底尊、圈足罐、豆等，另有石圭。大量使用燒烤坑，未發現灰坑。

〔註39〕 陝西省考古研究院、商洛市博物館：《商洛東龍山遺址 I 區發掘簡報》，《考古與文物》2010 年第 4 期。

〔註40〕 西北大學文博學院：《城固寶山 1998 年發掘報告》，文物出版社 2002 年版，第 176～181 頁。

圖4-14　寶山文化陶器

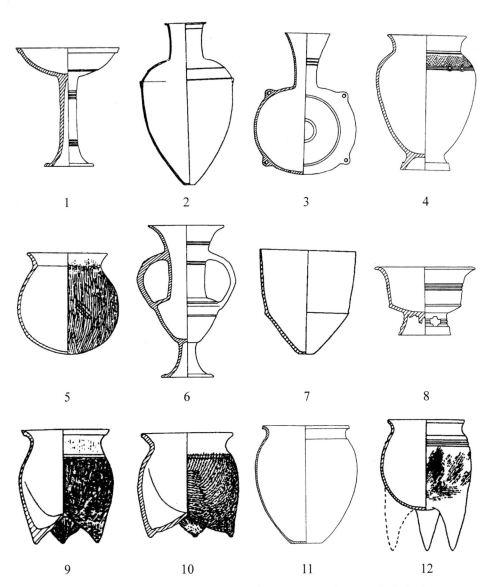

1. 高柄豆（SH8：62）　2. 高頸小平底尊（SH47：19）　3. 扁腹壺（SH61：4）4. 甗（SH8：6）　5. 釜（SH9：108）　6. 有鋬圈足尊（K01：1）　7. 小底尊形杯（SH58：9）　8. 簋（SH8：57）　9、10. 鬲（SH58：8、SH5：9）　11. 大口深腹罐（SH8：16）　12. 鼎（SH8：84）

二、東龍山遺址

東龍山遺址商代遺存的時代為二里崗上層或稍晚。遺跡有墓葬和灰坑。墓葬均未發現墓壙，未見葬具，無隨葬品。陶器面貌與典型二里崗類型商文化基本相同，但前者有些鬲和簋與後者不同或不見於後者，而二里崗類型中的鼎、斝、爵、深腹圓底罐和釉陶尊也不見於前者。銅器僅發現 1 件鑽和 1 件鑿。卜骨有 10 多件，主要為牛肩胛骨，個別為鹿肩胛骨。一般都將骨脊修平，個別未修整。多數有鑽有灼，個別只有灼。鑽窩為圓形，直徑在 1 釐米左右。整治方法與二里崗類型商文化一致。這類遺存應為二里崗類型擴張後形成的結果，其進軍路線可能就包括從關中東部南下這種選擇，如此則與老牛坡類型關係密切，但限於資料，目前尚無法進行深入的討論。

第五節　關中地區

一、二里頭時期關中地區的文化遺存狀況

探索商代時關中地區文化遺存的形成與發展變化，必須首先瞭解商代之前關中地區的文化狀況。這個前提雖然是每個考古學家都習以為常的，但對於關中地區的區域研究而言則尤為重要。因為關中地區在二里頭時期出現了嚴重的文化衰退，至今才總共確定了 9 處遺址，文化面貌及社會狀況因而也就很不清楚。進入商代，尤其是商後期以後，遺址似乎突然湧現了出來，整個遺存種類多達 16 類，這就無法單純用地區內原有文化自身的發展和延續來理解了。根據目前的資料來看，本地二里頭時期的遺存在這 16 類商代遺存的形成中的作用是極小的，其主要因素是外來文化，即外來人口的遷入。因此，瞭解二里頭時期關中地區的文化狀況就是理解商代關中地區文化狀況的前提條件。

張天恩曾在幾篇文章中以關中地區的夏代遺存為主題進行了研究，我們參考他的研究進行介紹〔註41〕。

〔註41〕 張天恩：《試論關中東部夏代文化遺存》，《文博》2000 年第 3 期。《關中西部夏代文化遺存的探索》，《考古與文物》2000 年第 3 期。《關中商代文化研究》第 2～13 頁。

　　關中東部目前較爲明確的二里頭時期遺址有華陰橫鎮〔註 42〕、華縣元君廟〔註 43〕、華縣南沙村〔註 44〕、藍田泄湖〔註 45〕、大荔趙莊〔註 46〕、老牛坡遺址〔註 47〕等六處。發現的遺跡很少，只有幾座墓葬和灰坑。張天恩將其分爲早晚兩期，又各分爲前後段。早期相當於二里頭文化一二期，晚期相當於二里頭文化三四期，下限或可進入二里崗下層時期的範圍。他將早期的文化命名爲老牛坡類型，《老牛坡》報告中將其稱爲老牛坡遠古文化，爲關中東部的土著文化，包含有少部份二里頭文化的因素。以帶耳罐等平底器爲主，並存在少量鬲類三足器。具體器類有單耳罐、雙耳罐、三耳罐、雙大耳罐、單耳杯、雙耳杯、鬲、盆等（圖 4-15）。陶質以泥質和夾砂灰陶爲主，也有泥質黑皮陶、褐陶和少量紅陶。紋飾以繩紋最常見，旋紋、附加堆紋、花邊口沿有一定數量，此外還有劃紋、剔刺紋和籃紋。晚期爲典型的二里頭文化，流行平底器和三足器。具體器類有單耳罐、雙耳罐、有鋬鼓腹罐（即商代關中地區數量雖少，但分佈廣泛的花邊罐）、大口尊、鬲、鼎等。陶質以泥質和夾砂灰陶爲主，可見少量褐陶。紋飾主要爲繩紋，有少量旋紋及附加堆紋。

　　關中西部可能屬於這一時期的遺存很少，主要是陶器。經過發掘的有寶雞石嘴頭遺址東區 M2〔註 48〕，麟游蔡家河遺址 H29〔註 49〕，千陽望魯臺遺址的殘灰坑〔註 50〕。採集的有禮泉朱馬嘴遺址的兩件陶鬲〔註 51〕，岐山雙

〔註 42〕中國社會科學院考古研究所陝西工作隊：《陝西華陰橫鎮遺址發掘報告》，《考古學集刊》第四輯，1984 年。

〔註 43〕北京大學歷史系考古教研室：《元君廟仰韶墓地》，文物出版社 1983 年版。

〔註 44〕北京大學考古教研室華縣報告編寫組：《華縣、渭南古代遺址調查與試掘》，《考古學報》1980 年第 3 期。

〔註 45〕中國社會科學院考古研究所：《陝西藍田泄湖遺址》，《考古學報》1991 年第 4 期。

〔註 46〕半坡博物館發掘資料未公佈，轉引自張天恩《試論關中東部夏代文化遺存》。

〔註 47〕劉士莪：《老牛坡》。

〔註 48〕西北大學歷史系考古專業 82 級實習隊：《寶雞石嘴頭東區發掘報告》，《考古學報》1987 年第 2 期。

〔註 49〕田仁孝等：《陝西麟游縣蔡家河遺址龍山遺址發掘報告》，《考古與文物》2000 年第 6 期。

〔註 50〕寶雞市考古工作隊 1992 年搶救發掘資料，未發表，轉引自張天恩《試論關中東部夏代文化遺存》。

〔註 51〕秋維道：《陝西禮泉縣發現兩批商代銅器》，《文物資料叢刊》第 3 集，文物出版社，1980 年。

庵的花邊罐，鳳翔水溝的折肩罐〔註52〕，寶雞高家村的花邊罐〔註53〕，千
陽望魯臺的花邊鬲和花邊罐〔註54〕，喬家堡的折肩罐和圓肩深腹罐〔註55〕
等。最主要和最具特點的器物為罐和鬲兩類，此外還有尊、豆、斝、盆等（圖
4-16）。陶器以泥質陶和夾砂褐陶為主，有少量紅陶和灰陶。紋飾以籃紋和
繩紋為主，已經出現麥粒狀繩紋，花邊口沿發達。由於資料太少，所以筆者
暫不同意對其進行分期。

圖4-15　關中東部二里頭時期老牛坡類型陶器

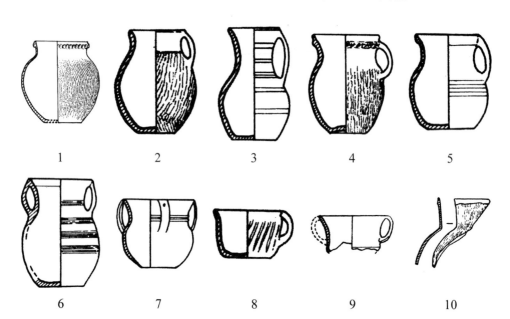

1. 花邊罐（老牛坡88I2H24：14）　2-5·單耳罐（泄湖M13：2、1、橫鎮M9：
2、4）　6. 雙耳罐（橫鎮M9：3）　7. 三耳罐（老牛坡Ⅲ1M39：23）　8. 單
耳杯（橫鎮H20：15）　9. 雙耳杯（橫鎮H20）　10. 鬲（橫鎮H20）

從上面的介紹可以看出：第一，關中東西部的二里頭時期考古學遺存不

〔註52〕 雙庵和水溝的資料均為寶雞市考古工作隊1980年文物普查資料，轉引自張天
　　　　恩《試論關中東部夏代文化遺存》。
〔註53〕 寶雞市考古工作隊1990年採集資料，轉引自張天恩《試論關中東部夏代文化
　　　　遺存》。
〔註54〕 一部份為寶雞市文化局1980年普查資料，轉引自張天恩《試論關中東部夏代
　　　　文化遺存》；一部份見王世和等：《渭北三原、長武等地考古調查》，《考古與
　　　　文物》1996年第1期。
〔註55〕 千陽縣文化館藏品，轉引自張天恩《試論關中東部夏代文化遺存》。

但數量少，而且面貌還存在很大的差異。第二，關中東部的土著遺存到二里頭晚期時已經基本消失不見，二里頭文化西進佔據了這個區域，但似乎也只是少量的進入，說明東部地區陷入了新石器時代以來的蕭條時期，本地居民已經很少了。第三，關中西部的遺存似乎與其後商代遺存之間有一些相似性，如果考慮到這類遺存發現較少的現象，似乎可以認爲這個時期西部也是人煙稀少。

圖 4-16　關中西部二里頭時期陶器

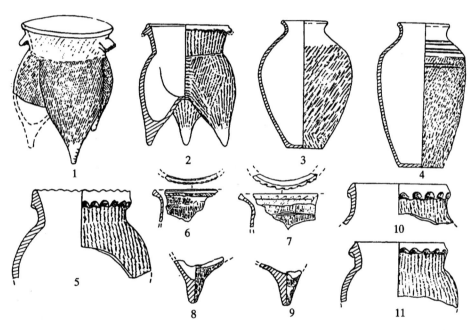

1、2. 高領鬲（朱馬嘴）　3、4. 罐（喬家堡）　5. 花邊罐（雙庵）　6-9. 侈沿矮領花邊鬲（望魯臺）　10、11. 花邊罐（望魯臺）

二、商代關中地區各類文化遺存的形成與發展變化

如果關中地區在二里頭時期的確如上所言處於大蕭條時期，那麼其在商代的發展可能更多的是由於外來人口的不斷進入，如此則本文所分的六期 16 類考古學遺存展示出來的關中社會各遺存的出現與形成、發展與變化、融合與並存，相較於以往更粗線條的考古學文化研究而言就更爲豐富和具體。下面我們以期爲單位對這種變遷的過程進行討論。

第一期　二里崗時期

本期只有老牛坡類型商文化和京當類遺存兩類，據目前的資料來看主要分佈在周原以東的渭河流域和涇河下游。

老牛坡類型商文化的面貌與二里崗類型商文化基本保持一致，但也有本地和來自晉南的影響。結合各家的研究成果可以發現〔註 56〕，老牛坡類型與二里崗類型的陶系都以泥質灰陶和夾砂灰陶為主，有少量的黑陶、紅陶和釉陶，區別只是老牛坡和北村遺址出現了褐陶增多的現象。北村遺址可能由於地理位置上距離典型商文化更遠，褐陶的比例要稍高一些。紋飾也基本相同。據北村遺址的統計數據，各種紋飾的比例都基本相同。有些仿自銅器的紋樣可分為與二里崗類型相同、相似和相異三種。器類組合中老牛坡遺址和北村遺址的花邊罐較為常見，而二里崗類型中則不見，應是本地二里頭時期傳統的遺存。另據王立新研究，類似北村 IH2：5 的鬲應是來自東下馮類型的因素。老牛坡類型和二里崗類型石器的種類和形制基本相同，都使用鐮、鏟、刀等，但各類所佔的比例卻大不相同。如二里崗類型石鐮盛行，而老牛坡類型中石刀的數量略多於石鐮，卻與東下馮類型完全相同。另據常懷穎對古冀州之域的研究，從二里頭文化時期至殷墟時期，二里頭遺址和其他都邑性遺址中都是石鐮略多於石刀，而且二者的比率差別逐漸增大。早商時期，石刀多於石鐮的只有晉南一處〔註 57〕。這也證明了晉南對關中東部的影響。二里崗類型中鏟已不多見，老牛坡類型中鏟卻佔了大宗。

葬俗中墓葬形制、腰坑、殉狗、隨葬陶器組合都基本與典型商文化保持一致，如二里崗類型墓葬多隨葬鬲、盆、豆、簋等器類中的一兩樣，每樣至多一件，有的墓還隨葬圓陶片。老牛坡類型也隨葬鬲、簋，不同之處在於陶器的數量可能有所差別，如北村 M1 隨葬的陶鬲為 2 件。此外還隨葬有碗，石球、石鑿、石鐮等。但由於墓葬數量較少，上述區別究竟具有何種意義尚不易明瞭。

老牛坡遺址中發現了 1 件鏃範和 1 件戈範，以及銅錐、銅鏃和幾塊銅渣。懷眞坊遺址中發現了大量銅渣，還有可能為煉銅爐的爐壁，以及銅戈、銅鏃、銅刀、銅鑽、銅錐、銅環和待用的銅料。北村遺址中也發現了銅鏃。另外 1959

〔註56〕徐天進：《試論關中地區的商文化》。王立新：《早商文化研究》。張天恩：《關中商代文化研究》。中國社會科學院考古研究所：《中國考古學‧夏商卷》。

〔註57〕常懷穎：前引文，第 496 頁。

年灞橋田王村出土 1 件銅鼎〔註 58〕。朱鳳瀚認爲與鄭州張寨南街杜嶺三號鬲
基本相同〔註 59〕。1962 年銅川三里洞出土 1 件銅鼎〔註 60〕，與偃師孟廟鄉攔
河潘村窖藏鼎相近〔註 61〕。1973 年懷眞坊出土了 7 件銅器，種類有鼎 1、鉞 1、
戈 1、斧 1、刀 1、鋸 2（圖 4-17）。據朱鳳瀚研究，懷眞坊的鼎與河南武陟寧
郭大駕村的鼎幾乎完全一致〔註 62〕。上述三件鼎雖然存在本地鑄造的可能
性，但由於時代較早，且與河南地區的同類器相近，再者此時的晉南地區似
乎也不具備生產銅容器的能力，所以它們很可能是來自商文化核心區的產
品。但若依照陳坤龍的研究，則田王的鼎則很可能爲本地生產〔註 63〕。其他
銅器的形狀與二里崗類型的同類器相同，說明老牛坡類型至少已經具備了生
產銅兵器和工具的能力，這也是來自商文化的影響。

圖 4-17　第一期老牛坡類型銅器

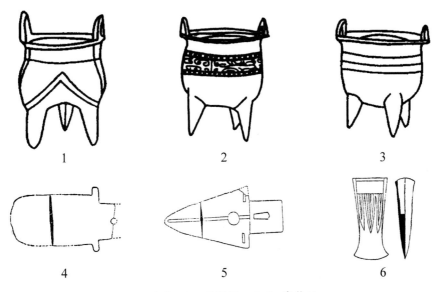

1. 田王　2. 三里洞　3-6. 懷眞坊

〔註 58〕陝西省考古研究所、陝西省文物管理文員會、陝西省博物館：《陝西出土商周
　　　　青銅器》（一），文物出版社，1979 年。
〔註 59〕朱鳳瀚：《中國青銅器綜論》中，上海古籍出版社，2009 年，第 890 頁。
〔註 60〕盧建國：《陝西銅川發現商周青銅器》，《考古》1982 年第 1 期。
〔註 61〕朱鳳瀚：前引書，第 901、903 頁。
〔註 62〕朱鳳瀚：前引書，第 898、900 頁。
〔註 63〕陳坤龍：《陝西漢中出土商代銅器的科學分析與製作技術研究》，北京科技大
　　　　學博士學位論文，2009 年 1 月，第 113 頁。

　　老牛坡、懷眞坊、北村、南沙村等遺址中發現了幾十片卜骨。據朴載福研究，這些卜骨中牛、羊、鹿的肩胛骨均有發現，以牛、羊肩胛骨爲主。該地區羊肩胛骨的數量雖然仍較多，但牛肩胛骨已經占主導地位。卜骨經過加工修整，直接施灼的少見，絕大多數先鑽後灼，無鑿。鑽孔爲圓窩形，鑽孔徑 1 釐米，深 0.5 釐米左右，鑽孔一般比較密集，排列無序。這些習俗可能是受到二里崗類型的影響，其特徵基本相同。

　　從上述分析可見，如果二里頭時期關中東部人煙稀少的現象是可能存在的事實，那麼老牛坡類型商文化就主要是由東遷的商文化居民塑造而成，本地的土著由於人數太少且文化水平較低而貢獻較少。同時，由於老牛坡類型商文化與晉南的東下馮類型商文化相鄰，二者之間的互動應該是比較頻繁的，所以也不排除老牛坡類型就是由鄭洛地區和晉南的商文化合力塑造而成的可能。其中明顯的證據就是老牛坡遺址中可能來自晉南的陶鬲，以及二者都偏好石刀而不是石鐮。商文化進入晉南後，與二里頭時期的東下馮類型相遇，二者形成了商文化東下馮類型。這種新生的文化類型自然要影響到相鄰的關中東部。最後，結合銅器及鑄銅遺物的發現以及老牛坡遺址中發現的 1 件青色軟玉質地的戈，可以想見關中東部的商文化是比較發達的。

　　京當類遺存出現的時代要晚於老牛坡類型商文化，約爲二里崗上層時期，位置也更偏西。這類遺存的發現很少，目前可以確認的只有朱馬嘴遺址第一期和周原王家嘴遺址。據張天恩的研究，京當類的陶器組合中可辨識出的有六類因素，分別爲商文化、鄭家坡類（張文稱之爲先周文化）、北方蛇紋陶器類、劉家文化、孫家類型（即本文的棗樹溝腦類）、黑豆嘴類。其中商文化因素和鄭家坡類因素又一直爲主體。如朱馬嘴遺址第一期中商文化因素的數量占 65%，鄭家坡類因素的數量占 32%。王家嘴遺址 H28 的器物數量雖然少，但所發表的 3 件器物都是商式器。並且鄭家坡類因素受到了商文化的強烈影響，具體分析可參考第三章的相關論述。可見京當類遺存形成的主要推動力是來自東部的商文化。據目前資料分析，鄭家坡類因素似乎並不是來自周邊的區域，或許就是本地土著的遺存。

　　遺址中未發現銅器，其周邊區域中也未發現時代明確的銅器。

　　朱馬嘴遺址發現多片卜骨。標本有 T2⑥：8，未去臼角，有鑽無鑿，與二里崗類型風格相同。

　　其他四類因素中蛇紋陶器類來自北方是明確無疑的。所謂的劉家文化因

素據目前的資料而言可以確定來自甘青地區，但由於甘青地區類似的考古遺存太少，尚無法對其做進一步的分析。同時有學者認爲其與劉家文化或石嘴頭等遺址的器物的時代相當，據發表的資料來看，朱馬嘴遺址的 D 型鬲與石嘴頭等處的陶鬲還無法進行直接的比對。棗樹溝腦類因素還見於旬邑孫家、彬縣斷涇等遺址，但由於京當類遺存的年代要早於另外三者，所以我們同意呂智榮的意見，即這類因素來自關中以北的區域，與以安塞西坬渠遺址代表遺存有密切的關係〔註 64〕。至於黑豆嘴類因素是指陶器口沿的刺紋，目前尚沒有太多的資料進行分析，但其來自關中以北或者涇河流域應是不錯的。

通過以上的分析，可見本期這兩類遺存形成的主要原因是二里崗類型和東下馮類型商文化的西進運動，其結果是首先在東部形成了商文化風格的老牛坡類型，隨後又在繼續向西的過程中與關中本地的因素（鄭家坡類因素）和從西、北兩個方向而來的其他四類因素融合在一起形成了京當類遺存。

第二、三期　殷墟一二期

這兩期有老牛坡類遺存、北村類遺存、京當類遺存、趙家溝類等四類遺存，與上期的分佈範圍相同。

二里崗期以後，商文化中心移到豫北的安陽一帶，鄭洛地區已經極度衰落，由於這個形勢的影響，晉南和晉中地區的考古學遺存已經由東下馮類型商文化變爲土著特色濃厚的杏花類型。老牛坡類型也從此走上獨立的發展道路，我們稱之爲老牛坡類遺存，藉以表示新局勢的出現。據第三章中的分析，其陶器仍與此前的面貌基本相同，但在器類、器形、紋飾和一些具體特徵上發生了變化，受到了來自關中地區內部其西鄰北村類和京當類遺存的影響，可參見第二章中各遺址的陶器比較。石器中的石錘斧也是來自其西鄰或北鄰的因素，其他器類變化不大。值得注意的是老牛坡遺址發現了石璧、石佩飾、玉璜等裝飾品和 2 座面積達數百平方米的大型夯土基址。姜河遺址還發現了 17 件銅器，有鼎、爵、鉞、戈、斝、刀、錛、鏃等（圖 4-18）。老牛坡遺址也有銅鏃。老牛坡遺址中出土了 28 片卜骨，仍延續了二里崗類型商文化的處理方法，不去臼角，有鑽無鑿，而與殷墟不同。

〔註64〕陝西省考古研究所：《陝西安塞縣西坬渠村遺址試掘簡報》。

圖 4-18　第二、三期老牛坡類遺存銅器（姜河遺址出土銅鼎）

　　北村類遺存與老牛坡類遺存一樣，也主要是由老牛坡類型商文化演變而來。在第三章中我們已經分析過，北村類遺存與老牛坡類遺存在陶器面貌上的區別有兩點。第一點是其帶有更明顯的京當類遺存的影響，如甗腰飾附加堆紋，部份器物上出現麥粒狀繩紋。這是由於它與京當類遺存緊鄰的原因。第二點是它與老牛坡類遺存在器類上有了差別，說明其遠離商文化核心區之後走上了各自獨立發展的道路。此外還在 IM3 的墳土中發現了 1 件蛇紋鬲的殘片，說明其受到了來自關中以北區域的影響，但由於僅此 1 件，所以影響的程度還很低。發現了 1 座墓葬，形制和葬式還保持著商文化的影響，但隨葬器物就與商文化和老牛坡類型此前的墓葬不同了，組合為 2 件鬲。也發現了銅器，如銅川十里鋪、三原邵家河發現的 3 件鼎〔註65〕（圖 4-19）。其中十里堡的銅鼎為前引李伯謙所謂的圓餅紋銅鼎，可能是地方化生產的產品，但不能確定是否為北村類遺存自身所生產。未發現卜骨。

圖 4-19　第二、三期北村類遺存銅器

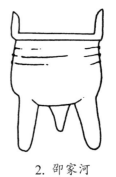

1. 十里鋪　　　　　　　　　　　　　　2. 邵家河

〔註65〕盧建國：《陝西銅川發現商周青銅器》，《考古》1982 年第 1 期。
　　　　馬琴莉：《三原縣收藏的商周銅器和陶器》，《文博》1996 年第 4 期。

　　據目前資料來看，老牛坡類遺存的文化水平似乎要高於北村類遺存，原因是否在於前者仍可與較發達的山西保持聯繫而後者卻更多的要面對相對落後的西鄰和北鄰。當然，其西鄰的京當類遺存也許同樣由於地理位置更偏西的原因才落在了老牛坡類遺存的後面。

　　京當類遺存的陶器面貌在本期的主要變化有二：一是商文化和鄭家坡類器物的商式特徵都在逐漸弱化，新出現了一些新器物，如方格紋盆；二是這兩類因素的比例發生了變化，靠近東部的朱馬嘴遺址中商文化因素可能還稍占上風，周原地區的各遺址中二者的比例就相差不多了。葬俗在第三章中已經做過分析，既有商文化的因素也有新特徵的出現。新特徵主要是陶器組合為鬲與花邊罐，由於這兩種器類都是其自身固有的，所以葬俗的這種變化應是其自身逐漸產生的，或是關中地區文化內部的變化，與周邊區域各類遺存無關。銅器可以確定的有岐山京當出土的 1 件鬲、1 件觚、1 件爵、1 件斝、1 件戈〔註 66〕和 1 件鬲鼎〔註 67〕；扶風美陽出土的 2 組銅器，第一組為 1 件鬲和 1 件高足杯，第二組是 1 件鼎、1 件簋、1 件卣、1 件斧、1 件錛、1 件鑿〔註 68〕；扶風壹家堡出土的 1 件鼎、1 件鉞、3 件鏃〔註 69〕；扶風太白出土的 1 件鼎〔註 70〕；岐山王家嘴出土的 1 件鼎 1 和 2 件管銎斧〔註 71〕；扶風下河出土的 1 件鼎和 1 件簋〔註 72〕；戶縣侯家廟出土的 1 件斝可能也屬於這類遺存所有〔註 73〕（圖 4-20）。其中的商式器無疑是來自商文化的影響和其自身鑄造的結果。多位學者都已指出〔註 74〕，京當所出土的銅鬲（圖 4-20：2）不見於典型商文化，應是當地鑄造的。另王家嘴遺址出土的管銎斧來自李家崖文化的可能性更大一些。

〔註 66〕王光永：《陝西省岐山縣發現商代銅器》，《文物》1977 年第 12 期。

〔註 67〕陝西省考古研究所、陝西省文物管理文員會、陝西省博物館：《陝西出土商周青銅器》（一）。

〔註 68〕羅西章：《扶風美陽發現商周青銅器》，《文物》1978 年第 10 期。

〔註 69〕高西省：《陝西扶風壹家堡商代遺址的調查》，《考古與文物》1989 年第 5 期。

〔註 70〕羅西章：《扶風縣文物志》，陝西人民教育出版社，1993 年。

〔註 71〕陝西省考古研究所、陝西省文物管理文員會、陝西省博物館：《陝西出土商周青銅器》（一）。

〔註 72〕羅西章：《扶風縣文物志》。

〔註 73〕陝西省考古研究所、陝西省文物管理文員會、陝西省博物館：《陝西出土商周青銅器》。

〔註 74〕鄒衡：《先周文化研究》。朱鳳瀚：前引書，第 909 頁。王立新：前引書，第 169 頁。

圖 4-20　第二、三期京當類遺存銅器

1-6. 京當　7、8. 壹家堡　9. 太白　10. 侯家廟　11. 王家嘴　12、13. 美陽

　　發現卜骨 20 餘件，有羊元坊 H：31〔註75〕，朱馬嘴 H1：1〔註76〕，周原
王家嘴 H16：24〔註77〕、壹家堡 G1：45 和 T23⑤：83＋④B：81、82〔註78〕，
老堡子 H55①：7、H55①：10、H55②：6、SFLH1⑦：7〔註79〕。這些卜骨都
未去臼角，只有壹家堡的臼角經過削製，都有鑽無鑿，可見基本上還是保持
了二里崗時期傳統的做法。

　　趙家溝類遺存是新出現的，與京當類遺存共存於老堡子遺址。目前僅發
現 1 座殘灰坑，遺物僅有陶器。關於其面貌我們在第三章已經進行了較爲詳
細的分析，在此不作分析，其意義在於一類新的文化因素從北方進入了關中
地區，尤其是周原地區，並且與京當類遺存的因素結合在一起形成了一類新
的遺存。在京當類的老堡子和壹家堡遺址中都發現有趙家溝類遺存的花邊
鬲，如壹家堡鬲 T11⑦：19、T23⑤：47（圖 4-21）。

圖 4-21　趙家溝類與京當類遺存中的花邊鬲

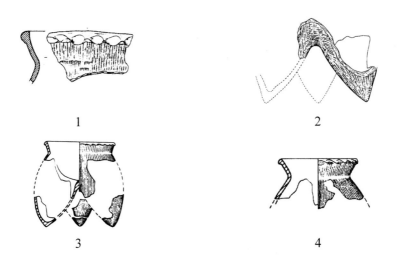

1　　　　　　　　　　　2

3　　　　　　　　　　　4

1、2. 趙家溝 H1：12、21　　3、4. 壹家堡 T11⑦：19、T23⑤：47

　　綜上所述，由於商文化核心區北移並放棄了晉南和豫西，導致關中地區

〔註75〕陝西省考古研究所：《陝西長安羊元坊商代遺址殘灰坑的清理》。
〔註76〕北京大學考古系商周組、陝西省考古研究所：《陝西禮泉朱馬嘴商代遺址試掘
　　　　簡報》，《考古與文物》2000 年第 5 期。
〔註77〕周原考古隊：《2001 年度周原遺址（王家嘴、賀家地點）發掘簡報》。
〔註78〕北京大學考古系商周組：《陝西扶風縣壹家堡遺址 1986 年度發掘報告》。
〔註79〕周原考古隊：《2004 年秋季周原老堡子遺址發掘報告》。

的遺存從此遠離商文化的影響，走向了獨立的發展軌跡。這兩期遺存的分佈範圍沒有明顯的擴大，主要的變化是從老牛坡類型商文化中分化出了老牛坡類和北村類遺存，京當類遺存的土著化增強，並與從北而來的新因素融合產生了一類新的遺存——趙家溝類遺存。

第四期

本期的遺存有老牛坡類、鄭家坡類、王家嘴類、石嘴頭類、棗樹溝腦類、碾子坡類等六類，後五種都是新出現的。分佈範圍擴大到整個渭河流域以及涇河流域，此後各期的範圍基本不變。

老牛坡類遺存的陶器面貌與此前相比變化很小。值得注意的現象有兩點：一是陶鬲的「瘤襠」現象，以往有學者認為是受到了京當類遺存或鄭家坡類遺存的影響，但考察了商式鬲和山西地區杏花類型的陶鬲後，也發現了商式鬲「瘤襠」的現象，所以此前的認識是不妥當的。當然，這也許說明了老牛坡類遺存與杏花類型的聯繫，不過說服力較弱，筆者以為應該是其各自逐漸發生的變化，因為杏花類型中也有類似聯襠鬲的陶鬲。二是老牛坡類遺存的陶器面貌變化很小，說明其與西鄰的各類遺存間交流相對要少一些。關於葬俗研究已經相當充分，在此只是指出，老牛坡類遺存的自身特徵不斷增強，已經極其鮮明，與商文化和周邊的各類遺存都有了差別。其銅器鑄造的能力和技術此時也達到了最高水平。煉渣數量巨大，可見的斷面竟長達 18 米，厚 0.5-2.0 米。還有規模相當大的鑄銅作坊。陶範雖然只有 20 件，但種類卻包括容器、兵器和人面形、牛面形面飾等。墓葬中出土銅器的種類和數量都達到了關中地區商代的頂峰（圖 4-22）。如果結合山西杏花類型也可以鑄造各類銅器的事實以及李伯謙先生的研究〔註80〕，那麼完全可以認為老牛坡遺址不但供應了自身的需求，很可能其關中地區周鄰各類遺存中的銅器大部份要來自這裡，甚至陝南寶山文化中的部份銅器如人面飾和牛面飾等也來自這裡。同時老牛坡遺址銅器中也有來自李家崖文化的因素，如有銎戈、有銎斧和鉞等（圖 4-22： 7、8、9）。此期的一些銅器也體現出了濃厚的地方特色，如 86ⅢlM10：1 鼎，其紋飾風格就不見於其他區域。遺址中發現的卜骨也達到百餘片，又為關中地區之最。如果結合朴載福的研究就會發現即使在晚商時期殷墟之外的「商文化」地方類型中，老牛坡遺址出土的卜骨數量

〔註80〕 李伯謙在《從靈石旌介商墓的發現看晉陝高原青銅文化的歸屬》中指出旌介墓葬中圓餅紋銅鼎流行於關中地區，就表明其為地方化產品。

也是最多的。如果卜骨的使用數量也可以顯示文化發達的程度，那麼老牛坡遺址此時應該已經達到了它的頂峰。除去7片卜骨上的長方形鑿為殷墟的風格外，其餘均保持了傳統的做法，即不去臼角，有鑽無鑿。

圖 4-22　第四期老牛坡類遺存銅器

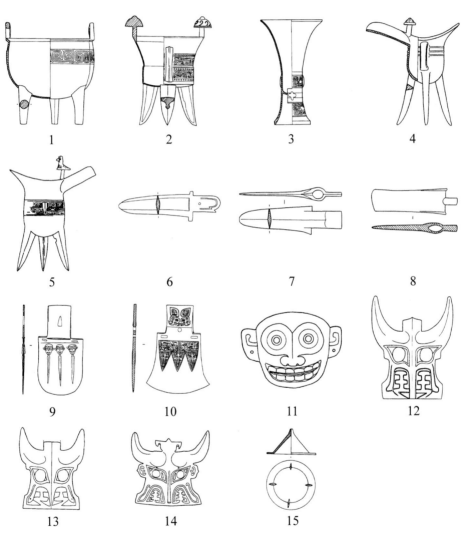

1.鼎（86Ⅲ1M10：1）　2. 斝（86Ⅲ1M44：7）　3. 觚（86Ⅲ1M44：3）　4、5. 爵（86Ⅲ1M44：6、86Ⅲ1M33：4）　6、7. 戈（86Ⅲ1M10：7、86Ⅲ1M33：2）　8. 斧（86Ⅲ1M7：1）　9、10. 鉞（86Ⅲ1M41：51、54）　11. 人面飾（86Ⅲ1M41：37）　12-14. 牛面飾（86Ⅲ1M41：30、13，86Ⅲ1M10、8）　15. 尖頂泡（86Ⅲ1M41：47）

多位學者都認爲鄭家坡類遺存是京當類遺存逐漸演變的結果〔註 81〕。對於二者陶器面貌的關係在第三章已經進行了全面的分析。其主體因素是以聯襠鬲、聯襠甗、折肩罐、盆爲代表的組合，可見的此前其他因素有來自趙家溝類遺存或與其相似遺存中的花邊鬲，碾子坡類或石嘴頭類前身的高領袋足鬲和腹耳罐。其葬俗雖然因爲資料未發表而無法明確其特點，但也透露出與京當類之間的聯繫，如隨葬品的種類爲鬲、簋、豆、罐等明顯的延續了京當類的特徵。出土銅器中時代最明確的是史家原遺址採集的 1 件鼎和 1 件斝〔註 82〕。鄭家坡遺址徵集的 1 件鼎、1 件甗和 1 件觚形杯〔註 83〕，武功遊鳳鎮出土的 3 件鼎、2 件簋、1 件甗、1 件罍和生產工具、車馬器等〔註 84〕，朱馬嘴遺址出土的 2 件鼎、1 件甗、1 件觚、1 件爵、1 件戈、1 件鏃〔註 85〕可能也屬於這類遺存所有（圖 4-23）。共發現了 3 片卜骨，爲鄭家坡 H9：10〔註 86〕和史家原 H3：17、18 中〔註 87〕。這些卜骨延續了早期有鑽無鑿的做法，但鄭家坡 H9：10 出現了殷墟時期切去臼角的作風（圖 4-24），這也許是受到了來自殷墟的影響，但也與殷墟的切法不同。

王家嘴類遺存的陶器面貌可分爲三類主要因素，一類爲高領袋足鬲、高領袋足甗、加上少量的高領球腹罐，一類爲原京當類中的折肩罐、盆、聯襠鬲、斂口罐、真腹豆、假腹豆、甕、尊等，一類是可能來自鄭家坡類的聯襠鬲、聯襠甗等。第一類可能來自碾子坡類遺存或石嘴頭類遺存，但碾子坡類遺存中高領袋足鬲以雙鋬型爲主，無鋬型較少，缺乏雙耳型，石嘴頭類遺存以雙耳型高領袋足鬲爲主。葬俗與此前的京當類遺存和同時的碾子坡類遺存都有相似之處，但碾子坡類遺存的葬俗是基本無隨葬品，而王家嘴類遺存的 3 座墓葬都有隨葬品。資料也未顯示墓主人的性別，使得與碾子坡類的對比無

〔註 81〕 王巍、徐良高：《先周文化的考古學探索》。徐良高：《京當類型商文化與鄭家坡類遺存關係再探討》，《考古》2010 年第 9 期。宋江寧：《商文化京當型與鄭家坡類遺存關係探討》。

〔註 82〕 北京大學考古文博學院、寶雞市考古工作隊：《陝西麟游縣史家原遺址發掘報告》。

〔註 83〕 寶雞市考古隊：《陝西武功鄭家坡遺址發掘簡報》。

〔註 84〕 段紹嘉：《介紹陝西省博物館的幾件青銅器》，《文物》1963 年第 3 期。

〔註 85〕 秋維道、孫東位：《陝西禮泉發現幾批商代銅器》，《文物資料叢刊》3，文物出版社，1980 年。

〔註 86〕 寶雞市考古隊：《陝西武功鄭家坡遺址發掘簡報》。

〔註 87〕 北京大學考古文博學院、寶雞市考古工作隊：《陝西麟游縣史家原遺址發掘報告》。

法進行，這個問題只有留待以後新資料出現後才能進行。未發現卜骨。

圖 4-23　第四期鄭家坡類遺存銅器

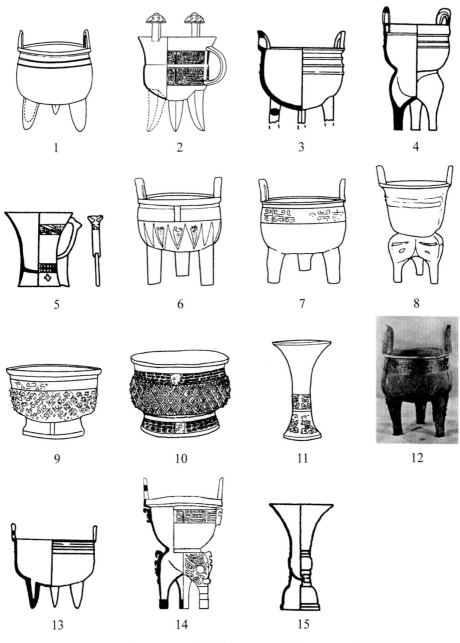

1、2. 史家原　3-5. 鄭家坡　6-11. 遊鳳　12-15. 朱馬嘴

圖 4-24　第四期鄭家坡遺址卜骨（H9：10）

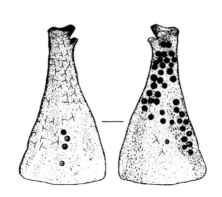

　　石嘴頭類遺存只發現了零星的完整陶器，應屬墓葬的隨葬品，所以現有陶器只反映了該類遺存的墓葬陶器組合之局部。據本章第三節的分析，這類遺存應來自甘青地區，其內涵目前無法再做討論。

　　碾子坡類遺存的特徵非常鮮明，其陶器面貌與王家嘴類遺存相似，區別僅在於二者的高領袋足鬲似有差別。陶鬲和甗的花邊以及附加堆紋作風非常普遍，應該是其自身的特徵，或與相鄰的棗樹溝腦類遺存以及更北的遺存有關。總之，其陶器面貌中除了來自京當類遺存中的因素外，主要應是自身特徵。這些特徵的來源以目前的資料來看不會來自本地，很可能是源自關中以西甚至可能包括以北區域，但尚無法確定。葬俗中最為突出的特點是基本不隨葬器物。葬式中男性俯身，女性仰身，性別區分明確。葬具種類可達 7 種之多。這些在其他遺存中都未發現過。碾子坡遺址中還出土了 2 件紅銅鼎、1 件銅甗、1 件銅刀、1 件銅匕首（？）（圖 4-25）。鼎 H1：1 與山西靈石旌介 M1：26 紅銅鼎〔註 88〕非常相似，也與城固 1975CHWXbT：5 青銅鼎相近〔註 89〕。有學者認為這 2 件紅銅鼎說明當地居民已經可以鑄造銅器。據碾子坡遺址表現出的文化水平來看，當地居民可能還不能生產銅器，應該是通過貿易等手段從老牛坡類遺存、寶山文化或杏花類型等具有生產能力的遺存中得來。碾子坡 H1：1 和城固 1975CHWXbT：5 的簡化饕餮紋鼎，做工粗糙，範線似未經打磨，可能為地方化生產的產品，而 H1：3 青銅疊紋飾華麗，製作精良，產自商文化的可能性更大一些。碾子坡遺址中發現了 284 片卜骨，大部份為牛的肩胛骨，馬的肩胛骨或獸類的肢骨也有發現，但

〔註 88〕山西省考古研究所：《靈石旌介商墓》，第 21～22 頁。
〔註 89〕趙叢蒼：《城洋青銅器》，科學出版社，2006 年，第 63～64 頁。

僅個別見到。卜骨的處理方法延續了關中地區此前的風格，不去臼角，有鑽無鑿。

圖 4-25　第四期碾子坡類遺存與杏花類型、寶山文化銅器

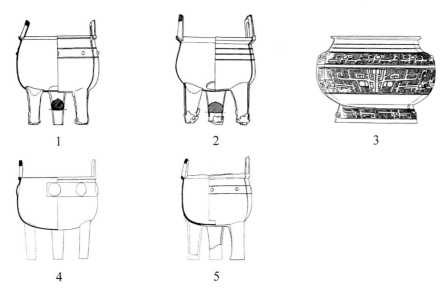

1、2. 鼎（碾子坡 H1：1、2）　3. 罍（碾子坡 H1：3）　4、5. 鼎（旌介 M1：26、城固 1975CHWXbT：5）

　　通過以上的分析，可以發現上期的四類遺存中只有老牛坡類延續了下來，趙家溝類遺存似已被其他遺存所融合，北村類和京當類由於自身的變化以及從東、西、北三面而來的新因素的加入而變化爲鄭家坡類和王家嘴類遺存。石嘴頭類來自甘青地區，佔據了關中西部的寶雞地區。北方因素南下和北村類、京當類遺存在涇河下游融合產生了棗樹溝腦類遺存。同樣地，京當類遺存和甘青地區甚或關中以北地區的因素在涇河上游相遇又形成了碾子坡類遺存。

第五期

　　本期的遺存有老牛坡類、鄭家坡類、王家嘴類、劉家類遺存、紙坊頭類、棗樹溝腦類、黑豆嘴類遺等七類，其中劉家類遺存、紙坊頭類、黑豆嘴類爲新出現的遺存。

　　老牛坡類遺存的面貌同於上期。

　　鄭家坡類遺存的文化面貌在本期也保持了穩定的連續性，陶質陶色的比

例與上期接近，器類組合保持不變，除了石嘴頭類、王家嘴類或劉家類遺存的高領袋足鬲等因素外，無明顯其他外來因素的湧入。鄭家坡類遺存的分佈範圍內尚有相當多的銅器未報導出來，或年代不易確定，其中有相當多部份可能就屬於這個階段，留待下一章再做分析。鄭家坡和岸底遺址發現 2 片卜骨，為鄭家坡 H4：8〔註90〕和岸底 H29：97〔註91〕，也保持了本地的傳統，不去臼角，有鑽無鑿。

王家嘴類遺存的陶器面貌與上期的延續性也非常明顯，器類組合穩定。其中王家嘴遺址高領袋足鬲分為有鑿、有耳和無鑿無耳三種，蔡家河遺址只有有鑿和無鑿無耳兩種，這可能與其各自所處的地理位置有關係，前者與劉家類遺存相鄰，而後者則距碾子坡類遺存較近。葬俗繼續保持著前期的特徵，未發現變化。王家嘴遺址出土了 3 片卜骨，為 H55：4、5 和 H77：1〔註92〕，也還保留著當地的傳統，不去臼角，有鑽無鑿，但有 1 個鑽孔上似有殷墟風格的貓眼鑿。

劉家類遺存在本期只有 14 座墓葬。其葬俗中的偏洞式墓穴、棺的形狀、隨葬品的種類、器形特徵以及組合都顯示了與此前或同時各類遺存（除過石嘴頭類）之間的巨大差別，而且由於資料較之石嘴頭類要完整的多，所以其來源於甘青地區的證據就顯得極其充分。在本章第三節中筆者已經比較了二者之間的相似性。此外，其陶器面貌中也有來自王家嘴類遺存中的折肩罐。發現的銅器有雙聯小銅泡、銅管和銅鈴（圖 4-26），也顯示了強烈的甘青地區特徵。未發現卜骨。

紙坊頭類遺存的陶器面貌主要為兩大類，一類是來自西方甘青地區的高領袋足鬲、高領袋足甗、高領球腹罐（雙耳罐）、單耳罐等器物，一類是關中地區常見的折肩罐和盆等器物。墓葬習俗也體現了以上兩類因素，但似乎更多的是甘青地區的因素，如墓葬形制中的偏洞室坑墓、豎穴土帶頭龕墓，隨葬器物的種類和組合，陶器口部壓有石塊，墓葬中隨葬石塊等方面。明確的本地因素似乎只有小口圓肩罐、侈口罐、小口甕等。這類遺存的銅器只有墓葬中的小銅泡，也顯示了強烈的甘青地區特徵。也未發現卜骨。

〔註90〕寶雞市考古隊：《陝西武功鄭家坡遺址發掘簡報》。H4 隻發表了一件陶盂，具有遺址第二期的特點，筆者這樣的做法是有欠嚴謹，特此說明。
〔註91〕陝西省考古研究所：《陝西武功岸底先周遺址發掘簡報》。
〔註92〕周原考古隊：《2001 年度周原遺址（王家嘴、賀家地點）發掘簡報》。

圖 4-26　第五期劉家類遺存銅器

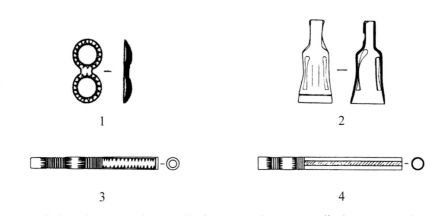

1. 雙聯泡（M41：13）　2. 鈴（M41：10）　3、4. 管（M41：5、7）

　　棗樹溝腦類遺存的文化面貌也保持了較強的連續性，比較顯著的變化爲商式鬲和花邊鬲的消失，無明顯的外來因素。

　　黑豆嘴類遺存居址的資料只有採集的一些陶器，其器類與鄭家坡類最爲相近，唯一可作爲自身特徵的是口沿的刺紋。這種特徵目前還無法確定其來源。墓葬的形制不清楚，隨葬組合完整的墓葬也只有一座，所以無法對葬俗進行全面的分析。現有的器物中銅禮器中既有商文化，也有地方化生產的簡化饕餮紋鼎（圖 4-27：15、17），其他的銅刀、有鋬戈、鉞、帶馬頭的弓形器、金雲形耳飾等則應來自李家崖文化，對此已有學者進行了分析〔註 93〕，也可參考本章第二節的分析。此外，銅尖頂泡則很可能來自老牛坡類遺存而非遙遠的寶山文化（圖 4-27）。

　　本期中老牛坡類、鄭家坡類、王家嘴類和棗樹溝腦類都基本上沒有大的變化，劉家類和紙坊頭類可能是在甘青地區或石嘴頭類遺存向東發展，王家嘴類和鄭家坡類向西發展過程中二者融合而成的一類遺存，目前只是由於資料的局限將其分爲兩類，如果能夠證明劉家類早於紙坊頭類，那麼是可以將其合爲一類的。黑豆嘴類遺存可能是由三類因素組成的，第一類來自北方李家崖文化，第二類來自鄭家坡類或王家嘴類、棗樹溝腦類本地此前已經存在的，使用聯襠鬲的遺存，第三類是老牛坡類遺存。但刺紋的做法還有待新資料的出現。

〔註93〕張天恩：前引書，第 98～100 頁。

圖 4-27 黑豆嘴類遺存銅器和金器

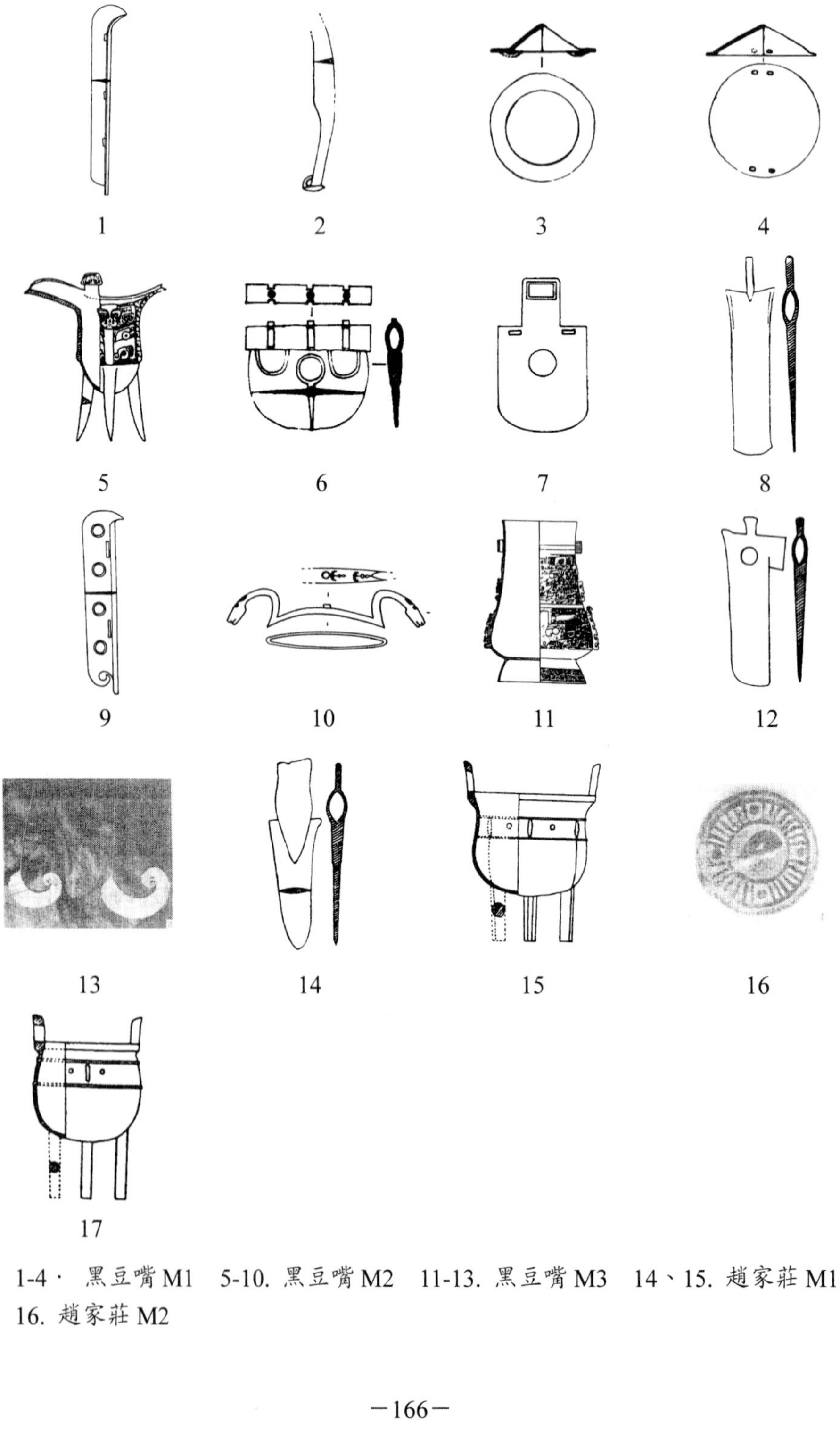

1-4 · 黑豆嘴 M1　5-10. 黑豆嘴 M2　11-13. 黑豆嘴 M3　14、15. 趙家莊 M1
16. 趙家莊 M2

第六期

本期的遺存有老牛坡類、灃西類、賀家類、蔡家河類、鄭家坡類、紙坊頭類、棗樹溝腦類、碾子坡類等八類，新出現的是灃西類、賀家類和蔡家河類。

老牛坡類遺存的陶器面貌依然保持著此前的傳統，基本上未發現外來因素。自身的變化表現為器類變少，器物變小，紋飾不規整。墓葬不再集中而是零星分佈，均是在居住區廢棄後於其上任意埋葬的。墓坑也開始不規整，一般僅可容下一人；無葬具、二層臺和腰坑；發掘的15座墓葬中只有4座有隨葬品。僅發現4片卜骨，依然延續了本地的傳統做法，不去臼角，有鑽無鑿。未發現銅器。

灃西類、賀家類和蔡家河類遺存的陶器種類基本相同，區別主要在於高領袋足鬲、高領袋足甗與聯襠鬲、聯襠甗的比例不同，灃西類遺存中前者的比例為20%左右，後者的比例約為40%；賀家類遺存中前者的比例在40%-70%，後者的比例在5%以內；蔡家河類遺存中二者的比例相當，都在30%左右。經過第三章中的分析，我們認為灃西類和賀家類的葬俗很可能已經相同了。出土銅器的有賀家墓地第二期、西村墓地、周公廟第一期墓葬、鬥雞臺墓地、旭光M1、林家村墓葬、峪泉M5等處（圖4-28）。由於本期的下限為商周之際，同時這批銅器的製作水平相比此前有明顯的提高，所以也不排除有些是周人滅商後的戰利品，目前由於資料的局限，筆者尚無法證明哪些銅器屬於西周時期，暫時只能根據陶器的分析將其歸入本期。

鄭家坡類遺存在本期已經處在灃西類、賀家類和蔡家河這三類遺存的包圍之中，但仍保持著自身的特色。雖然折肩罐和盆與其他遺存的同類器基本保持著相同的變化速度和方向，連同對重菱紋共同使用都顯示相互之間交流的密切，但高領袋足鬲和高領袋足甗始終無法被其居民所使用。葬俗仍延續著傳統，隨葬品以聯襠鬲和罐、盆、簋為主。在其分佈範圍內，武功黃家南窯發現1件鼎、2件簋、3件斝、1件戈〔註94〕。武功梁家堡發現3件鼎〔註95〕。禮泉泔河出土2件鼎、3件簋〔註96〕（圖4-29）。此外還相當大的一批銅器未被報導出來。同樣地，這批銅器中依然存在一些可能屬於周人滅商後的戰利

〔註94〕康樂：《武功出土商周青銅器》，《文博》1986年第1期。
〔註95〕盧連成、胡智生：《寶雞魚國墓地》，文物出版社，1988年。
〔註96〕秋維道、孫東位：《陝西禮泉發現兩批商代銅器》，《文物資料叢刊》3，文物出版社，1980年。

品。僅發現了1片卜骨，爲岸底 H1：1，仍是有鑽無鑿，保持著本地二里崗期傳統。

圖 4-28　第六期灃西類與賀家類遺存墓葬銅器

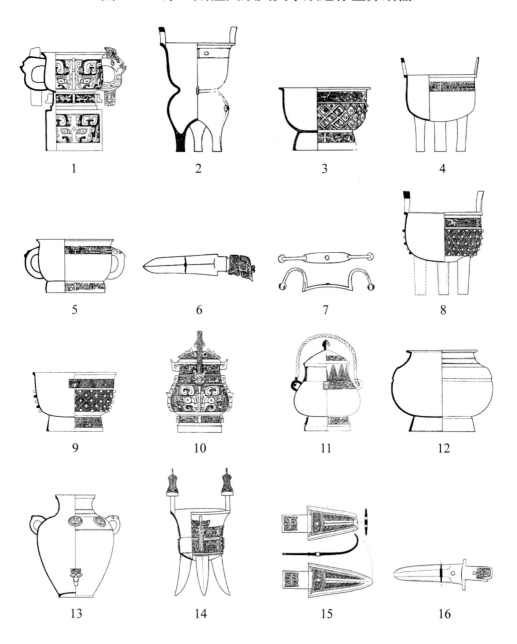

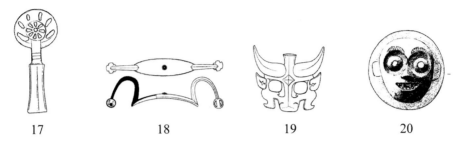

17　　　　18　　　　19　　　　20

1. 林家村　2、3. 旭光　4、5. 峪泉　6、7. 豐鎬 83SCKM1　8-20．73賀家
M1

圖4-29　第六期鄭家坡類遺存銅器

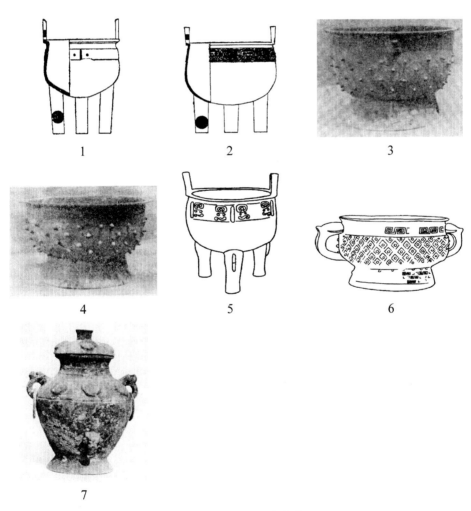

1　　　　　　2　　　　　　3

4　　　　　　5　　　　　　6

7

1-4. 泔河　5-7. 黃家南窯

紙坊頭類遺存的陶器面貌雖然基本保持不變，但此時已與灃西類和賀家類的交錯分佈在一起，也出現了後兩者中的因素，如方格紋、方格乳丁紋、重菱紋等。折肩罐和盆等的形制變化也與後兩者相同。但聯襠鬲和聯襠甗的比例始終極低，就像鄭家坡類遺存中始終沒有高領袋足鬲和高領袋足鬲的位置一樣。葬俗依然更多地堅持著傳統，如墓葬形制還是偏洞室式和豎穴土壙帶頭龕式，隨葬器物的種類和組合也與上期相似，大部份陶器的口部也都壓有扁平石塊，墓葬中還隨葬石塊。未發現銅器和卜骨。

棗樹溝腦類遺存的陶器面貌也基本保持穩定，最突出的變化是三足甕的數量大爲增加，筆者曾多次參觀遺址的出土物，也對此深有感覺。另外還有「橫蛇紋」的出現﹝註97﹞。對此，一個可能的理解是北方因素的大批南下。折肩罐和盆等與其他類遺存保持同步的變化。斷涇遺址的4座墓葬都被盜，所獲資料已不完整，但依然可以看到明顯的商文化因素，如殉人、殉狗、殉雞和腰坑、腳坑等，腳坑在老牛坡類遺存中常有發現，表明二者之間可能存在聯繫。來自北方的因素有銅刀、銅鏃、筆帽狀銅飾和筆帽狀金飾，以及斷涇遺址採集的2件有銎斧﹝註98﹞。棗樹溝腦遺址採集的1件有銎斧（圖4-30：8），據張文立和林澐的意見，可能來自西方﹝註99﹞（圖4-30）。未發現卜骨。

碾子坡類遺存的發現只有碾子坡遺址晚期墓葬。其葬俗中堅持了此前的覆斗狀土坑豎穴和男女葬式。新出現的變化是普遍隨葬陶鬲，基本是一座墓隨葬1件陶鬲。約一半墓葬有壁龕。據其周鄰遺存的面貌來分析，這些現象可能是其自身逐漸變化的結果。外來的因素有來自其南側紙坊頭類或劉家類的1座偏洞室墓和1件銅鈴，以及來自其他類遺存的4件聯襠鬲。上述外來因素的數量都很少，說明碾子坡類遺存很好的保持了自身的傳統。

從以上分析中可以發現，這一時期最突出的現象有三點。一是老牛坡類遺存或者保守一點來講，已經淪爲一般性的遺址，其文化水平急劇下降。二是各文化的融合達到了空前的高度，新出現的灃西類、賀家類和蔡家河類遺存正是這種現象下的產物，鄭家坡類和紙坊頭了已被上述三類包圍起來，並與灃西類和賀家類形成交錯雜居的狀態，棗樹溝腦類和碾子坡類遺存雖然處

﹝註97﹞ 錢耀鵬、李成、韓輝、馬明志：《棗樹溝腦遺址H14及其相關問題分析》，《考古與文物》2009年第2期。

﹝註98﹞ 中國社會科學院考古研究所涇渭工作隊：《陝西彬縣斷涇遺址發掘報告》，《考古學報》1999年第1期。

﹝註99﹞ 張文立、林澐：《黑豆嘴類型青銅器中的西來因素》，《考古》2004年第5期。

於涇河流域，但也與渭河流域的各類遺存具有了更多的相似性。三是北方因素仍在持續南下，棗樹溝腦類遺存中出現了相當多的北方因素。

圖 4-30　第六期棗樹溝腦類遺存銅器和金器

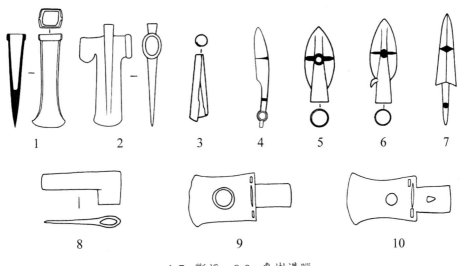

1-7. 斷涇　8-9. 棗樹溝腦

第六節　關中地區文化面貌的形成過程

經過前五節的分析，我們已經瞭解到，由於二里頭時期關中地區的遺存較少，文化水平低，進入商代各類遺存的出現主要是東、西、北三個方向外來因素的推動。其過程大致如下：

第一期（二里崗時期）時，商文化二里崗類型佔據關中地區東部，形成老牛坡類型商文化，隨後繼續西進，以其爲主與從西、北而來的因素融合形成京當類遺存。第二三期（殷墟一二期）時，由於商文化核心區北移，鄭洛地區基本被放棄，晉南淪爲土著文化的勢力範圍，老牛坡類型也脫離母體走上了獨立發展的道路，並分化爲老牛坡類和北村類兩類遺存。此時北方因素在周原與京當類融合產生了趙家溝類遺存，同時京當類中土著的因素也在逐漸增強，商式因素減弱。至第四期時，最大的現象首先是關中東西部之間的區別開始明顯化，老牛坡類遺存從此時起至第六期都很少與西部的其他遺存有大規模的物質文化交流。北村類和京當類遺存與從東、西、北而來的新因素融合而形成鄭家坡類和王家嘴類遺存。從甘青地區而來的因素在寶雞地區

形成石嘴頭類，此時似尚未與王家嘴類發生聯繫。北方因素南下和北村類、京當類遺存在涇河流域融合產生了棗樹溝腦類遺存。同樣的京當類遺存和甘青地區的因素在涇河上游相遇又形成了碾子坡類遺存，這樣就出現了涇河上下游之間文化面貌的區別。第五期時東西部差別依然明顯。老牛坡類遺存似乎達到了其自身發展的頂點。鄭家坡類、劉家類、棗樹溝腦類遺存也基本保持了自身的特點，很少見到外來因素的加入。甘青地區或石嘴頭類遺存向東發展，王家嘴類和鄭家坡類向西發展過程中融合形成了劉家類和紙坊頭類遺存。第六期時，東部的老牛坡類遺存衰落，西部各類遺存則繼續保持發展。此時值得關注的是渭河流域西部與涇河流域的區別變得明顯起來，在此主要是就渭河流域西部各遺存的交錯狀態而言。渭河流域西部各類遺存的融合達到了空前的高度，新出現的灃西類、賀家類和蔡家河類遺存與原有的鄭家坡類和紙坊頭遺存形成交錯雜居的狀態。棗樹溝腦類和碾子坡類遺存雖然處於涇河流域，但也與渭河流域的各類遺存具有了更多的相似性。同時北方因素仍在持續南下，棗樹溝腦類遺存中出現了相當多的北方因素。

值得指出的是，與上述過程同時的還有另外一個過程，即先是主要來自商文化，後來則是老牛坡類遺存和陝北地區（也包括少量寶山文化或山西杏花類型）的地方化銅器生產以及前兩者的占卜傳統在關中地區各類遺存中擴散開來，也增強和展示了這種內部的融合。

第五章　經濟視野中的關中社會

　　在此，按照在社會中的不同作用將各經濟部門分爲兩類。第一類爲滿足社會基本生存需要的基礎經濟部門，包括農業、畜牧、漁獵、製陶、製骨、紡織等；第二類爲反映社會性質和發達程度的部門，包括鑄銅、製車、製玉、漆器、金工和貝等。

第一節　關中以東地區

一、典型商文化

　　關於商文化的經濟狀況，本文主要以《中國考古學‧夏商卷》爲基礎進行介紹。商文化的經濟部門可以分爲農業、畜牧業、漁獵業、銅器鑄造業、製陶業、玉石器製造業、製車業以及骨、角、牙、蚌器和漆木器製作、釀酒、紡織、編織以及金工等手工業，此外還有作爲貨幣的貝。

　　第一類　經濟部門

　　1. 農　業

　　農業是商文化的基礎經濟部門，除了偃師商城、鄭州商城、殷墟等城市遺址以外，基本都是定居農業遺址。農業生產工具性能區分明確、質地多樣。翻土工具有钁、臿、耜、鏟、鍬等；中耕工具有鏟；收割工具有鐮和刀。質地種類多樣，有銅、石、木、蚌、骨等，銅質的數量應該最少。甲骨文和考古遺存中的農作物種類主要爲粟、黍和小麥，另外還有稻和豆。

2. 畜 牧

畜牧業也較發達。在早商時期的遺址中發現許多牛、豬、狗的骨頭。商後期時，殷墟更是出土了大量的獸骨，動物種類有牛、豬、馬、羊、狗、雞等。甲骨文中商王祭祖時的犧牲數量最多可達上千頭。

3. 漁 獵

商文化遺址中還發現了許多野生動物的骨骼和漁獵工具，如鏃、魚標、彈丸、網墜、魚鉤等。

4. 製 陶

商文化的陶器有四類，即普通泥胎陶、白陶、硬陶和原始瓷器，在商文化以西的地區中目前似乎都未見到後三類。而且商文化陶器的燒成溫度較高，一般都在 850°～950° 左右，其以西地區各文化陶器的溫度雖然沒有具體數據，但燒成溫度明顯要低一些，經常呈現出紅褐和灰褐色，硬度也稍差。

5. 製 骨

骨、角、牙器的生產都已在專門的作坊內進行。至今已在商前期和後期的鄭州商城和殷墟發現可能五處作坊，尤其是殷墟，發現有完整的生產設施，如工作間和骨料坑，以及數十萬塊獸骨和大量廢料和半成品。產品種類有手工工具、生活用器、禮樂器、武器、裝飾品和藝術品等。

蚌器主要是各種裝飾品，另外還有工具和用具類。其中蚌鐮是商文化最主要的收穫工具，目前發現的數量已經超過石鐮，這也可算是商文化農業工具有別於其他文化的一個特色吧。

6. 紡織業

紡織業的產品有麻類織物和絲織物兩大類，而且絲織物已經有了三種織法。據介紹，婦好墓中的絲織品至少包括 5 個品種。

第二類 經濟部門

1. 鑄 銅

鑄銅業也許是商文化較之周邊其他文化最爲發達的經濟部門。目前發現的商前期鑄銅遺址主要位於鄭州商城、偃師商城、盤龍城商城、小雙橋遺址等都邑性城市和重要的據點，後期以殷墟最爲集中。前期的鑄銅遺址面積還比較小，如鄭州商城南關外的鑄銅遺址南北長約 100 米，東西寬約 80 米，發現器形明確的陶範僅 140 件。鄭州商城紫荊山北遺址僅發現 46 件陶範。

兩處遺址中都以工具範爲主，鑷、斧、刀、錐的範有 112 件，武器類如鏃、戈的範僅 34 件，容器如鼎、鬲、斝、爵、觚、盆的範僅 38 件，車軸頭範 2 件。如果考慮到工具和兵器都是消耗銅料少的器類，那就說明商前期的鑄銅業與此後的殷墟時期相比規模和技術水平上有巨大的差距。殷墟時期，殷墟遺址發現了五處鑄銅作坊。苗圃北地的陶範達 2 萬件以上，並且以消耗銅料多的禮器範爲主。孝民屯東南的鑄銅作坊也發現了數以萬記的陶範。據研究，這些作坊中已經實現了冶、鑄分離，並且各個作坊間產品已經有了較明確的專業分工和龐大的規模。其銅礦來源可能是多渠道，包括本地和長江中游地區。

商文化的銅器種類也是當時所有社會中最爲完備和龐雜的，包括容器、兵器、樂器、車馬器、工具及生活用具、裝飾品與藝術品等六大門類以及少量的建築構件和不易歸類的器物。

2. 製　車

商文化的製車業尚未發現專門的作坊，但截止 2003 年，在殷墟遺址已發現至少 41 座車馬坑，商文化以西的區域僅發現 3 座，還都是商文化因素濃厚的遺址，如西安老牛坡、靈石旌介等。據介紹，這些車馬坑中凡遺跡現象清楚者，其埋葬方式和車子結構都是相同的。

3. 製　玉

商前期的玉器在鄭州商城、藁城臺西、黃陂盤龍城等地都有發現，但數量和種類都不多。常見的有鉞、璧、璜、玦、戈、鏃、刀、笄、柄形器等，主要是禮器，裝飾性的器物很少。商後期玉器向觀賞性和裝飾性發展，數量和種類都大爲增加，已包括禮玉、工具、用具、裝飾品和藝術品等六大類。發現的地點也在增多，但主要仍集中在殷墟，如殷墟小屯西北的宮殿區範圍內就發現了一處專門的玉石器作坊。

4. 漆　器

商前期的漆木工藝材料較少，後期發現較多。殷墟貴族墓葬的棺木上都有用漆的痕跡，車上也有漆痕。漆器也常有發現。

5. 釀　酒

商人嗜酒，所以釀酒業應該是很發達的，當然也表明農業的發達。目前雖然未發現明確的釀酒遺存，但大量銅酒器的存在就是明確的證據。此外，

鄭州商城曾發現疑爲釀酒的陶器，數量有 440 多個。在殷墟和滕州前掌大出土的銅卣、銅罍中也發現了液體，可能就是酒類。

6. 金　工

商文化的金工藝似並不發達，金器數量很少，而且只是片狀金飾，多包貼在其他器物上。

7. 貝

商文化中的貝可能已經作爲貨幣在使用，作爲財富的象徵。殷墟甲骨文中經常可見賞貝的事件，並有因此類事情而鑄造的銅器。墓葬中也普遍隨葬貝類，最多的如婦好墓多達 6800 多枚。此外還有銅、骨、蚌、石等質地的貝。

二、山西地區諸文化

第一類　經濟部門

山西地區的遺址目前看來似乎都是定居性農業遺址。據常懷穎的研究可知，二里頭時期時，晉南地區就是二里頭文化中經濟水平和規模最高的區域之一，可能是二里頭文化前期國家的經濟專屬區，負責向都邑性遺址提供基本的日常供給。到商前期時，其小件總量雖有所下降，但產業結構和經濟規模卻未發生較大的變化，仍然是當時最高水平的區域之一，可能還肩負著經濟專屬區的功能。這一階段，晉南的經濟部門主要有農業，發現的主要是翻土工具，有石鏟和少量的骨鏟與蚌鏟，以及作爲收割工具的刀和少量的鐮和加工工具的杵臼，其他工具很少發現。農作物種類主要還是粟，豆類可能也比較重要。畜牧業資料較少。此外還有紡織業，主要是紡輪的發現；製陶業的主要發現爲陶拍、陶墊、支釘等；作爲漁獵工具的有鏃、球、彈丸、矛、鉤、鏢、網墜等。至商後期，整個山西地區的資料都很貧乏，無法進行分析。但據墓葬出土資料和卜骨可知，此時的畜牧業中牛的數量應該較多。旌介 M1 和 M2 中都發現有了絲織物，上面還有明顯的弧線等幾何圖案。說明當時的紡織業水平是極高的。

第二類　經濟部門

1. 鑄　銅

商前期時垣曲商城發現 1 件石芯，可能是斧的內芯，以及冶銅殘留的煉渣。東下馮遺址中發現 3 件石範，其中 2 件爲斧範，1 件爲鏃範。這些資料說

明東下馮類型由於緊鄰商文化的核心區，所以其銅器鑄造業的水平也相當高，已經具備了冶煉和鑄造的能力，但似乎只能鑄造簡單且小型的武器和工具，而且數量也很少。商後期時，晉南與晉中地區的銅器鑄造技術和生產規模有了很大的提高。其產品種類已經包括了容器、兵器、樂器、車馬器、工具、裝飾品與藝術品等，與殷墟在種類上差別不大，區別只在於數量與質量上。常懷穎認為晉南銅器鑄造的基本工藝，無論合範方式、器物種類、和紋飾風格都與殷墟沒有太大的區別，但個別器物的鑄造有部份細節處理與殷墟略有差異，如地紋不對稱、分鑄鑄接、金屬墊片的使用、加強筋的使用、多次補鑄等〔註1〕。他認為這一時期冀州之域（包括晉南與晉中地區）的銅器鑄造呈現了趨同與獨立並存的態勢。一方面，各地銅容器的基本合範技術和器類組合、紋飾選擇都在以殷墟為仿製的藍本；但在具體的合金配比、紋飾細部以及工藝高低上存在種種差異。另一方面，各地的小件器物差別極大，器類與組合方式的差異明顯。這就表明，晚商時期隨著商文化的收縮，各地都有了製作銅器的能力，但在基本的製造技術和審美取向上仍向殷墟看齊。同時，由於鑄造原料的來源不同、技術能力又有高低差別，所以各地的銅器生產又呈現了獨立的趨勢〔註2〕。

2. 製　玉

靈石旌介 M1 出土玉璜 1 件、玉管 3 件、玉魚 1 件、玉鳥 1 件，M2 出土玉璧 2 件、玉蟬 2 件、玉鹿 1 件、玉虎 2 件、玉兔 3 件、玉燕 1 件、玉蠶 1 件，總共 19 件。學者多認為墓主人應是與商王朝關係密切的高級貴族，所以這批玉器的產地究竟在何處目前還不易確定。

3. 貝

旌介 M2 出土 2 枚貝，不知是否有穿。

第二節　關中以北地區

一、李家崖文化

第一類　經濟部門

〔註 1〕常懷穎：前引文，第 588～591 頁。
〔註 2〕常懷穎：前引文，第 598 頁。

李家崖文化中明確的農業生產工具有骨鏟和石刀。糧食加工工具有石磨棒。在李家崖遺址一座窖穴底部發現了堆積厚達 10 釐米的農作物遺存，鑒定爲稷，說明當地的主要農作物有稷。李家崖文化區域內還出土了數量相當多的青銅酒器，也從側面說明了當時農業的發達程度。李家崖遺址和薛家渠遺址中出土了不少動物骨骼，經鑒定家畜有馬、牛、羊、豬、狗等，野生動物有鹿和野豬。說明當時在經營畜牧業的同時也進行狩獵活動。製陶業發現有陶拍。紡織業工具有陶紡輪和骨紡輪，產品可見的有麻布。製骨業目前的資料較少，常見的骨器有錐、鏟、匕、針、鏃、紡輪、骨管等，數量都不多。此外也未發現骨料。

第二類　經濟部門

1. 鑄　銅

鑄銅業存在直接證據是李家崖遺址出土的銅渣和陶範，可惜數量很少。李家崖文化範圍內出土的銅器有容器、兵器、樂器、車馬器、工具及其他器類，具體器類似乎與殷墟相差不大，區別主要體現在數量與質量上。目前僅在李家崖遺址發現了陶範，但不清楚爲哪類器物範〔註3〕。據統計，截止 2005 年，目前李家崖文化銅器出土地點已有 40 多處，器物達 500 多件〔註4〕。據李伯謙的研究來看，其三類因素中本地因素的銅器數量最多，其次爲商文化因素，第三類卡拉蘇克文化因素數量極少。所以以上兩方面的證據都表明李家崖文化的銅器鑄造業水平與規模是相當高的。

2. 製　玉

李家崖文化中發現的玉器有璧、琮、璜、環、笄、鐮、飾品等。

3. 金　工

以目前資料看來，李家崖文化的黃金加工工藝在本文所涉及的各類遺存中還是最爲發達的。截止 2008 年〔註5〕，共發現雲形耳飾 20 件、弓形器 2 件、其他金飾 8 件。

〔註3〕戴應新：《陝北和晉西北黃河兩岸出土的殷商銅器及其有關問題的探索》。《考古學研究》編委會編：《考古學研究》，三秦出版社，1993 年，第 219～235 頁。

〔註4〕蔡亞紅：《李家崖文化研究》，西北大學碩士學位論文，2008 年 6 月，第 9～15 頁。

〔註5〕此處利用了李伯謙《從靈石旌介商墓的發現看晉陝高原青銅文化的歸屬》一文和和蔡亞紅碩士學位論文《李家崖文化研究》中的資料。

4. 貝

李家崖文化中出土的貝數量在數百枚，銅貝 112 枚〔註6〕，比商文化以外的其他文化都要多，說明貝在其社會生活中的參與度可能相對要高一些。

二、西坬渠類遺存

第一類　經濟部門

西坬渠遺址發現了 2 座房子和 3 座窖穴，陶器中的鬲、甗、罐、甑、三足甕等，這些都表明其爲定居性生活。紡織工具有紡輪，製陶工具有陶拍，其他工具有石刮削器、石棒、石環、石柄、骨珠、鹿角等，似乎都無法確定其具體的用途。此外發現了豬和鹿的骨骼，說明當時的居民可能已經飼養了家豬，也從事狩獵活動。

第二類　經濟部門

參考第四章第二節的分析，這類遺存的居民也應使用銅器，其水平應與李家崖文化相當，可能也具備了鑄造銅器的能力。。

第三節　甘青地區

甘青地區這一時期的各考古學文化的主要發現爲墓地，遺址發掘很少，資料發表也面臨同樣的問題，使得對其經濟狀況進行研究極其困難。在此，筆者暫以甘肅永靖張家嘴和姬家川兩處遺址，民和核桃莊小旱地〔註7〕、莊浪徐家碾〔註8〕、合水九站〔註9〕等三處墓地爲主進行簡單介紹。

第一類　經濟部門

兩處遺址都發現了房址和數量相當多的窖穴，說明當地居民已經採用了定居的生活方式，則農業爲支柱產業可以確定下來。遺物中也發現有可能爲農業生產工具的石刀、石鐮、石鏟、骨鏟等。畜牧業方面，姬家川遺址出土

〔註6〕 蔡亞紅：前引文，第 9～13 頁。
〔註7〕 青海省文物考古研究所、青海省文物管理處、西北大學文博學院：《民和核桃莊》。
〔註8〕 中國社會科學院考古研究所編著：《徐家碾寺窪文化墓地──1980 年甘肅莊浪徐家碾考古發掘報告》。
〔註9〕 北京大學考古學系，甘肅省文物考古研究所：《甘肅合水九站遺址發掘報告》。

獸骨種類有羊、牛、豬等，其中羊骨最多，豬骨次之，其他種屬的較少。核桃莊墓地的 48 座墓葬中出土了 1000 件骨器，雖沒有關於動物種屬的鑒定，結合姬家川的資料來看以家畜爲主還是可以確定的。漁獵工具發現了網墜和骨鏃。紡織業的工具爲石紡輪和陶紡輪。

第二類　經濟部門

在張家嘴遺址發現了煉銅爐的殘塊，上面還沾有銅渣。同時還出土有銅容器殘片和銅矛，說明當地有能力鑄造銅器，甚至還可以鑄造稍複雜的容器。在其他墓地中發現的銅器中，武器和工具還有刀、斧、鉞、戈、矛、劍、鏃等，裝飾品有臂釧、鏡、鏤孔牌飾、泡、鈴、銅飾、管、連珠等。在上一章中我們指出武器則有可能來自周邊地區，但也不排除自身生產的可能性，如此則當地的銅器鑄造還是以武器、工具和裝飾品爲主的。

小旱地墓地中有 12 座墓共隨葬 21 枚海貝。徐家碾墓地有 23 座墓共隨葬了 47 件穿孔貝。九站墓地有 3 座墓隨葬穿孔貝 4 件。說明當地居民對貝還是有一定程度的使用。

第四節　陝南地區

由於東龍山遺址資料極少，所以在此只對寶山文化的經濟狀況進行分析。

第一類　經濟部門

寶山遺址的發掘者認爲遺址的經濟形態主要爲漁獵經濟〔註 10〕。報告未提供小件器物的具體數量，所以只能暫時按照小件的類別進行經濟形態的分析。可以確定的農業生產工具爲骨鏟，漁獵工具爲骨叉和骨鏃，紡織業工具爲陶紡輪。製骨業的產品除上述種類外，還有髮飾、骨笄、骨匕、骨錐、角錐、骨簽等。若聯繫到寶山文化發達的鑄銅業和寶山遺址發現的 10 多處建築遺跡和大型建築，以及大量具有特殊用途的陶禮器，似乎可證明該文化有堅實的農業經濟基礎。

第二類　經濟部門

目前可以確認的經濟部門只有鑄銅。寶山文化至今已發現 19 個銅器出土地點，共出土銅器 33 批 710 件〔註 11〕。據研究，其構成特點是兵器、儀

〔註10〕西北大學文博學院：前引書，第 180 頁。
〔註11〕趙叢蒼：《城洋青銅器》，科學出版社 2006 年版，第 1 頁。

仗器和飾件類等器類比例高達 88.14%，禮器和容器僅占 11.27%〔註 12〕，前三
類主要是地方性器類，後者雖然基本上是商文化器類，但有些也出現了地方
性特徵，可以肯定是當地生產。可見寶山文化的銅器生產在商後期也走上了
獨立發展的道路。陳坤龍對其中 205 件銅器的合金材質、少量及微量元素組
成和金相組織等進行了分析檢測，並考察了以禮容器爲主的 70 餘件器物的製
作工藝，較爲系統地探討了漢中青銅器的技術特徵及其相關問題〔註 13〕。他
發現作爲儀仗器的鐮形器與璋形器的材質以紅銅爲主，並存在一定數量的砷
銅、銻銅以及鎳砷銅等特殊材質，其構成既十分複雜，又相當少見〔註 14〕。
禮容器上的犧首製法與補綴現象以及錫上的打磨開孔工藝，也顯示出時代或
地域上的特殊性〔註 15〕。在綜合研究後他指出，鐮形器和璋形器是漢中青
銅器中最具區域性特徵的器物，其不僅在類型學上特點鮮明，在材質構成上
也與同時期其他地區以及漢中本地的其他器類表現出顯著差異。紅銅的大量
使用、銅錫（鉛）體系合金的匱乏以及砷銅、銻銅和鎳砷銅等特殊合金的存
在和使用，從技術的層面上確定了鐮形器、璋形器的區域性特徵。更爲重要
的是，城固寶山遺址出土銅器的合金成分與漢中青銅器中的同類器物相當吻
合，尤其是兩件銻銅鐮形器的認定，使得這些特殊材質與漢中地區本土器物
之間的對應關係更爲明朗〔註 16〕。此外，雖然漢中地區缺乏鑄銅相關遺存，
但通過對礦產資源的分析，他發現漢中地區不僅銅礦資源豐富，鐮形器和璋
形器等本土器物中發現的砷、銻、鎳等特殊的合金元素，在當地也能找到對
應的礦產資源。這就從另一個角度證明了漢中地區本土冶鑄生產存在的可能
性〔註 17〕。通過對城固蘇村小冢銅器的研究，他認爲其中錫、面飾和三角
援戈等器類的材質選擇與製作工藝和使用功能搭配合理，與鐮形器等明確的
本地器物之間在技術層面上的顯著反差，二者可能並非源自同一個冶鑄生產
體系，同時根據對老牛坡遺址冶鑄遺物的研究，他認爲雖然目前尚無法確認
老牛坡冶鑄作坊就是小冢兵器的直接來源，但關中地區無疑是非常值得重視

〔註 12〕趙叢蒼：前引書，第 242 頁。
〔註 13〕陳坤龍：《陝西漢中出土商代銅器的科學分析與製作技術研究》，北京科技大學博士
　　　　學位論文，2009 年 1 月，第 113 頁。
〔註 14〕陳坤龍：前引文，第 94 頁。
〔註 15〕陳坤龍：前引文，第 94～101 頁。
〔註 16〕陳坤龍：前引文，第 104 頁。
〔註 17〕陳坤龍：前引文，第 107～108 頁。

的方向〔註 18〕，這種分析恰好支持了本文第四章的推測。最後，他認爲漢中地區似乎尚未具備生產禮容器的能力，雖然個別器物尚不能排除是當地仿製的可能，但數量相當有限，多數禮容器和兵器都可在商文化和其他區域性青銅文化中找到相應的產地來源，目前只能確認儀仗器爲本地生產〔註 19〕。

第五節　關中地區

由於遺址發掘數量和資料發表數量的限制，所以無法像第四章那樣對各類遺存的經濟狀況進行單獨的分析，只能參照本章前四節的方式，按照經濟部門進行總體上簡單的介紹。在資料允許的情況下方對某類遺存的具體遺址進行重點介紹。

第一類　經濟部門

1. 農　業

遺址都發現有灰坑，大部份遺址還發現房址，老牛坡遺址有夯土基址，這些資料表明各類遺存都採取定居生活的方式，農業爲其主要的經濟部門。農業生產工具主要爲石器和骨器，有少量陶質工具和蚌器。翻土工具主要爲鏟，收穫工具爲刀和鐮。石刀的數量多於鐮，正如學者所言表明了與商文化的區別，如老牛坡遺址中刀和鐮的數量的數量是 27 比 22。石鏟和骨鏟的總數也是所有工具中數量最多的（表 5-1）。關於農作物種類，目前只有周原王家嘴遺址 2001 年的浮選資料。樣本中粟 583 粒，黍 94 粒，小麥 120 粒，大豆 37 粒。這就表明當時農作物以粟爲主，也山西地區更爲接近一些，同時也開始種植小麥、黍和大豆〔註20〕。

表 5-1　各遺址出土農業生產工具統計表

	石鏟	骨鏟	石刀	陶刀	蚌刀	石鐮	骨鐮	蚌鐮	石錘斧	總計
南沙村	1	1	3		1	3				9
懷眞坊	4		2			1				7

〔註18〕陳坤龍：前引文，第 111～112 頁。
〔註19〕陳坤龍：前引文，第 125～127 頁。
〔註20〕周原考古隊：《周原遺址（王家嘴地點）嘗試性浮選的結果及初步分析》，《文物》2004 年 10 期。

老牛坡	9	28	27	3	1	22	12	4	5	111
北村	37		10			2				49
朱馬嘴			2			2			1	5
周原王家嘴2001	4		7	1						12
羊元坊						1				1
老堡子		3	2			2			1	8
壹家堡	1		6							7
碾子坡	157	25	144			23	1		24	374
岸底	2	1	2			1				6
鄭家坡	1		1							2
斷涇		1	1							2
史家原	1					1				2
蔡家河	2	1	2			1			1	7
紙坊頭			2							2
豐鎬			3							3
總計	219	60	214	3	3	59	13	4	32	607

2. 畜　牧

畜牧業方面，除了碾子坡遺址有專門的動物鑒定外，其他遺址都沒有這類資料。可作參考的只有骨器和卜骨兩類，但是骨器多不能確定其動物種屬，所以只能做一大致的推測。首先據卜骨來分析，據朴載福對已發表卜骨的種屬判斷，可確認的牛肩胛骨爲 350 件，羊肩胛骨 16 件，豬肩胛骨 6 件〔註21〕。這些數據只能大致能夠反映卜骨所用的獸骨的比例，但由於占卜是一類特殊的使用獸骨的行爲，所以我們也不能必然地將其與畜牧業中各類動物的比例進行對應。碾子坡遺址經過鑒定的獸骨標本共計 11484 件，做統計分析的有 9086 件。黃牛、山羊、豬、雞、馬、狗六種爲家畜。家畜中牛骨最多，占 53.14%，豬骨次之，占 35.87%，狗骨和山羊再次之。馬的遺骸除隨葬的馬骨架以外，在地層中僅出土一些零星馬牙和肢骨。周本雄結合骨器資料〔註22〕，認爲大量豬骨的存在表明碾子坡居民不是游牧民族，而是

〔註21〕朴載福：前引文，第 45～46 頁。
〔註22〕周本雄：《附錄四、碾子坡遺址的動物遺骸鑒定》，見中國社會科學院考古研究

綜合經營農耕和畜牧的人群。從以上兩方面的資料綜合來看，涇河流域或者具體而言涇河上游地區的畜牧業還是相當發達的。

3. 漁　獵

漁獵活動的資料主要是工具，據表 5-2 統計，最多的是除過銅鏃之外各種質地的鏃，此外還有矛和網墜，其他的器類目前都不能確定與漁獵有關，所以未作統計。碾子坡遺址的獸骨中野生動物有鹿、馬鹿、麞、麗、狐、雁、雞等，其中鹿的數量最多，有 225 件標本，其他種類較少。由於碾子坡遺址的家養動物數量巨大，其肉食來源似乎不需要依賴野生資源，所以可能當時的漁獵業在日常生活中貢獻不大，如此則鏃的使用很可能更多的是在戰爭之中。

表 5-2　各遺址出土漁獵工具統計表

	骨鏃	石鏃	角鏃	蚌鏃	骨矛	石矛	陶網墜	石網墜	總計
南沙村	2								2
懷真坊	3	2		1					6
老牛坡	68	6	42	1			28	5	150
北村	21								21
朱馬嘴	3								3
周原王家嘴 2001 年	1								1
老堡子	8	1				1			10
壹家堡	7								7
碾子坡	135	1							136
岸底	7				1	1		1	10
鄭家坡	3	1			1				5
斷涇	10								10
蔡家河	3								3
紙坊頭	3								3
豐鎬	1				1			1	3
下孟村	1								1
總計	276	11	42	2	3	2	28	7	371

所編著：《南豳州·碾子坡》，世界圖書出版社 2007 年版，第 490～492 頁。

4. 製　陶

製陶業非常發達，各遺址中都出土了相當多的陶拍和陶墊，還有一批陶窯。由於陶器的數量極其巨大，所以在此不做專門的統計和研究。值得指出的一點是，商文化中的陶器有普通泥胎陶、白陶、硬陶和原始瓷器等四類，而關中地區除過北村遺址在第二期（約爲二里崗上層）發現過 1 件釉陶尊以外，後三種陶器再無發現，說明在陶器的整體製作水平上關中地區還是遠遠低於商文化的。此外，我們還可注意到，隨著時間的推移，各類遺存的陶色比例也在逐漸變化。如第一期時，老牛坡遺址先是與二里崗類型商文化基本一致，以灰陶爲主，色澤青灰，後雖仍以灰陶爲主，但色澤不純正，開始泛白，出現褐陶。具體如 88XLI2H18 中灰陶 87.24%，褐陶 3.9%。京當類遺存朱馬嘴遺址的灰陶只占 70% 多。但其中商文化因素的陶器多爲灰陶，褐陶的主要是其他五類因素的陶器。對此張天恩已有提及。第二三期時，老牛坡遺址灰陶與褐陶在不同地點互有高下。北村類灰陶占絕對多數。京當類仍以灰陶爲主。趙家溝類遺存中黑皮陶最多，占 47.8%，紅陶次之，占 37.9%，灰陶又次之，占 11.5%，灰褐陶占 2.8%。究其原因，一是外來因素的器物數量多，二是各類因素融合後互相產生了影響，三是資料太少可能具有片面性，但灰色者仍多爲商式風格的器物。第四期時，老牛坡遺址灰陶占總量的 70% 以上，褐陶次之。京當類遺存演變出的王家嘴類遺存和鄭家坡類遺存也都是灰陶多於褐陶。石嘴頭類的陶器全部由甘青地區而來，爲橙黃色和紅褐色。棗樹溝腦類的斷涇遺址灰陶爲 82.6%，夾砂褐陶爲 13.1%，棗樹溝腦遺址灰陶在 50% 以上。碾子坡類遺存灰陶約在 70% 以上。這三類遺存中都有大量京當類的因素，同時北方的李家崖文化和西瓜渠類遺存也都以灰陶爲主，融合後自然也如此。第五期時，老牛坡遺址灰陶比例不變。鄭家坡類遺存也是灰陶多於褐陶。王家嘴類遺存中灰陶與褐陶比例相當。變化的原因可能是來自碾子坡類遺存或石嘴頭類遺存的高領袋足鬲、高領袋足甗、高領球腹罐等因素。劉家類遺存中灰陶居多。紙坊頭類遺存無具體數據公佈，可知的是高領袋足鬲、高領袋足甗、高領球腹罐（雙耳罐）、單耳罐以灰褐陶爲主，紅褐陶次之；折肩罐和盆爲泥質灰陶。棗樹溝腦類遺存灰陶達到 70% 以上。黑豆嘴類遺存以灰色較多。第六期時，老牛坡遺址仍以灰陶爲主。灃西類和賀家類遺存都是褐陶多於灰陶。蔡家河類遺存灰陶多於褐陶，這可能與其鄰近鄭家坡類遺存有關。鄭家坡類遺存灰陶的比例占絕對多數。紙坊頭類遺存無具體數據公佈，據簡報可知高領袋足鬲有夾砂灰褐陶，聯襠鬲有夾

砂灰陶，單耳罐和折肩罐、圓肩罐、尊等有泥質灰陶。棗樹溝腦類遺存灰陶的比例增高。碾子坡類遺存以紅褐色和磚紅色爲主，個別爲橙黃色和灰色，這可能與隨葬陶器都是高領袋足鬲有關。

從以上的陶色分析中清晰可見的是，從老牛坡類型商文化逐漸演變而來的各類遺存都始終以灰陶爲主，從甘青地區而來的因素都非灰陶，從北方來的因素在早期以褐陶或紅陶爲主，後期則以灰陶爲主。在這幾類因素中，老牛坡類型商文化對以後陶色的影響最大，也從一個角度證明了商文化對關中社會的巨大影響。

5. 製 骨

商文化在鄭州商城和殷墟都發現了專門生產骨、角、牙器的作坊，尤其是殷墟還發現有完整的生產設施，如工作間和骨料坑，以及數十萬塊獸骨、廢料和半成品。產品種類有手工工具、生活用器、禮樂器、武器、裝飾品和藝術品等。關中地區的經濟生活中也普遍使用骨器，這一點從上面的農業生產和漁獵工具就可以看出。在此，我們以資料最豐富也完整發表的老牛坡遺址和碾子坡遺址爲例進行介紹。從表 5-3 可以看出，這兩個遺址的骨器數量非常大，種類涵蓋了農業、漁獵業、紡織業和裝飾品等。此外，據周本雄的研究，碾子坡遺址中的 H111、H189、H190 和 H811 中都出土了數量在百件以上的獸骨。觀察發現，大部份標本都有非自然破裂的加工痕跡，應爲加工骨器的廢餘原料。以解剖部位來區分，以脛骨、腓骨、尺骨、橈骨、掌骨和跖骨等長骨居多。牛和馬的脛骨，尤其是馬的脛骨很適合製作骨刀和骨匕等工具。腓骨是一種天然的骨錐原料。尺骨上端的肘突圓滑，下端磨銳利後適合製作骨匕。牛跖骨和掌骨下端光滑，是天然的握柄，將掌骨一分爲二，適合製成短的骨刀、骨匕、骨錐或骨鏃。牛、馬、鹿的下頜骨，骨體長大，前頜骨部份細長光滑，適合於把握，是天然的器柄。下頜骨體後部寬大，外表光滑，磨光後即爲骨鏟。鹿角可製作骨錐等角器。上述研究表明這些大的骨料坑應當不屬於單個家庭，而是集中工匠製作骨器的作坊，說明關中地區的骨器生產可能也開始出現了一些集中生產的迹象。

6. 紡織業

紡織業工具中最爲明確的是紡輪，經統計，已發表的資料中共有 554 件，其中陶紡輪 546 件，石紡輪 8 件（表 5-4）。碾子坡遺址由於發掘面積最大，

共出土 423 件，老牛坡遺址出土 54 件，其他遺址數量都比較少。另外在南沙村下層 H11 還發現過朱紅色紡織品印痕的土塊。從印痕看為平紋，紗線細，每平方釐米經緯線均為 25～27 線。老牛坡 M10 發現織物痕跡。M1 發現麻布痕跡，每平方釐米內有經線 8 根，緯線 6 根。在此可以進行深入研究的仍然是碾子坡遺址。周本雄據碾子坡遺址可能存在集中工匠進行骨器生產的事實，指出當時的專業生產已經很明顯。大量紡輪和牛羊骨骼的存在，也似乎表明了毛紡業的存在，但在缺乏更多信息如下述動物死亡年齡結構的情況下，這只能是一種推測而已。李志鵬在研究了殷墟的動物遺存中動物的死亡年齡結構的後指出，商代晚期飼養豬、牛、羊的主要目的都是為人類提供肉食，而且晚商時期中原地區的養牛、養羊業的模式可能和世界其他地區有所不同，即不是以產毛、產奶為飼養的主要目的〔註 23〕。但他同樣指出殷墟城市居民的動物資源來源主要依靠外部供應〔註 24〕，而碾子坡遺址居民則似乎是消費自己的飼養的動物，所以二者之間可能還存在一些差別，當然這個問題還需要進行深入的研究。

表 5-3　老牛坡遺址和碾子坡遺址骨器統計表

遺址	骨鏟	骨鏃	骨錐	骨刀	骨笄	骨鑿	骨針	骨鐮	骨匕	其他	總計
老牛坡	28	68	39	3	36	17	4	12	12	7	226
碾子坡	25	135	208	49			9	1		13	440
總　　計	53	203	247	52	36	17	13	13	12	20	666

表 5-4　各遺址出土紡輪統計表

質地	南沙村	老牛坡	北村	朱馬嘴	周原王家嘴 2001	羊元坊	老堡子	壹家堡	碾子坡	岸底	鄭家坡	斷涇	史家原	灃西 H18	總計
陶紡輪	5	53	8	3	12	1	10	11	417	10	4	10	1	1	546
石紡輪		1							6		1				8
總　　計	5	54	8	3	12	1	10	11	423	10	5	10	1	1	554

〔註 23〕李志鵬：《殷墟動物遺存研究》，中國社會科學院研究生院博士學位論文，2009 年 5 月，第 45～72 頁。
〔註 24〕李志鵬：前引文，第 61 頁。

第二類 經濟部門

1. 鑄 銅

關中地區的鑄銅業是相當發達的。在第四章中我們介紹了各期每類遺存中的銅器，其他大量的銅器尚無法與具體的遺存或某類遺存的某期對應起來，所以未做介紹。如果據劉軍社〔註25〕、李海榮〔註26〕和張天恩〔註27〕的研究結果，目前關中地區已經發掘或採集銅器的地點近 80 處，數量至少在 800 件以上，其中出自老牛坡遺址的有 238 件，其他大部份都出自西安以西的各類遺存中。據筆者所知，還有相當數量的銅器尚未發表出來，若此，則關中西部各類遺存中的銅器數量也是相當可觀的，與山西、陝北和陝南相比毫不遜色，遠遠超過了甘青地區。必須指出的是這些銅器的時代基本上都爲殷墟時期。

關於鑄銅業的直接證據有懷眞坊和老牛坡兩處遺址。懷眞坊遺址中發現了大量銅渣，還有可能爲煉銅爐的爐壁，以及銅戈、銅鏃、銅刀、銅鑽、銅錐、銅環和待用的銅料。老牛坡遺址第二期出土 1 件鏃範和 1 件戈範，發現 2 塊銅渣。第四期發現兩處冶銅遺存，二者均位於遺址 I 區。一處是冶銅煉渣堆積坑，一處是陶範出土地點。煉渣數量巨大，可見的斷面長達 18 米，厚 0.5～2.0 米，說明使用的銅礦石和可提供的銅料數量相當多。陶範出土地點似爲一個垃圾坑，面積約 300 平方米，包含物中有大量燒土塊、爐渣、木炭屑、草拌泥木骨牆皮等，還有可能屬於鑄銅過程中使用的大口深腹厚胎缸，表明鑄銅作坊也是有相當規模的。陶範有 20 件，其中模 5 件、範 13 件，芯 2 件。器形明確的有人面形飾、牛面形飾、戈、鉞、圓形泡等。不明確的是 6 件容器範中，5 件模似爲三足器的袋足部份，考慮到此時約爲殷墟三期前後，鑄造鬲的可能性最大，另有 1 件只能確定其爲容器範。紋飾有人面形紋、牛面形紋、雲目紋、弦紋等。最大的範塊長 24 釐米，寬 17 釐米，厚 8 釐米；最小的長 6.5、寬 10、厚 6 釐米。至於其銅礦來源，依據陳坤龍的前述研究可知，秦嶺中存在相當多的銅礦，如此則其銅礦來源當可明瞭，就在秦嶺之中，甚至就在遺址附近的秦嶺北麓。

〔註25〕劉軍社：《先周文化研究》，三秦出版社，2003 年，第 145～162 頁。

〔註26〕李海榮：《關中地區出土商時期青銅器文化因素分析》，《考古與文物》2000 年第 2 期。

〔註27〕張天恩：《關中商代文化研究》各章中銅器介紹。

　　鑄銅業的間接證據來自銅器。第一期明確爲本地生產的銅器爲老牛坡遺址中出土的銅錐、銅鏃和懷眞坊遺址出土的銅鏃、銅刀、銅鑽、銅錐、銅環等，可能爲本地生產的有懷眞坊遺址的戈，原因是老牛坡遺址已經出土了戈範。此外，陳坤龍的研究表明田王的銅鼎也有本地生產的可能。第二三期時關中地區出土的銅器數量增多，但可明確爲本地生產的僅有京當出土的銅鬲（圖 4-20：2）。第四期時老牛坡遺址的銅器鑄造規模達到最大，其生產的人面飾和獸面飾甚至已經出現在漢中盆地，可能明確生產的銅容器有甗。此時關中地區出土銅器中 86III1M10：1 鼎應爲明確的本地產品。據朱鳳瀚研究，朱馬嘴遺址 1977 年出土的大圓鼎、甗和觚也似爲本地生產〔註28〕。據筆者觀察，大圓鼎最能表現出本地特徵的是其扉棱，明顯爲特意製作的裝飾品，但形狀又極其簡陋，完全不似殷墟的風格。在此特別值得值得注意的是其通高 88、口徑 51、腹深 36.5、耳高 21、柱足高 31 釐米，如此體量爲關中地區出土商代銅器中最大者，即使在整個商周時期也可爲大型銅器了。根據目前資料分析，這件銅器很可能爲老牛坡遺址所生產。鄭家坡遺址出土的鼎、甗、觚形杯，眉縣嘴頭遺址出土的鼎和簋〔註 29〕，也都具有明顯的本地風格，如嘴頭鼎和簋的紋飾由簡化饕餮紋去掉小圓點演化而來，其中簋的頸下只有紋飾框及不清楚的眼目痕跡。碾子坡遺址出土的兩件紅銅鼎也應爲本地生產。第五六期銅器中可以明確爲本地生產的有林家村墓葬中的簡化饕餮紋甗（圖 4-28）、泔河和趙家莊 M1、M2 出土的簡化饕餮紋鼎（圖 4-29：1，圖 4-27：15、17）等。發表銅器中肯定仍有大量爲本地生產，但筆者學力有限和銅器大多無法親自觀摩，掌握細節的原因，在此只能選擇上述特徵突出者進行簡單的介紹。同時，銅器的研究不同於陶器之處一方面在於陶器大部份都是本地生產本地消費，而銅器則是一地生產，多地消費，另一方面相同器形和紋飾的銅器可能產自不同的地區，而眼睛卻無法觀察，所以僅依靠觀察而來的類型學研究結果對銅器而言遠遠不夠，甚至會帶來危險。鑒於銅器在研究關中社會中的巨大作用，筆者以爲今後的銅器研究必須大力加強對鑄造技術、合金配比等方面的重視，否則將很難揭示社會內部的更多細節。比如以現有資料來看，老牛坡遺址第四期的生產能力應該極其強大，其產品肯定會流通到周邊區域中，這種流通背後也許就隱藏著老牛坡遺址對其他遺址的控制，

〔註28〕朱鳳瀚：前引書，第 1128 頁。
〔註29〕張天恩：前引書，第 218 頁、第 221 頁。

同時青銅兵器的威力也要大於骨質或石質工具，那麼老牛坡遺址在商後期遠離其商文化核心區域後仍繼續發展至強大，其背後的原因是否就有武力強大這個方面呢。以上猜測依靠傳統以觀察為基礎的類型學研究根本無法完成，只能依靠更多的科技手段方可達致。

言歸正傳，如果將視野擴展到本章前四節的區域中，結合第四章的分析，就會發現關中地區的鑄銅業主要是隨著商文化的進入而發展起來的，在這個過程中可能也會受到來自陝南寶山文化的影響，是否有來自北方地區的影響目前還不能確定。它的發展道路與山西地區有很大的相似性，即都是在商文化的影響下開始鑄銅，在商文化核心區北移後逐漸走上獨立發展的道路。而與此不同的是，陝南和陝北地區很可能有獨立的鑄造傳統。常懷穎已經對山西地區銅器生產的地方化做了很好的研究，關中地區雖未開展這樣的研究，但值得慶幸的是懷眞坊遺址和老牛坡遺址的資料很好的證明了這一點。

2. 製　車

老牛坡遺址 M27 為車馬坑，埋有一輛車，車為單轅、一輿、一軸、兩輪。其結構和各項數據都符合商代馬車的標準〔註 30〕，說明老牛坡遺址居民的製車業是相當發達的。

3. 製　玉

關中地區的玉器發現非常少。目前僅在懷眞坊遺址發現商前期 1 件玉佩飾。老牛坡遺址發現商後期 1 件玉璧、2 件玉戈、6 件玉璜、1 件玉環、1 件玉管。老牛坡遺址發現 1 件小玉鏟。總計不過 13 件。由於商文化前期的玉器發現也非常少，所以值得注意的是與殷墟的相比。據本章第一節可知，商後期的玉器數量和種類上都大為增加，已涵蓋禮玉、工具、用具、裝飾品和藝術品等六大類。發現的地點也在增多，當然目前主要仍集中在殷墟，如殷墟小屯西北的宮殿區範圍內就發現了一處專門的玉石器作坊。這就說明殷墟時期的玉器製造還是以殷墟遺址最為發達，其他的地區的遺址和遺存在這個領域都較為落後。綠松石也僅在高家村 M14 和 M21 中各發現 1 件串飾。

4. 漆　器

老牛坡遺址 M1、M5、M6、M8、M11、M14、M18、M21、M23、M24、M29 中都發現有漆器紋飾殘片，器形有圓形、方形、不規則形等，可能為盒、

〔註 30〕 中國社會科學院考古研究所：《中國考古學・夏商卷》，第 412 頁。

盤、案之類的漆皮殘跡。底色有黑紅兩種，紋飾有黑、紅、白、綠、黃褐等顏色，紋樣有回紋、卷雲紋、三角紋、渦紋等。說明老牛坡遺址的漆木器水平已經達到了相當高的水平。

5. 金　工

關中地區發現的金器有以下幾批：黑豆嘴遺址 M1 出土 1 件，M3 出土 4 件，M4 出土 1 件金雲形耳飾。斷涇遺址 M4 出土 2 件筆帽狀金飾。這兩類遺存都位於涇河流域，有濃厚的北方因素，雲形耳飾更是明確的李家崖文化器物，大量的發現於李家崖文化分佈區域內。筆帽狀金飾可能也是如此。老牛坡遺址 M41 中發現了金箔殘片。從本章第一節中可知商文化中也是將金飾包貼在其他器物上，說明這可能是來自殷墟的影響。

6. 貝

關中地區貝的發現很少。目前可知的有北村 M1 發現的 1 枚穿孔貝。劉家墓地也發現了貝，但數量不詳。高家村墓地 M19 隨葬海貝 11 枚，未加工。老牛坡遺址出土貝 118 枚，除個別在頂端有一穿外，多數未加工。在本章第一節中我們知道商文化中的貝可能已經作爲貨幣在使用。殷墟甲骨文中經常可見賞貝的事件，並有因此事而鑄造的銅器。墓葬中也普遍隨葬貝類，最多的如婦好墓多達 6800 多枚。此外還有銅、骨、蚌、石等質地的貝。兩相對比之下，可見關中地區的貝即使作爲貨幣使用，如帶穿者，但在經濟生活中作用還很小，說明當時人們還主要處在實物交易的階段。

第六節　關中地區經濟面貌的形成與特點

通過前五節的分析，我們結合第四章的研究成果對關中地區經濟面貌的形成進行大致的描述。

在第一類基礎經濟部門中，農業方面，農作物種類與典型商文化和山西的商文化及後續的杏花類型基本一致，都以粟、黍、小麥、大豆爲主，而與陝北地區的李家崖文化以稷爲主不同。甘青地區和陝南的作物種類暫不詳。農業生產工具也與典型商文化和山西的商文化及後續的杏花類型更爲相近，如翻土工具都以石鏟爲主，而少用骨鏟，收穫工具多用刀而少用鐮。可見關中地區的農業主要是受到來自以東區域的影響，這也與第四章的分析結果一致。

　　畜牧業方面，關中地區和其以東、以西、以北三個區域都發現了家畜中的牛、羊、豬三類，區別在於甘青地區似以羊和豬爲主，而其他三個區域都以牛羊豬三種爲主。由於甘青地區資料較少，我們目前還不宜貿然得出上述結論。所以既然各類因素都持續進入關中地區，則本地的畜牧業就與其有關。值得注意的是，李志鵬的研究表明，殷墟孝民屯和白家墳的哺乳動物最小個體數顯示牛和豬的比例最高，白家墳遺址中二者占總量的 80%左右〔註 31〕。碾子坡遺址也以豬和牛爲主，占所有動物遺存的 89.01%。不同的是，殷墟孝民屯的馬骨比例爲 2.3%，白家墳的馬骨比例爲 7.7%，碾子坡的馬骨比例僅爲 0.165%，考慮到殷墟的動物資源來源主要依靠外部供應，那麼碾子坡遺址的資料是否才眞正表明了當時各地畜牧業中的客觀情況呢，而殷人的強大也與其能夠利用進貢而來的戰馬武裝其軍事力量有關。此外，碾子坡遺址出土獸骨數量巨大，也許表明畜牧業在其經濟中比在其他遺存中的地位更重要，或涇河流域畜牧業的發達。

　　關中地區的製陶業主要受到了來自典型商文化和山西地區的影響，其次是陝北地區，最後是甘青地區，陝南地區在陶器上幾乎沒有任何影響。

　　製骨在當時各個區域的經濟生活中極其普遍，所以值得注意的是其生產的組織情況。商文化都城遺址的中的骨器生產已經實現了專業化，碾子坡遺址的資料表明其骨器生產可能也達到了類似的水平。如果考慮到山西地區、陝北地區、陝南地區和關中地區大規模銅器生產的存在，那麼這幾個地區的中心聚落中骨器生產也許都實現了專業化。甘青地區以目前的資料來看似乎還不能確定。

　　商文化有絲織品和麻織品兩種產品，山西地區雖然目前只發現了絲織品，但麻織品的存在應是不言而喻的。其他兩個區域也都有紡織業，但不能確定是何種產品，似乎存在麻織品是應該的，是否有絲織品則不得而知。關中地區目前可以確定的是麻織品，但南沙村的織物已經過上色，呈朱紅色，可見其紡織水平也是相當高的，應是受到來自商文化的影響。

　　第二類經濟部門反映了社會的性質和發達程度。毫無疑問，商文化是本文所涉及的文化中經濟最爲發達的，如果首先對其進行定性的話，它應該是中國眞正邁入青銅時代的第一個高度發達的經濟體，它的擴張過程從經濟角度來看其實也正是推動周邊落後地區加速成長的過程，對關中地區的推動更

〔註31〕 李志鵬：前引文，第 21 頁。

是如此。對此，已有學者從「青銅禮器文化圈」的角度進行過論述〔註 32〕。
上面所列舉出的關中地區的第二類經濟部門有鑄銅、製車、製玉、漆器、漆
器、金工等，無論其產品和技術都主要直接或間接來自商文化。山西地區，
尤其是晉中和晉南，地處商文化核心區與關中地區之間，始終充當著二者之
間的橋樑，有時甚至可能就是直接的輸出地。陝北地區的李家崖文化和西圪
渠類遺存位於商文化和北方游牧文化之間，兼具了二者的特點，在整個商後
期始終保持南下進入關中的態勢，進抵涇河一線，個別時候還曾進入渭河腹
地（注：趙家溝類遺存），主要對涇河流域的經濟發展做出了很大的推動。
甘青地區的經濟水平在關中周邊地區中最爲落後，其文化因素進入關中西部
後逐漸與從東、北兩方面的因素融合，從而產生了新的但水平大爲提高的青
銅時代經濟體。秦嶺自古以來都是隔阻陝南與關中交通的巨大障礙，陝南的
寶山文化雖然自身也極其發達，但卻始終對關中地區的經濟貢獻甚少，相反
的，關中地區則很可能作爲其與商文化的交流中介而存在，甚至以其作爲產
品的輸出地。

　　以上是對關中地區經濟發展的大致描述。最後必須指出的是，正如我們
在第四章末尾總結時指出的那樣，關中地區商後期的經濟格局可能還是分爲
三部份的，老牛坡類型及其後裔的老牛坡類遺存直到整體分期的第五期，都
是關中地區最爲發達的經濟體，它可能供應著渭河流域西部的主要銅器需求
和涇河流域的一部份需求。而陝北的西圪渠類和李家崖文化則供應這涇河流
域尤其是下游的相當部份銅器需求。也許就關中地區內部而言，正是類似商
文化與周邊落後地區那樣的模式在發揮著作用，發達的老牛坡類型及其後裔
推動著落後的西部各遺存的加速發展。

〔註32〕徐良高：《文化因素定性分析與商代「青銅禮器文化圈」研究》。中國社會科
　　　　學院考古研究所編：《中國商文化國際學術討論會論文集》，中國大百科全書
　　　　出版社，1999 年。

第六章　社會視野中的關中社會

　　關中地區的周鄰地區在商代時呈現出了不同的社會發展水平。毫無疑問地，商文化的社會應該是其中文化、政治、軍事各方面最爲發達的一個，是其所有周鄰社會學習的榜樣。關中地區的其他三面鄰居以目前的資料來看，似乎都是定居性的人群。山西和陝北的鄰居們似乎武力較爲強盛、經濟和文化也較爲發達，當然，山西似乎在後兩個方面要稍強於陝北。甘青地區居民的軍事實力似乎要弱一些，這個區域內很少發現青銅兵器。陝南寶山文化居民的軍事實力似乎也相當強大。甘青地區的經濟實力似乎是關中居民的鄰居中最爲弱小的，而陝南則要好一些。從社會分層的角度來看，山西地區與商文化區域是最接近的，雖然資料較少，但就現有的發現而言，它已經有了明確的地區性政治和軍事中心。陝北地區雖然同樣受限於資料，但大量出土的青銅器以及貴族墓葬也表明了社會分層的出現和深化。陝南寶山文化的寶山遺址發現的禮儀性大型建築、出土了大量青銅禮器、陶禮器，都表明了其社會分層的存在。以下擬從聚落結構、墓葬、武器裝備等方面對各社會進行介紹，並與關中地區進行比較。

　　在此，聚落結構包括三層含義。第一層是聚落的區域分佈，這個角度只應用於關中地區而不包括其他地區；第二層是各個區域內的聚落等級；第三層是單個遺址中對確定遺址性質具有指示性意義的遺跡和遺物，如大型建築、手工業作坊、銅器、金器、玉器等，主要針對中心性聚落。對個別遺址如周原，還要分析其遺存面貌的分類與分佈。完整的聚落結構研究本應包括具體遺址中的功能分區，但由於關中地區資料的匱乏，所以只能擱置不論。墓葬本是遺址中的一類遺存，由於資料相對較多，可做較爲深入的分析，故

單獨列為一類，主要分析單個遺址內的墓葬等級和葬俗種類。由於各聚落的發展水平不相同，所以無法進行整個區域內墓葬等級的劃分。武器裝備主要包括武器的質地、種類與組合。

第一節　關中以東地區

一、商社會

商社會的範圍很難確定下來，前期時其西界似乎包括關中東部的老牛坡類型和晉南的東下馮類型，到後期商王朝的核心區北移至安陽後，鄭洛地區基本被放棄，關中東部的老牛坡類和北村類遺存、山西地區的白燕和杏花類型都已無法確定是否仍直屬於商王朝的直接管轄之下，所以在此依然按照前兩章的做法，將山西和關中地區單獨列出來。

關於商文化的狀況狀況，本文主要以《中國考古學・夏商卷》和《殷墟的發現與研究》為基礎進行介紹〔註1〕。

1. 聚落結構

商社會為本文涉及的各社會中發展程度最高的一個。據現有資料來看，至少可分為三個聚落等級等級，即都邑、地區性中心、一般聚落。商前期時都邑為鄭州商城和偃師商城〔註2〕，地區性中心有焦作府城商城；商後期時殷墟為都邑，地區性中心有大辛莊遺址等，鄭州商城可能已經淪為一般性聚落，偃師商城則可能已完全廢棄。

關於單個遺址的聚落結構以殷墟遺址為例。據研究，殷墟時期的殷墟遺址可以看成是以小屯宗廟宮殿區為中心，周圍分佈著眾多族邑居址的都邑。其範圍接近 30 平方公里〔註3〕。

宮殿宗廟區位於遺址內最高的區域──小屯村西北岡。面積約 27 萬平方米，發掘夯土基址 53 座。種類可能有宮殿、宗廟、祭祀類、手工業作坊類以及儲藏間等。其他居址分佈在宮殿宗廟區周圍，已發現了不少於 25 個居址。這些居址普遍都有較厚的文化層，有灰坑或窖穴，以及大小不同的夯土基址和其他居住遺跡。

〔註1〕 中國社會科學院考古研究所編：《殷墟的發現與研究》，科學出版社 1994 年版。
〔註2〕 本文不關注學界對鄭州商城與偃師商城的討論，認為其都是都邑性聚落，
〔註3〕 此處採用《中國考古卷・夏商卷》中對殷墟的研究成果。

殷墟範圍內還發現多處手工業作坊，包括至少 4 處鑄銅作坊、2 處製骨作坊。另有一些製玉、製骨、製陶作坊的線索。

2. 墓　葬

據《中國考古學・夏商卷》的研究，商前期時至少存在六個等級的墓葬，最高級爲商王墓葬，目前沒有發現過；第二級是地區性中心聚落的高級貴族，墓壙寬大、有棺槨、腰坑、使用多個殉人和大量青銅器、大型銅鼎、銅鉞和玉戈；第三、四級屬於統治階級中等級較低者，隨葬青銅器和成組陶器，其間又有棺槨、腰坑、殉人及銅器和玉器方面的差別；第五、六級爲平民墓，數量最多，或有陶、石、骨器隨葬，或無任何隨葬品。商後期的墓葬分爲三種七類。第一種爲帶墓道的大墓，分爲帶四條、兩條、一條墓道三類，分別代表商王、王室成員或與王室有關的高級貴族；第二種爲土坑豎穴墓，根據墓室面積分爲三類，第一類包括王室成員和高級貴族，第二類爲中小貴族，第三類數量最多，爲平民；第三種爲無墓壙墓葬，數量不多，可能爲奴隸、戰俘或凶死者。各個級別之間在墓室面積、棺槨、殉人、隨葬器物、車馬坑等方面存在明顯的等級差別。

以殷墟墓葬爲例進行介紹。王陵區單獨位於洹河北岸。陵區面積爲 11 萬多平方米。可分爲東、西兩區。西區有 7 座帶四條墓葬大墓和 1 座未完成的大墓以及小墓，東區有 5 座帶四條墓道的大墓，3 座帶兩條墓道的大墓和 1 座帶一條墓道的墓葬和 2500 座以上的祭祀坑。大墓旁還有一些墓，通常有棺有槨，有銅禮器和殉人，其身份有別於祭祀坑中的人牲，應與大墓墓主有密切的關係，爲陪葬墓。祭祀坑的規模一般長 2 米，寬 1 米，個別邊長爲 0.6～1.5 米。以人祭坑爲主，另有少量獸祭坑和器祭坑。據研究，王陵區同時也是商王室祭祀先祖的公共祭祀場所。殷墟遺址中的其他墓葬大多數是以氏族和家族爲單位成片分佈的。目前資料最明顯的是殷墟西區族墓地，有學者將其分爲 10 個墓區。這些墓區各自成片分佈，彼此間有明顯的界限，葬俗上各有特色。同一墓區中的主要銅器銘文一致，不同墓區間則有所區別，應代表 10 個不同氏族的墓地。在各個墓區內，還有三五座至數十座墓成群、相對集中的特點，應是不同家族的墓地。

3. 武器裝備

商文化的武器裝備水平與周邊社會相比十分先進。前期時主要發現於鄭州商城、偃師商城、藁城臺西、黃陂盤龍城等遺址，後期集中發現於殷墟，

而且後期的數量多於前期。銅兵器種類齊全，進攻性武器有戈、矛、戟、鉞、卷頭刀、有鋬斧、鏃等八種。防禦性武器有銅冑、盾和皮甲三種。戈是兵器中的核心器物。目前發現表明，當時的統帥和高級武將的武器配備爲鉞、戈、鏃或鉞、戈、矛，或鉞、大刀、戈、矛、鏃，數量少則數十件，多則上千件；中、低級武官的武器配備爲戈、矛、鏃，或戈、鏃，或戈、矛，數量可有 10 多件；基層的指揮官或小貴族的配備爲戈、矛、鏃中的兩種，數量一般只有幾件；普通士卒只配備戈、矛、鏃中的一種，戈和矛多爲 1 件。此外，商人的軍隊中還使用了戰車。根據目前的發現，商後期的車馬坑中有 13 座放置了兵器〔註4〕，其配備爲戈、盾、鏃，有的還見到弓形器。

二、山西地區社會狀況

1. 聚落結構

商早期時，晉南的聚落可分爲兩個等級。夏縣東下馮商城和垣曲商城爲第一等級，屬於商社會中的地區性中心。古城東關、寧家坡、平陸前莊等爲第二等級，屬於一般聚落。商後期時，晉南和晉中的聚落還是兩個等級。靈石旌介遺址爲第一等級，汾陽杏花村遺址爲第二等級。

2. 墓 葬

目前只有靈石旌介墓葬和杏花村墓地兩處資料較爲豐富。旌介的三座墓葬是第一等級聚落中的高級貴族墓葬，這一點已經無需論證。杏花村墓地清理了 37 座面積在 2 平方米的小型墓葬。除 1 座墓外，其他墓的墓向都向北。大部份爲單人葬，一棺。19 座墓葬有隨葬品，每墓 1 件鬲或豆。18 座墓無隨葬品。可見這批墓葬的墓主人應是平民，而且葬俗相同。

3. 武器裝備

武器的質地有銅、骨、石三種。商早期時東下馮遺址出土銅鏃 13 件，骨鏃 80 件，石鏃 9 件，另有蚌鏃 1 件。垣曲商城出土銅鏃 2 件，骨鏃 18 件、石鏃 5 件。商後期時杏花村遺址發現有骨鏃。旌介墓葬中出土銅矛 25 件、銅戈 16 件，鉞 3 件、銅鏃 20 件。有兩點值得注意，一是矛多於戈，二是商文化因素的銅兵器多於李家崖文化因素的銅兵器。以上分析說明，晉南和晉中的銅兵器主要還是受到了商文化的影響。

〔註4〕《中國考古學·夏商卷》第 416 頁講到有 18 座車馬坑隨葬兵器，須減去前掌大墓地的 5 座。

第二節　關中以北地區

一、李家崖文化的社會狀況

1. 聚落結構

根據現有資料，李家崖文化的聚落等級可分爲兩級。第一等級有李家崖遺址和高紅遺址。第二等級有薛家渠、馬茂莊、後趙家溝和雙務都等遺址。

李家崖遺址發現有城牆和大型夯土建築。夯土建築坐北朝南，在夯土圍牆內有一座房子和兩座廂房。高紅遺址面積爲 20 萬平方米。發現有夯土基址 20 餘處。其中 7 號夯土基址長約 50、寬約 11 米。8 號夯土牆長約 42.5 米。二者的面積和長度都十分巨大，充分表明高紅遺址曾是李家崖文化的一處中心性聚落。

2. 墓　葬

李家崖遺址墓葬區主要在城內，分爲兩組。一組有 16 座，在城西部。一組 24 座，位於大型建築東南。墓葬都爲小墓，其中 6 座有隨葬品。有銅鋬鉞、鋬斧各 1 件，銅戚 2 件，陶缽 2 件。可能爲平民墓葬。薛家渠 M1 墓底面積爲 8.21 平方米，但由於已被盜，盜洞中僅殘留有鬲、小口折肩罐、甗等陶器殘片，不能確認是否有銅器。若根據墓葬規模分析，很可能有銅器隨葬，如此則應爲貴族墓葬。

3. 武器裝備

武器的質地有銅、骨兩種。在截止 2005 年出土的 500 多件銅器中，有戈 23 件、鉞 14 件、斧 10 件、鈴首劍 5 件、刀 4 件、冑 1 件、矛 1 件、鏃近 61 件。高紅遺址調查中發現 1 件骨鏃，試掘中出土骨鏃 1 件。其中李家崖文化因素要多於商文化因素，而且器類組合中以戈、鉞、斧、鏃爲主，與商文化不同。

二、西坬渠類遺存的社會狀況

西坬渠類遺存目前資料太少，尚不足以討論其社會狀況，只根據現有資料推測其可能與李家崖文化相當。甘泉閻家溝的晚商時期墓葬，出土銅器 57 件。其中禮器 15 件，兵器 7 件，其他銅器 35 件，有銅馬、馬鑣、泡等。更重要的是還出土有金箔。如果與老牛坡、黑豆嘴和斷涇遺址的高級貴族墓葬相比，這座墓葬很可能也是地區性中心聚落的高級貴族，甚至最高統治者。

第三節　甘青地區

甘青地區遺址的發掘和資料發表都很少，無法進行聚落結構的研究，現以民和核桃莊小旱地、莊浪徐家碾、合水九站等三處墓地爲例，對墓葬進行簡單的介紹。

1. 墓　葬

小旱地墓地爲一處單純墓地，共清理 367 座墓葬。墓向一致、大多數爲北偏東，只有幾座例外。墓室長度一般爲 180～230 釐米，沒有面積特別突出者。豎穴土坑墓 342 座、偏洞室墓 25 座。據分析，使用這兩種墓葬形式的人群中之間沒有明顯的差異。102 座墓葬有葬具，其中一棺墓 89 座，一棺一槨 13 座。分析後發現使用葬具者的性別、年齡、葬式、隨葬品、均與整個墓地的比例相當。同樣，銅泡、銅鈴、銅飾、石珠、骨珠等隨葬品多出於女性墓中，海貝、瑪瑙珠、綠松石在男女墓中均有發現。這些都說明當時社會中並未出現等級上的差別，而且葬俗相同。

徐家碾墓地也是一處單純墓地，共清理墓葬 102 座。墓向一致，爲北偏西。墓葬的大小不一，以墓底計算，長度在 2～2.49 米之間的墓葬有 50 座，長度不及 2 米的有 27 座，長度達 2.5 米以上的有 22 座。說明沒有特別突出的墓葬。66 座墓葬有葬具。8 座墓中有殉人，1 座墓有殉牲。墓葬的隨葬品之間無明顯差別。墓地大致可以劃分爲南、北兩個不同的群體，二者之間有寬 6～10 米的空地間隔。在兩個不同的墓葬群體中，各有 3 座墓發現殉人陪葬，但北群比南群的墓葬數量多，而且北群有 2 座車馬坑，出銅兵器的也多屬於北群，這些現象似乎暗示北群墓葬比南群墓葬的墓主人勢力大和地位比較重要，但綜合葬具、隨葬器物和墓葬大小就會發現，這個墓地也沒有明顯的等級差別，葬俗也相同。

九站墓地也是一處單純墓地，清理寺窪文化墓地 79 座〔註5〕。墓向基本爲南北向，只有 5 座爲東西向。墓坑的長度一般在 2 米左右，沒有特別突出的墓葬。葬具多數爲單棺，個別爲一棺一槨。3 座墓有殉人。綜合墓向、隨葬器物、葬具和墓葬大小，可見這個墓地也沒有明顯的等級差別，葬俗基本一致。

2. 武器裝備

武器的質地有銅、骨兩種。種類有戈、矛、短劍、鏃等 4 種。以戈和鏃

〔註5〕M82 位於居址中，不能算在墓地裏。

爲主要組合。張家嘴遺址出土了銅矛。小旱地墓葬中出土的武器只有 11 件骨鏃，全部出自 4 座男性墓。徐家碾墓地出土武器 17 件，有銅戈 6 件（包括 3 件戣）、銅矛 1 件、銅鏃 7 件、骨鏃 3 件等。九站墓地出土武器 2 件，爲銅戈和銅短劍。

第四節　陝南地區

此處以《城固寶山》和《城洋青銅器》的資料爲基礎進行分析。

1. 聚落結構

據介紹，寶山文化的遺址在漢江上游分佈比較普遍，其中城固、洋縣境內發現六七處，加上銅器出土地點，數量達數十處。這些遺址的規模和文化堆積都遠不及寶山遺址。同時，寶山遺址附近還發現了多處銅器埋藏地點，所以寶山文化分佈區域內至少存在兩個等級的聚落等級，而寶山遺址至少是其中一處中心聚落或者最大的聚落。寶山遺址中發現 1 座高等級禮儀性大型建築，面積爲 110 多平方米〔註6〕。

2. 墓　葬

寶山遺址中共發現 8 座墓葬，都爲面積在 2 平方米以內的小型墓。無葬具，皆葬 1 人。隨葬品有陶器和石圭，應爲平民墓葬，葬俗相同。

3. 武器裝備

武器的質地也是銅、骨兩種。據統計，目前城洋地區共發現銅兵器 197 件。其中戈最多，有 114 件，與中原地區以戈爲主的兵器格局相近，但形制卻以三角援爲主（85 件）。中原地區以直內戈和曲內戈爲主，到晚商三、四期才出現三角援戈，而且數量極少。鏃 32 件，矛 28 件，鉞 22 件。中原地區商後期裝飾華麗的脊背刀、闊刃刀、有鋬闊刃刀和獸首刀不見於城洋地區。另寶山遺址出土 33 件骨鏃。可見，該地區的兵器以戈爲主，矛、鏃、鉞次之。

第五節　關中地區

由於本章所討論的社會必須基於對具體遺址的分析，爲更好地適應這一需要，本節將按照新的分期組合方式進行論述。

〔註 6〕趙叢蒼：《寶山遺址發掘取得重大收穫》，《中國文物報》2000 年 1 月 23 日。

第一期　二里崗時期

1. 聚落結構

第一期的遺址主要有大荔東白和趙莊、華縣南沙村、藍田懷眞坊遺址、灞橋老牛坡、耀縣北村、朱馬嘴、周原等。遺址主要分佈在在周原以東的渭河流域和涇河下游。

這些遺址依現有資料來分析似不存在明顯的等級。稍有特別的只有在老牛坡遺址和懷眞坊遺址中發現鑄銅遺存，老牛坡遺址中發現的 1 件青色軟玉戈，似表明了這兩處與其他遺址的不同。其等級可能介於垣曲商城這樣的地區性中心與普通聚落之間。

2. 墓　葬

懷眞坊遺址的 5 座墓葬。面積爲 1.4 至 1.7 平方米。沒有腰坑。4 座墓屍骨不全，2 具屍骨有明顯的刀砍痕跡。隨葬陶器和石器等。墓主人可能爲冶銅的奴隸。北村遺址 M1 和 M2，面積分別爲 1.3 和 0.91 平方米，有腰坑，隨葬陶器，或有貝。墓主人可能爲平民。

3. 武器裝備

武器的質地有銅、骨、石三種。種類有戈和鏃兩種。老牛坡遺址出土銅鏃 2 件，骨鏃 9 件，石鏃 2 件。懷眞坊遺址出土銅鉞 1 件、銅戈 2 件、銅斧 1 件、銅鏃 2 件、骨鏃 3 件、石鏃 2 件。北村遺址出土銅鏃 1 件，骨鏃若干。朱馬嘴遺址出土骨鏃 2 件。

第二三期　殷墟一二期

1. 聚落結構

遺址主要有老牛坡遺址第三期，北村遺址第三期，朱馬嘴遺址第二、三期，周原遺址第二、三期（主要是王家嘴遺址第二、三期和墓地第一期、賀家墓地第一期）、壹家堡遺址第一期、白家窯、姜河、老堡子、羊元坊等，另外一些出土銅器的地點也應是遺址。遺址分佈範圍不變。

這些遺址可分爲三個等級。第一等級可能爲地區性中心聚落，只有老牛坡遺址一處。遺址中發現兩座大型夯土基址。第一號基址東西長 30，南北寬 15 米多。其上有三座單體房址，現存最大的 F3 長 11.30，寬 5.80 米。第二號基址南北長 23，東西寬 12 米。兩處基址上均發現了石柱礎。據研究，二號基址可能是一座面闊 7 間，進深 4 間的大型單體建築。另外還有 2 件玉璜。

　　第二等級可能是次一級的中心聚落。包括姜河、周原和朱馬嘴遺址等三處。姜河遺址的一座墓葬或窖藏中就出土了 17 件銅器。周原遺址範圍內已知的銅器有 17 件〔註7〕，並且以禮器爲主。朱馬嘴遺址出土 5 件銅禮器和 2 件銅兵器。說明這三處遺址可能不是一般性聚落。

　　第三等級爲普通聚落。羊元坊、北村、壹家堡、白家窯、老堡子等和出土零星銅器的遺址，由於未發現較特殊遺跡和遺物或發現較少，暫定爲一般性聚落。

2. 墓　葬

　　北村、王家嘴、賀家、壹家堡、白家等遺址共發現至少 9 座墓葬。都只是隨葬陶器，應爲平民墓葬。

3. 武器裝備

　　質地有銅、骨、石三種。種類有鏃戈、鉞、斧。老牛坡遺址出土銅鏃 4件，骨鏃 26 件，石鏃 2 件。北村遺址出土銅鏃 1 件，骨鏃若干。朱馬嘴遺址出土骨鏃 1 件。壹家堡遺址出土銅鉞 1 件、銅鏃 3 件、骨鏃幾件。周原王家嘴遺址出土銅斧 2 件、骨鏃 1 件，京當出土銅戈 1 件，美陽出土銅斧 1 件。

第四五期

1. 聚落結構

　　遺址主要有老牛坡遺址第四期、周原遺址第四五期、碾子坡遺址早期、岸底遺址第一二期、鄭家坡遺址第一二期、斷涇遺址第一期、孫家、棗樹溝腦遺址第一二期、園子坪、史家原、虢鎮、姬家店、蔡家河遺址第一期、黑豆嘴、趙家莊、紙坊頭遺址第一期、高家村墓地第一期、苟家嶺墓地等。分佈範圍擴大到整個關中地區的渭河流域和涇河流域。

　　這些遺址依然可分爲三個等級。第一等級爲地區性中心性聚落。可以確定的只有老牛坡遺址一處，黑豆嘴遺址由於高等級墓葬的出現，可能也是第一等級。老牛坡遺址發現多處夯土柱礎和房基面。鑄銅作坊規模擴大，產品種類增多。遺址中還出土 2 件玉璜和百餘片卜骨，卜骨的數量在其他遺址都未曾有過。

　　第二等級爲次一級的中心性聚落。可以確定的有周原、碾子坡、鄭家坡遺址等 3 處。周原遺址內出現了王家嘴類和劉家類遺存的共存現象。碾子坡

〔註 7〕 此處指京當、美陽和王家嘴遺址所處銅器。

遺址墓葬數量達到約 200 座。鄭家坡遺址發表的資料不足以支持其成為第二等級，在此是依據未發表的大量銅器資料。趙家莊遺址可能也是一處第二等級聚落。

第三等級為普通聚落。包括第一二等級之外的其他遺址。

2. 墓 葬

老牛坡遺址墓地中發掘了 38 座墓葬（M30 為陪葬墓），1 座車馬坑和 1 座馬坑。報告根據墓葬規模和殉人現象，將 37 座墓葬分為中型殉人木槨墓、中型殉人墓、小型殉人墓和小型單人土坑墓四類。筆者研究後發現其分類有待商榷。如中型殉人木槨墓和中型殉人墓並未按照所定標準劃分，反而有衝突，同時還將葬具、殉人和隨葬品等方面的一致性抹殺掉了。再如小型殉人墓中的有些墓葬面積較大，如 M23 面積為 6.43 平方米，比有的中型殉人木槨墓還要大，歸入小型墓明顯不妥。同樣地，小型殉人墓 M44 和小型單人土坑墓 M33 都隨葬一套銅觚爵，前者多 1 件銅斝，後者面積較大，二者的等級並不易區分。中型殉人木槨墓 M41 的面積超出其他同類墓葬很多，葬具為一棺兩槨，隨葬品種類豐富，級別高（有金器），似乎可以與其他墓葬分開。鑒於以上矛盾之處，我們從墓室面積、葬具、殉人、隨葬品等四個方面進行綜合的等級排列。現分為三個等級（表 6-1）。第一等級的特徵是墓室面積為 6～17 平方米，基本上一棺一槨，殉人多在 6～12 人之間，在隨葬品種類豐富，等級高。又分為兩類。第一類是 M41 一座。面積最大，葬具為一棺兩槨，殉人最多，隨葬品種類最豐富，級別最高，還有金器。墓主人可能為老牛坡遺址的最高統治者。第二類為其他墓葬，墓室面積為 6～13 平方米。墓主人可能為高級貴族。第二等級墓葬的特徵是墓室面積為 2～5 平方米，葬具為一棺，殉人在 1～3 人，隨葬品種類較豐富。典型的銅器組合為觚爵斝和觚爵加上兵器戈與鏃，另或有工具若干。其墓主人應為低等級貴族或平民中的上層。第三等級墓葬的墓室面積為 2～4 平方米，葬具一棺，無殉人，隨葬銅器組合為兵器戈、鏃、斧和工具。其他隨葬品數量和種類都很少。墓主人可能是平民的下層。

鄭家坡遺址的墓地位於遺址東南部壕溝外側，分為兩組。一組為南北向，一組為東西向。全為小型豎穴土坑，墓室面積 2 平方米左右。一般都隨葬陶器，組合為 1 鬲、1 鬲 1 簋 2 豆、1 鬲 1 罐等，另外還有銅戈、銅泡和貝等隨葬。可見這個遺址的葬俗在墓向上是有兩類的，也許暗示了其人群內部還有區分。根據墓室面積、隨葬品種類、組合及數量，可以發現這些資料展示的主要是遺址中的平民墓葬。

表6-1　老牛坡遺址第四期墓葬等級統計表

等級	墓號	面積	腰坑	頭坑	髖坑	角坑	邊坑	葬具	邊箱	殉人	銅器	陶器	其他	備註
第一等級 第一類	M41	17.75	1					二棺一槨	有	12	鉞2、戈1、鏃50、人面飾、牛面飾、獸形飾、魚形飾、鈴		玉環1、金葉飾1	被盜
第一等級 第二類	M11	13.62	1			4		一棺一槨	有	9	鏃1、小獸面飾30	高1罐1	漆器殘痕	被盜
	M25	13.44	1			4		一棺一槨	有	9	鏃3、錐1		玉環1、貝4	被盜
	M5	11.95	1			4	2	一棺一槨	有	12			玉飾、石器1、骨匕1、貝20、綠松石2、蚌器1	被盜
第二等級 第一類	M8	8.76	1		1			一棺一槨		9	鏃36、鈴1、殘銅片		玉管1、貝10、漆器（殘）	被盜
	M2	8.7	1	1	1			一棺一槨		4			玉片1、雲母片2、貝2	被盜
	M6	8.17	1			4		一棺、槨不明		6	魚形飾		魚形雲母片、漆器殘跡	被盜
	M7	7.1	1					一棺		3	斧1、鑿1、碎銅片、鏃7		玉玦1	被盜
	M23	6.43	1					一棺一槨		1		高3、罐1	貝	被盜
	M1	6.08	1					一棺一槨		11			紡織品痕跡	被盜
	M24	5.96	1			4		一棺一槨	有	5		高3	漆器殘痕	被盜
第二等級	M26	4.8	1					一槨		2		高3、罐1		
	M29	4.51						一槨				高3、罐1		被火燒毀

墓號	面積	數量a	數量b	數量c	數量d	葬具	數量e	銅器·兵器	陶器	其他隨葬品	備註
M33	4.35	1				一棺	3	觚1、爵1、戈1、鏃6	鬲2		被盜
M20	3.99	1	4			一棺	2			漆皮、朱砂	被盜
M18	3.1	1	1			一棺	3			貝2	被盜
M16	3			1	1	一棺	1			石管1	
M10	2.73	1		1	1	一棺		鼎1、斧1、戈1、鐏1、牛面飾1、鏃9	鬲3		
M44	2.28	1				一椁		觚1、爵1、觷1、戈2、鏃5		石戈1、玉戈1	
M4	2.59	1				一棺	1		鬲3		
M19	2.31	1				一棺	1		鬲1		被盜
M45	3.96	1				一棺			鬲1		
M42	3.77	1				一棺			罐1	貝4、骨飾1	
M14	3	1				一棺					
M22	2.85	1				一棺			鬲1	貝1（填土中）	被盜
M40	2.8	1							鬲2、罐1		
M28	2.54	1				一棺				石玲34	被擾
M36	2.51	1				一棺			罐1		
第三等級 M34	2.34	1				一棺		戈1	鬲1		
M15	2.19	1				一棺			陶器	貝7	被盜
M35	2.04	1				一棺			鬲3		
M12	1.8	1				一棺		戈1、斧2、鏃7	鬲2、罐1		被盜
M21	1.77	1				一棺		鈴1	鬲3		被破壞
M9	1.76	1							鬲2、罐1		被破壞
M43	1.74	1				一棺			罐1	貝3	
M37	1.72	1				一棺			鬲1		
M13		1				一棺			鬲1		被盜

碾子坡遺址早期墓地爲一處單純墓地，共清理墓葬92座。發掘者估計這片墓地大約應有 200 座墓葬。墓葬以南北向爲主。全部爲小型豎穴土坑墓。墓室長 2～2.3 米的墓葬 46 座，長不及 2 米的 27 座，長在 2.3～2.49 米的 11 座，2.5～2.68 米的 4 座。最大的 M627 長 3.09，寬 1～1.1 米。76 座墓葬有葬具的痕跡。大部份墓葬無隨葬品（包括最大的 M627），只有 6 座墓出土了 8 件陶器。可見這個墓地沒有表現出明顯的等級差異。

周原王家嘴遺址清理墓葬 7 座。墓向不一致。都是小型豎穴土坑墓。隨葬 1 或 2 件鬲，有的墓還有紡輪。這幾座墓之間也沒有等級差別。

周原劉家墓地本期有 12 座發掘的墓葬和 2 座徵集的墓葬。墓向不一致。都是偏洞室墓。葬具爲單棺。隨葬陶器主要爲陶器，另有雙聯小銅泡、銅管、銅鈴、貝、石頭等。也看不到明顯的等級差異。

高家村墓地清理本期墓葬 13 座。墓向均爲東西向。有 4 座偏洞室墓，12 座土坑豎穴帶頭龕墓，1 座豎穴土坑墓。豎穴墓的面積在 1.36～3.68 平方米之間。隨葬品主要爲陶器，個別墓有裝飾品和貝。隨葬品的種類與數量和墓室面積無關。說明這個墓地無明顯的等級。

黑豆嘴遺址 4 座墓葬中，隨葬品最多的 CHXM1 有青銅器 67 件，金飾 1 件，串珠數百枚，另有貝、綠松石等。青銅器爲刀 1 件、削 2 件、鏃 22 件、尖頂銅泡 3 件、渦紋銅泡 33 件、小圓泡 6 件。綠松石串在金飾上。CHXM2 有銅器 9 件。其中有饕餮紋爵 1 件、刀 1 件、弓形器 1 件、斧 1 件、鉞 1 件、戚 1 件、圓泡 2 件、銅飾 1 件。CHXM3 有銅器 23 件，其中饕餮紋壺 1 件、斧 1 件、鏃 5 件、小銅泡 16 件。另有金耳環（金器）4 件，還有骨笄、綠松石、貝。CHXM4 有銅有銎戈、銅鏃、金耳環等。這 4 座墓葬可能會存在等級差別，若參考老牛坡遺址和斷涇遺址的墓葬資料，可能隨葬有金器的等級要高些，爲聚落統治者的墓葬。

趙家莊遺址 2 座墓葬中隨葬器物完整的 CHZHM1，銅器有鼎、削、刀、斧、鏡各 1 件。陶器有鬲 1 件。其餘 5 座隨葬品都不完整。CHZHM2 有銅鼎、爵等共 6、7 件銅器。其墓葬等級可能與黑豆嘴未出土金的墓葬相當。

3. 武器裝備

武器的質地有銅、骨、石三種。老牛坡等遺址的種類有戈、鉞、戚、矛、鏃等。組合以戈和鏃爲主。如老牛坡遺址出土銅戈 7 件、石戈 3 件、銅鉞 2 件、銅戚 1 件、銅鏃 126 件、骨鏃 32 件、石鏃 2 件。碾子坡遺址出土骨鏃和

角鏃 135 件，石鏃 1 件。鄭家坡遺址有銅戈、銅鏃 1 件、骨矛 1 件、骨鏃 2 件、石鏃 1 件。岸底遺址出土骨鏃 6 件。紙坊頭遺址出土骨鏃 2 件。

黑豆嘴和趙家莊遺址的種類有有鑾戈、刀、斧、鉞、戚、鏃等，組合以有鑾戈、刀、斧、鏃為主。黑豆嘴遺址出土有鑾戈、刀 2 件、斧 2 件、鉞 1 件、戚 1 件、鏃 27 件以上。趙家莊遺址出土銅刀和銅斧各 1 件。

第六期

1. 聚落結構

遺址有老牛坡遺址第五期，周原遺址第六期（包括賀家遺址和禮村遺址，以及王家嘴墓地第四期、劉家墓地第二期、賀家墓地第二期），壹家堡遺址第二期，碾子坡遺址晚期，岸底遺址第三期、鄭家坡遺址第三期，斷涇遺址第二期，棗樹溝腦遺址第三期，蔡家河遺址第二期，高家村遺址第二期，苟家嶺墓地第二期、紙坊頭遺址第二期，周公廟遺址第 1、2 段，孔頭溝遺址第 1、2 段，豐鎬遺址，黃家河遺址，北呂遺址，西村墓地，下孟村遺址，旭光、林家村、峪泉等遺址，鬥雞臺遺址，勸讀遺址，水溝遺址和貼家河遺址等。此外還有一些出土銅器的地點。

上述遺址可以分為三個等級。第一等級為地區性中心聚落，包括豐鎬、周原和斷涇遺址。豐鎬遺址商代遺存的面積不詳，列為第一等級主要基於文獻記載。周原遺址面積約 500 萬平方米。之所以採信這個數據，是因為第六期的遺存是最容易辨認的，故其面積是可信的。另外還有賀家類、灃西類、紙坊頭等類遺存共存的現象。斷涇遺址 M4 面積為 23.48 平方米，超過了本地區老牛坡 M41，遠超靈石旌介的 3 座墓葬。並且還有 3 個殉人，隨葬品中有金飾。這都說明斷涇遺址在本期很可能是另外一個地區性政權的中心。

第二等級為次一級的中心性聚落。包括周公廟、孔頭溝、勸讀、水溝、貼家河、棗樹溝腦等遺址。周公廟遺址的面積約 200 萬平方米。目前的研究表明，遺存類型有貴族居住的大型夯土基址，手工業作坊和一般平民居住區。另有兩條壕溝 G4 和 G5。特殊遺物有空心磚。孔頭溝遺址的面積約 150 萬平方米。發現多座商周之際燒製空心磚的磚窯，說明遺址中有可能存在大型夯土基址。勸讀遺址面積約 110 萬平方米。遺址中有商周之際的鑄銅作坊。水溝遺址發現了始建於商周之際的城牆。城周長約 4000 米，城內面積約 100 萬平方米，城外還有商周時期遺存。貼家河遺址面積約 200 萬平方米。發現

有空心磚、瓦和一處夯土基址。鄭家坡遺址也可能屬於這個等級。棗樹溝腦遺址遺存最豐富的就是本期，據筆者瞭解其面積應在 100 萬平方米左右。遺址中發現有夯土牆殘塊和夯土牆基遺存，還有板瓦殘片。

第三等級爲普通聚落，包括第一二等級之外的遺址。值得注意的是老牛坡遺址已經淪爲這一等級了。

2. 墓　葬

豐鎬遺址可以確定的有 3 座墓。都爲豎穴土坑墓，葬具爲一棺一槨，有腰坑。墓主人可能爲低等級貴族。67SCCM89 面積 6.6 平方米。有 1 個殉人。隨葬高領袋足鬲和陶罐各 1 件。83SCKM1 被擾，面積約爲 8 平方米。隨葬品中應有銅禮器，現殘留有銅戈 2 件，銅弓形器 1 件，銅鏃 4 件，陶鬲 1 件，石璧 1 件。83 灃毛 M1 面積爲 5.15 平方米。隨葬銅鼎、銅簋各 1 件，高領袋足鬲和陶罐各 1 件。

周原遺址共清理墓葬 31 座以上，其中賀家墓地 15 座以上，王家嘴墓地 13 座，劉家墓地 3 座。目前可分爲三個等級。第一等級可能爲高級貴族。如賀家 1973 年 M1，被盜，面積約 12 平方米。葬具爲一棺一槨。殘留隨葬品有銅容器 8 件，兵器、工具和銅泡 30 件。另有蚌泡和石磬。第二等級可能爲低等級貴族。如賀家 2001 年 B4M1，被盜，面積 6.3 平方米，葬具爲一棺一槨。殘留隨葬品銅泡 24、銅弓形器 1、銅管 1、銅策 1，陶器有高領袋足鬲 2，另有漆器和貝。第三等級爲平民墓。包括其他墓葬。面積在 3 平方米以下。如賀家 1973 年清理的小墓。面積在 3 平方米左右，葬具爲一棺，隨葬銅戈、銅泡和陶鬲。王家嘴墓地有豎穴土坑帶頭龕墓 2 座（中型墓），由於缺乏數據，暫無法歸類。

周公廟遺址發現 3 座墓葬，分佈在三個不同的地點。都爲小型墓葬，應是平民墓。值得指出的是「95 小學墓」 應爲紙坊頭類的偏洞室墓，隨葬 1 件高領袋足鬲和 2 件高領球腹罐，墓中有小石塊。另外兩座爲豎穴土坑墓，其中白草坡 80S 墓隨葬 1 件銅鼎和 1 件高領袋足鬲。祝家巷 M1 無葬具，隨葬高領袋足鬲和瓿各 1 件。

斷涇遺址第二期墓葬分爲三個等級。第一等級有 M4，爲高級貴族墓。M4 被盜，面積爲 23.48 平方米。葬具爲一棺一槨。有腰坑和腳坑。腳坑內有 1 個殉人。四個二層臺上也發現人骨。殘留的隨葬品有銅飾和金飾、銅鏃等。第二等級有 M5，爲次一級的高級貴族。M5 被盜，面積 12.66 平方米。葬具

為一棺一槨。有腰坑。殘留隨葬品有銅釘、銅泡等。第三層級為平民墓，有M6 和 M7。面積為 3.55 和 3.86 平方米。葬具為一棺。殘留隨葬品為陶器和貝。

　　老牛坡遺址清理了散見於遺址的 15 座墓葬。這些墓葬都是小型墓葬，無二層臺和腰坑，方向也不一致。可能為平民墓。墓坑僅可容身。除 4 座墓葬外，都無葬具和隨葬品。3 座墓隨葬陶器，1 座墓為 1 件玉戈。

　　黃家河墓地墓葬面積都在 2 平方米左右，主要隨葬陶器，有 2 座墓隨葬 1 件和 2 件銅戈。也可能為平民墓。

　　北呂 IM11 面積為 3.36 平方米，隨葬 4 件陶器。IVM21 面積 2.6 平方米，隨葬 3 件陶器。可能為平民墓。

　　西村遺址墓葬可分為兩個等級。第一等級可能為低等級貴族墓。有79M42 可能屬於這一時期，面積 7.42 平方米。葬具為一棺。銅鼎 1 件，銅簋2 件，陶器 2 件，另有漆器。第二等級為平民墓。墓葬面積都小於 79M2，葬具為一棺一槨和一棺兩種，隨葬品有銅戈和陶器。

　　旭光 M1 面積約 5 平方米。葬具為一棺一槨。隨葬銅瓿 1 件、銅簋 1 件，陶器 3 件，另有串飾 1 組。林家村墓葬面積不詳，出土銅鼎 1 件、銅簋 1 件，陶器 3 件。峪泉 M5 面積約 6 平方米。葬具為一棺一槨。隨葬銅鼎 1 件、銅簋 1 件，陶器 2 件，木盾 1 件，另有串飾等。可能為低等級貴族墓。

　　高家村墓地第二期清理了 6 座小型豎穴土坑帶頭龕墓。墓向均為東西向。墓室面積為 1.09～3.38 平方米。葬具多為一棺。隨葬品為陶器。苟家嶺墓地 3 座墓葬都只隨葬陶器，M3 面積為 1.68 平方米，參考高家村墓葬可知其他兩座墓也應為此規模。葬具為一棺。可能為平民墓。

　　鬥雞臺遺址的 8 座墓葬。I5 面積最大，約 6.3 平方米，隨葬陶器。其餘7 座墓面積當在 2 平方米以下。墓葬都為南北向。隨葬器物主要是陶器，另有少量裝飾品等。參考豐鎬、周原、西村等遺址墓葬情況，可能存在兩個等級，即 I5 為低等級貴族墓，其他墓葬為平民墓。

　　碾子坡遺址晚期墓地。清理墓葬 139 座。發掘者估計這片墓地大約應有200 座墓葬，也是一處單純墓地，墓葬之間無明顯等級區分墓葬以東西向為主。除 2 座偏洞室墓外都為豎穴土坑墓。豎穴土坑墓都為小型墓。墓室長 2.2～2.39 米的墓葬 55 座，長 2～2.19 米的 37 座，長在 2.4～2.59 米的 20 座，長

不及 2 米的 15 座，長 2.6〜2.9 米的 4 座。發現葬具痕跡的 125 座。大部份墓葬隨葬 1 件陶鬲。

3. 武器裝備

武器的質地有銅、骨、石三種。種類有戈、矛、鏃 3 種。組合以戈和鏃為主。豐鎬遺址出土銅戈 1 件，銅鏃 5 件、骨鏃 1 件、骨矛 1 件。周原賀家墓地出土有銅戈 5 件，銅鏃 11 件。斷涇遺址出土銅鏃 7 件、骨鏃 10 件。在遺址附近徵集銅斧 2 件。黃家河遺址墓葬中出土 3 件銅戈。鄭家坡遺址出土有銅戈、骨鏃 1 件。岸底遺址出土骨鏃 1 件、骨矛 1 件、石矛 1 件。蔡家河遺址出土銅鏃 2 件、骨鏃 3 件。壹家堡遺址出土有骨鏃幾件。西村墓地中應隨葬有銅戈。紙坊頭遺址出土骨鏃 1 件。下孟村遺址出土銅鏃 1 件，骨鏃 1 件。峪泉 M5 中還出土了一件木盾。

第六節　關中地區的社會狀況

在前五節的分析基礎上，我們試對關中地區的聚落結構、墓葬等級、武器裝備等方面進行綜合論述。

第一期時聚落主要分佈在周原以東的渭河流域和涇河下游，等級差別不明顯。此時老牛坡類型應該是在商王朝直接控制控制之下，也許就從屬於垣曲商城這樣的地區性中心，老牛坡遺址和懷眞坊遺址可能略高於普通聚落。這一時期的墓葬也未出現明顯的分化。武器種類簡單，數量少。各遺址間也很少差別（表 6-2）。

表 6-2　關中地區第一期各遺址出土兵器統計表

遺址	銅戈	有鋬戈	石戈	銅鉞	銅戚	銅斧	銅矛	骨矛	石矛	銅刀	銅鏃	骨鏃	石鏃	總計
懷眞坊	2			1		1					2	3	2	11
老牛坡											2	9	2	13
北　村											1	若干		1
朱馬嘴												2		2
總　計	2			1		1					5	14	4	27

第二三期時聚落分佈範圍不變。此時商社會的統治中心北移至安陽，鄭

洛地區基本被放棄。晉南也未發現和垣曲商城一樣的地區性中心。老牛坡遺址發展成為一處地區性中心聚落，出現大型夯土建築。不知這種發展是否與上述兩個現象有關。同時在關中東部出現了姜河遺址這樣的第二等級聚落。這些都標誌著關中東部社會新的發展。

　　渭河流域西部出現了朱馬嘴和周原這兩個第二等級聚落。周原遺址可能由於資料的局限，本期的墓葬並未表現出明顯的等級差別。各遺址間在兵器上的差別依然不大（表6-3）。

表6-3　關中地區第二三期各遺址出土兵器統計表

遺址	銅戈	有鋬戈	石戈	銅鉞	銅戚	銅斧	銅矛	骨矛	石矛	銅刀	銅鏃	骨鏃	石鏃	總計
老牛坡											4	26	2	32
北　村											1	若干		1
朱馬嘴												1		1
壹家堡	1										3	若干		4
周　原	1					1	2					1		5
總　計	2					1	2				8	28	2	43

　　第四五期聚落分佈範圍擴大到整個渭河流域和涇河流域。渭河流域東部達到了其社會發展的頂端。老牛坡遺址似乎保持著此前的發展勢頭，依然保持其作為地區性中心的地位。遺址中發現了多處夯土柱礎和房基面，鑄銅作坊規模繼續擴大，產品種類增多。還出土了百餘片卜骨。墓葬等級明顯，有最高統治者、高級貴族、低級貴族和平民。武器的種類增多，數量最多，尤其是銅兵器的數量遠遠超過其他遺址的總和（表6-4）。

表6-4　關中地區第四五期各遺址出土兵器統計表

遺址	銅戈	有鋬戈	石戈	銅鉞	銅戚	銅斧	銅矛	骨矛	石矛	銅刀	銅鏃	骨鏃	石鏃	總計
老牛坡	7		3	2	1						126	32	2	173
鄭家坡	若干							1			1	2	1	5
岸　底												6		6

紙坊頭									2		2
黑豆嘴	2		1	1	2			2	27		35
趙家莊				1				1			2
碾子坡									135	1	136
總　　計	7	2	3	3	2	3		1	3	154	177	4	359

　　渭河流域西部可以確定的有鄭家坡、周原遺址這兩處第二等級聚落。周原遺址內出現了王家嘴類和劉家類遺存的共存現象。第三等級聚落中還有石嘴頭類和紙坊頭類遺存中的遺址，目前的資料都顯示了其社會分化似乎並不明顯。

　　涇河流域出現了黑豆嘴遺址這樣的地區性中心聚落，其統治者的墓葬和老牛坡遺址同類墓葬的級別可能相當，二者也許是共存的兩處地區性政權中心。考慮到只有 4 座被破壞的墓葬，則兵器種類和數量都同樣豐富。第二等級聚落有趙家莊遺址和碾子坡遺址這兩處。碾子坡遺址墓葬等級差別很小。我們還觀察到，雖然其發掘遺跡數量巨大，但兵器中只有鏃一類，而且骨鏃數量多，若結合墓葬資料，是否表明其為另外一種較為平等的社會類型。

　　第六期時一個最為引人注目的變化是老牛坡遺址的衰落，若結合本期時關中東部幾乎再未發現其他銅器出土地點，似可推測此時整個關中東部社會都陷入了低谷。

　　豐鎬遺址和周原遺址為新崛起的地區性中心，標誌著整個關中地區的社會重心移到了西安以西地區。此時湧現出了一批面積巨大的第二等級聚落，如周公廟、孔頭溝、勸讀、水溝、貼家河等。由於資料的局限，肯定還存在被遺漏的聚落。上述聚落大都面積在 200 萬左右。遺址的內涵也大為豐富，出現了城牆、大型夯土建築、手工業作坊區等。還發現了一批高等級和低等級貴族墓葬。結合文獻記載，此時的渭河流域西部可能已經實現了政治上的統一，即周政權已經出現。另外一個值得注意的現象是，紙坊頭類遺存的聚落此時與灃西類和賀家類遺存的聚落交錯在一起。本期由於資料較少，武器的發現也相應的很少（表6-5）。

　　涇河流域的社會狀況同樣值得關注。涇河下游的斷涇遺址可能繼黑豆嘴遺址之後成為了新的地區性中心，也許是某個地區性政權的所在，棗樹溝腦遺址則是其下屬的一個第二等級中心聚落。上游的碾子坡遺址依然保持著平等的社會結構。

表6-5　關中地區第六期各遺址出土兵器統計表

遺址	銅戈	有鑾戈	石戈	銅鉞	銅戚	銅斧	銅矛	骨矛	石矛	銅刀	銅鏃	骨鏃	石鏃	總計
豐　鎬	1							1			5	1		8
周原賀家	5										11			16
斷　涇						2					7	10		19
黃家河	3													3
鄭家坡	若干											1		1
岸　底								1	1			1		3
蔡家河											2	3		5
壹家堡												若干		
西　村	若干													
紙坊頭												1		1
下孟村											1	1		2
總　計	9						2	2	1		26	18		58

　　綜上所述，關中地區的三個地理區域中，首先是渭河流域東部，由於受到商文化最強烈的影響，率先進入了複雜化的等級社會，並可能一直到第五期都保持著最發達的社會水平和最強大的武裝水平，到第六期才衰落下去。渭河流域西部由於毗鄰東部，所以緊隨其後進入等級社會，但似乎直到第六期達到了其社會的頂點，出現了更多、更大的中心性聚落。涇河流域的發展最晚，要等到第四期，從渭河流域北上的因素與從西、北而來的因素在此相遇，似乎產生了兩個地方性政權。尤其是第六期以斷涇遺址為代表的地區性政權很可能與周政權並存，至於二者之間的關係則暫時無從推論。

　　我們將視野擴展至關中地區及其四鄰這個更大的區域社會中時，又可發現，商社會始終是這個大區域內最發達的社會，其聚落等級、墓葬等級和武器裝備都遠遠超出了其他幾個社會。山西、陝北和陝南也都邁入了發達的青銅時代，聚落等級明顯，都出現了地區性中心聚落，如杏花類型的旌介遺址，李家崖文化的李家崖和高紅遺址，西岔渠類遺存的甘泉閻家溝墓葬，寶山文化的寶山遺址。這些遺址中的特殊遺跡有城牆、大型夯土基址、高等級貴族墓葬、最高級墓葬中隨葬大量青銅器禮器、兵器、裝飾品和少量金器等。甘

青地區最為落後，幾處墓地皆未表現出等級差別，也無特殊遺跡或遺物，可能此時仍處於較為平等的社會。在這樣一個更大的發展不平衡的區域社會中，關中社會的表現也出現上述的不平衡，具體表現就是與商文化關係密切者社會發達程度就更高，如老牛坡遺址，反之就越低，如高家村墓地。涇河下游各遺址由於同時受到來自較為發達的陝北和關中東部的影響，其社會發展程度也就相當高。涇河上游的碾子坡遺址則由於與甘青地區更為密切，其社會也保持了平等的結構。同樣，也正是在這種視野中，才可能更好地理解第六期時老牛坡遺址的衰落。雖然我們不能知道確切的原因，但其東、北兩面的社會似乎並未發生多大的變動，而且這個遺址在第四五期時出土的銅兵器數量達到了 133 件，遠遠超出所有其他遺址的總和，可見其軍事實力的強大，正因為如此，所以其衰落的原因可能更多的要從關中社會內部的變動來尋找，此時關中西部的全面崛起與東部的全面衰落之間很可能就是互為因果的，即西部因為強大而征服了東部，而征服了東部之後又使得西部更為強大。

第七章　對關中區域社會的理解

　　本文以社會史的視角，從文化、經濟和社會三個角度描述了商代關中區域社會的出現與形成、發展與變化、融合與並存。在結束了主要的論證部份之後，我們必須再次審視這篇論文對關中區域社會究竟得出了什麼樣的認識，以及研究中存在的和今後需要繼續努力的地方。

一、二里頭時期和商代關中地區考古遺存的獨特性——區域社會研究得以開展的三個前提

　　本文的區域社會研究有三個前提。第一是根據目前的資料，二里頭時期關中地區遺存很少，文化水平也低，導致關中地區形成了人煙稀少的「真空地帶」。而這種社會現狀就使得我們在研究商代各類考古學遺存的首次出現時，可以很容易地確定其性質為外來因素，並將其所來自的區域大致確定起來。第二是進入商代以後，主要是東、西、北三個方向的因素持續進入關中地區，它們之間又不斷地進行著融合，產生新的遺存，到第六期時仍未形成統一的文化面貌。其實即使到了西周時期其面貌也未達到一致。第三是商後期時，商文化核心區北移至安陽，鄭洛地區基本被放棄，從而導致山西和關中地區從此走上了獨立的發展道路。這三種社會現象就使得商代的關中社會充滿了變化，而這種種變化對考古學家而言是可遇而不可求的，非常適合對這一階段的社會狀況進行綜合考察。

二、關中地理結構的獨特性

　　如果沒有關中獨特的地理結構，那麼前述的三種情況也許就都不會出

現。而這種獨特性體現在兩個方面。第一是封閉性。關中平原是一個地塹式的構造盆地〔註1〕。東部以黃河爲界與山西、河南相隔。顧祖禹稱其「……扼雍、豫之噤喉」〔註2〕。南有秦嶺隔絕南北交通。西面的隴山，綿延在陝西、甘肅兩省邊界，道路曲折難行，爲渭河平原與隴東高原的天然界限。北面爲北山山系，是黃土高原向關中下降形成的一系列低山。所謂「以上諸山雖比不上秦嶺、隴山高大險要，但屯兵扼守，亦不失其防衛關中的重要價值」〔註3〕。從東、南、西三面進入關中都非常困難，只有北面稍微容易一點，但也只是相對而言罷了。自古以來函谷關、武關、散關、隴關、蕭關等關隘就能封鎖住進出關中的大門〔註4〕。第二是關中盆地的面積小。盆地東西長 300餘公里，南北寬窄不一，寶雞附近只有 30 公里，西安以東方可寬達百餘公里〔註5〕。這樣的面積與商文化的分佈範圍比起來就顯得極其狹小了。

正是由於以上兩個特點，加之二里頭時期的大蕭條，才使得東、西、北三面的各類遺存能夠持續進入關中地區，並在進入後緊密相鄰甚至交錯雜居。進而在商文化中心北移後，走上獨立發展的道路，因爲此時晉南地區也相對衰落，可能已經缺乏翻山越嶺進入關中的動力和能力了。

三、區域社會中的關中社會

從產生與形成的角度來講，關中區域社會也可以說是更大的區域社會──關中地區及其四鄰──的產物。

文化方面，各類外來因素持續進入關中地區。如第一期時，商文化二里崗類型佔據關中地區東部，形成老牛坡類型商文化，隨後繼續西進，以其爲主與從西、北而來的因素融合形成京當類遺存。第二三期時，北方因素在周原與京當類融合產生了趙家溝類遺存。至第四期時，北村類和京當類遺存與從東、西、北而來的新因素融合而形成鄭家坡類和王家嘴類遺存。從甘青地區而來的因素在寶雞地區形成石嘴頭類。北方因素南下和北村類、京當類遺

〔註1〕 李健超：《陝西地理》，陝西人民出版社 1984 年版，第 33 頁。
〔註2〕 顧祖禹：《讀史方輿紀要》，上海書店出版社 1998 年版，影印本，正文第 364 頁。
〔註3〕 陝西省地方志編纂委員會：《陝西省志·軍事志》，陝西人民出版社 2000 年版，第 59 卷 55 頁。
〔註4〕 史念海：《古代的關中》，《河山集》，生活·讀書·新知三聯書店 1978 年版，第 26～66 頁。
〔註5〕 李健超：前引書，第 33 頁。

存在涇河下游融合產生了棗樹溝腦類遺存。同樣地，京當類遺存和甘青地區的因素在涇河上游相遇又形成了碾子坡類遺存。第五期時，在甘青地區或石嘴頭類遺存向東發展，王家嘴類和鄭家坡類向西發展的過程中融合形成了劉家類和紙坊頭類遺存。第六期時，北方因素仍持續南下，在棗樹溝腦類遺存中佔據了一席之地。

經濟方面，在第一類基礎經濟部門中，關中地區的農作物種類與典型商文化和山西的商文化及後續的杏花類型基本一致，都以粟、黍、小麥、大豆為主，而與陝北地區的李家崖文化以稷為主不同。農業生產工具也與典型商文化和山西的商文化及後續的杏花類型更為相近，如翻土工具都以石鏟為主，而少用骨鏟，收穫工具多用刀而少用鐮。可見關中地區的農業主要是受到來自以東區域的影響。畜牧業方面，關中地區和其以東、以西、以北三個區域都發現了家畜中的牛、羊、豬三類，區別在於甘青地區似以羊和豬為主，而其他三個區域都以牛羊豬三種為主。由於甘青地區資料較少，我們目前還不宜貿然得出上述結論。所以既然各類因素都持續進入關中地區，則本地的畜牧業就與其有關。碾子坡遺址出土獸骨數量巨大，也許表明畜牧業在其經濟中比在其他遺存中的地位更重要，或涇河流域畜牧業的發達。關中地區的製陶業主要受到了來自典型商文化和山西地區的影響，其次是陝北地區，最後是甘青地區，陝南地區在陶器上幾乎沒有任何影響。商文化有絲織品和麻織品兩種產品，山西地區雖然目前只發現了絲織品，但麻織品的存在應是不言而喻的。其他兩個區域也都有紡織業，但不能確定是何種產品，似乎存在麻織品是應該的，是否有絲織品則不得而知。關中地區目前可以確定的是麻織品，但南沙村的織物已經過上色，呈朱紅色，可見其紡織水平也是相當高的，是受到來自商文化的影響。

第二類經濟部門反映了社會的性質和發達程度。商文化應該是中國真正邁入青銅時代的第一個高度發達的經濟體，它的擴張過程從經濟角度來看其實也正是推動周邊落後地區加速成長的過程，對關中地區的推動更是如此。關中地區的鑄銅、製車、製玉、漆器、漆器、金工等，無論其產品和技術都主要直接或間接來自商文化。山西地區，尤其是晉中和晉南，地處商文化核心區與關中地區之間，始終充當著二者之間的橋樑，有時甚至可能就是直接的輸出地。陝北地區的李家崖文化和西坬渠類遺存位於商文化和北方游牧文化之間，兼具了二者的特點，在整個商後期始終保持南下進入關中的態勢，

進抵涇河一線，主要對涇河流域的經濟發展做出了很大的推動。甘青地區的經濟水平在關中周邊地區中最爲落後，其文化因素進入關中西部後逐漸與從東、北兩方面的因素融合，從而產生了新的但水平大爲提高的青銅時代經濟體。秦嶺自古以來都是隔阻陝南與關中交通的巨大障礙，陝南的寶山文化雖然自身也極其發達，但卻始終對關中地區的經濟貢獻甚少，甚至更多地受惠於後者。

　　社會方面，在關中地區及其四鄰這個更大的區域社會中，商文化社會始終是其中最發達的一個。山西、陝北和陝南也都邁入了發達的青銅時代，出現了地區性中心聚落和特殊遺跡、遺物。甘青地區最爲落後，可能此時仍處於較爲平等的社會。在這樣一個更大的發展不平衡的區域社會中，關中社會的發展也出現了區域內的不平衡，即與商文化關係密切的，其社會發達程度就更高，如老牛坡遺址，反之就越低，如高家村墓地。涇河流域的各遺址由於同時受到來自較爲發達的陝北和關中東部之間，其社會發展程度也就相當高。同樣，也正是在這種視野中，才可能更好地理解第六期時老牛坡遺址的衰落。雖然我們不能知道確切的原因，但其東、北兩面的社會似乎並未發生多大的變動，而且這個遺址在第四五期時出土的銅兵器數量達到了 133 件，遠遠超出所有其他遺址的總和，可見其軍事實力的強大，正因爲如此，所以其原因可能更多的要從關中社會內部的變動來尋找，而此時關中西部的全面崛起與東部的全面衰落之間很可能就是互爲因果的，即西部因爲強大而征服了東部，而征服了東部之後又使得西部更爲強大。

四、周滅商的社會考察──第六期時關中地區的文化、經濟與社會

　　周滅商是一個無需討論的歷史事實，也是商與其西土之間長期戰和這個更大的歷史事實中的一個組成部份，所以在此討論的不是爲什麼是來自西土的周人，而不是來自東土、南土或北土的其他人群滅掉了商王朝這個問題。我們的問題是，在西土之中，本文的研究已經顯示了晉南、晉中和陝北的人群也同樣具有滅商的可能性，他們的文化、經濟和社會水平、武器裝備都並不低於周人，那麼歷史爲什麼選擇了周人？當然，對考古學家而言，回答這樣的問題本就是一種奢望，因爲我們所掌握的資料根本無法提供這個歷史事件最爲直接的那些信息，只能在社會整體的文化、經濟和社會水平、武器裝

備等方面提供背景資料。

　　由於第六期的下限爲商周之際，這就限制了對墓葬資料的使用。原因在於每個墓葬相對遺址而言資料都偏少，其斷代的準確性要差於遺址的斷代，而我們所試圖理解的又是一個對時間要求較高的歷史事件，這樣就導致一個貴族墓葬既可能展示了周人具備滅商的實力，也可能其正是周滅商所帶來的結果，使得解釋產生自我矛盾。這其中最典型的例子就是西安袁家崖墓葬。以往學者大都認爲該墓的年代爲殷墟文化晚期，或殷墟文化第四期，或殷墟文化第四期最晚階段，並且多將該墓作爲判斷關中地區殷墟文化第四期遺存的一個年代標準。經雷興山分析後才確認其爲西周時期，正是筆者所講周滅商的結果〔註6〕。此外還有高家堡戈國墓地等一批墓葬資料也存在同樣的問題，所以在此我們從關中地區內部的聚落變化和關中地區與山西和陝北的聚落對比中來展開分析。

　　關中地區第六期時有兩個值得注意的現象，一是豐鎬遺址和周原遺址成爲新崛起的地區性中心，同時渭河流域西部地區還湧現出了一批面積巨大的第二等級聚落，如周公廟、孔頭溝、勸讀、水溝、貼家河等。由於資料的局限，肯定還存在被遺漏的聚落。上述聚落大都面積在 200 萬左右。遺址的內涵也大爲豐富，出現了城牆、大型夯土建築、手工業作坊區等。二是老牛坡遺址的衰落。雖然遺址的發現具有偶然性，但相對於西部遺址的大量發現，關中東部至今不見此時的遺址，恐怕在一定程度上也反映了關中東部的全面衰落。這兩類現象不但標誌著整個關中地區的社會重心移到了西安以西地區，更重要的是西部這些大型聚落的出現是此前整個關中地區從未有過的，所以此時也同樣是是關中地區最爲強大的時期。涇河流域的社會也處於高度發達的時期，但斷涇遺址與渭河流域的關係如何尚不能確定，故暫不涉及。

　　再轉向對晉南、晉中和陝北的聚落考察。晉南、晉中此時爲杏花類型，目前能夠確定的中心性聚落只有旌介一處，其他再無發現。李家崖文化的李家崖和高紅兩處遺址應爲地區性中心，但李家崖古城城址內面積僅約 9 萬平方米，高紅遺址面積僅 20 萬平方米，與關中同期第二等級聚落的 200 萬平方米相比就顯得很小了。與這三個區域相比，關中地區的特點是聚落的等級多、面積大、數量多，這就說明了其社會具有更多的人口，更強大的文化、經濟和軍事實力。在西土之中，自然是這樣的社會更具有滅商的可能性了。

〔註6〕雷興山：《西安袁家崖墓葬年代爲西周説》，《華夏考古》，2008 年第 1 期。

五、對西周建國後「疆以戎索」政策的影響

在本文對關中區域社會的論述中，可以發現兩種並行的趨勢。第一種是不斷融合的趨勢。各類遺存尤其是西安以西區域內各類遺存之間的相似性逐漸在增強，對此本文已有詳細的論述，茲不贅述。與第一種趨勢並存的是各類遺存並存，交錯雜居的局勢。由於周鄰地區的因素持續進入關中地區，就使得新的遺存種類不斷出現，直至第六期仍存在八類遺存，雖然其中灃西類、賀家類和蔡家河類的相似度很高，但在渭河流域仍存在老牛坡類、鄭家坡類、紙坊頭類，涇河下游的棗樹溝腦類、涇河上游的碾子坡類這樣特徵鮮明的遺存種類，甚至在渭河流域灃西類、賀家類和蔡家河類和鄭家坡類、紙坊頭類交錯雜居在一起。如果結合文字資料，則此時渭河流域已經出現了周政權似乎是可以成立的了，但涇河流域是否一定就從屬於這個政權則還不能確定。這種情況表明此時的周政權統治者既不得不採用也已經採用了聯盟的手段，文字資料也表明事實正是如此，所以正是這種具體歷史情境中的成功經驗，對周政權統治者在滅商後提供了「疆以戎索」的治理思路，而這種思路其實就是其在關中地區經驗的延續。

六、餘論——本文中存在的問題及今後工作的建議

本文由於採用了新的社會史研究思路，將關中東部社會定位為典型的以青銅器等為代表的階級社會，關中西部逐漸邁向階級社會，甚至有的區域可能還處於青銅時代的平等社會。在此前提下就需要對現有資料進行廣度和深度上的開發，筆者在文中也努力的實現這種要求。但限於學力和資料限制，仍在以下幾個方面存在問題。

第一、聚落研究的基礎不足。由於以往工作思路在於尋找以陶器為代表的考古學文化，以及具體上發掘面積和發表資料較少的原因，關中地區的大部份遺址都只能大致確定遺址的文化面貌，對遺址的內涵大多知之甚少，這就使得研究遺址的區域分佈、等級差別和內涵極其困難。本文在這一點上也是深受其累，無法做更多的分析。

第二、銅器研究深度不夠。在本文的研究中，銅器是最可能體現社會性質和各類遺存間是否存在從屬關係的資料之一，但由於大部份銅器都無法與具體遺址及其分期對應起來，所以導致研究中對銅器的使用較少，且無法深入。同時銅器的生產不同於陶器，只能由某些遺址生產，然後向外流通，於

是在研究中就可能出現同一批銅器中有時代不同而產地相同或產地也不同，器形相同而產地不同等現象，以往以肉眼觀察爲基礎的類型學研究對此幾乎無能爲力，其典型的例子就是老牛坡遺址與寶山文化中人面飾和獸面飾等的關係。在本文中，筆者對上述問題亦是無能爲力，希望能在以後的研究中不但要提升銅器在研究關中社會這個階級社會中的關鍵地位，還要加強鑄造技術、合金配比、產地分析等方面的研究。此外，本文在銅器研究中還存在一個未能解決的問題，即如何區分商周之際的銅器遺存。在本文下編對第六期銅器的研究中，與以往研究最大的區別就是利用的銅器資料大幅度減少，其中重要的如高家堡戈國墓地和耀縣丁家溝墓葬都未採用，其原因就在於筆者目前無法確定其屬於商末還是周初。這種變化背後的原因既在於上面第四點所述，也在於商周之際的銅禮器大多極其精美，似遠超此前的銅器，這種飛躍性的提高使得筆者傾向於認爲其更可能是周滅商之後的戰利品，但由於缺乏堅實的證據進行論證，所以只能暫時擱置不論，留待以後再做研究。

第三、其他各類資料的使用不足。本文雖然力圖將更多種類的資料納入研究的視野，但限於學力和資料發掘和發表的原因，只是用了其中的幾類，而且都未能進行如陶器和墓葬那樣細緻的分析，這樣必將導致對關中社會的研究中有所缺陷，只能在今後的研究中繼續加強和補充了。

參考文獻

一、考古報告

1. 北京大學歷史系考古教研室：《元君廟仰韶墓地》，文物出版社 1983 年版。
2. 曹瑋：《陝北的商代青銅器研究》，見曹瑋編：《陝北青銅器》（第 1 卷），巴蜀書社，2009 年。
3. 國家文物局、山西省考古研究所、吉林大學考古學系：《晉中考古》，文物出版社 1998 年版。
4. 劉士莪：《老牛坡》，陝西人民出版社 2002 年版。
5. 羅西章：《北呂周人墓地》，三秦出版社 1995 年版。
6. 青海省文物考古研究所、青海省文物管理處、西北大學文博學院：《民和核桃莊》，科學出版社 2004 年版。
7. 山西省考古研究所：《靈石旌介商墓》，科學出版社 2006 年版。
8. 陝西省考古研究所等編：《陝西出土商周青銅器》（一～四），文物出版社，1979 年 10 月、198 年 6 月、1980 年 12 月、1984 年 8 月。
9. 蘇秉琦：《鬥雞臺溝東區墓葬》，國立北京大學出版部承印，1948 年版。
10. 蘇秉琦：《鬥雞臺溝東區墓葬圖說》，中國科學院，1954 年版。
11. 西北大學文博學院：《城固寶山 1998 年發掘報告》，文物出版社 2002 年版。
12. 中國社會科學院考古研究所編：《殷墟的發現與研究》，科學出版社 1994 年版。
13. 中國社會科學院考古研究所編著：《徐家碾寺窪文化墓地——1980 年甘肅莊浪徐家碾考古發掘報告》，科學出版社 2006 年版。
14. 中國社會科學院考古研究所編著：《南豳州·碾子坡》，世界圖書出版社 2007 年版。

15. 趙叢蒼：《城洋青銅器》，科學出版社 2006 年版。

二、考古簡報

1. 寶雞市考古隊：《陝西武功鄭家坡遺址發掘簡報》，《文物》1984 年第 7 期。

2. 寶雞市考古隊：《寶雞市紙坊頭遺址試掘簡報》，《文物》1989 年第 5 期。

3. 寶雞市考古隊：《寶雞市附近古遺址調查》，《文物》1989 年第 6 期。

4. 寶雞市考古隊：《關中漆水河下游先周遺址調查簡報》，《考古與文物》1989 年第 6 期。

5. 寶雞市考古工作隊：《陝西寶雞市高家村遺址發掘簡報》，《考古》1998 年第 4 期。

6. 寶雞市考古工作隊：《陝西寶雞高家村劉家文化墓地發掘報告》。北京大學中國考古學研究中心、北京大學震旦古代文明研究中心編：《古代文明》第七卷，文物出版社，2008 年。

7. 寶雞縣博物館　閻宏斌：《寶雞林家村出土西周青銅器和陶器》，《文物》1988 年第 6 期。

8. 保全：《西安老牛坡出土商代早期文物》，《考古與文物》1981 年第 2 期。

9. 北京大學考古教研室華縣報告編寫組：《華縣、渭南古代遺址調查與試掘》，《考古學報》1980 年第 3 期。

10. 北京大學考古文博學院、寶雞市考古工作隊：《陝西麟游縣蔡家河遺址商代遺存發掘報告》，《華夏考古》2000 年第 1 期。

11. 北京大學考古文博學院、寶雞市考古工作隊：《陝西麟游縣史家原遺址發掘報告》，《華夏考古》2004 年第 4 期。

12. 北京大學考古系商周考古實習組：《陝西綏德薛家渠遺址的試掘》，《文物》1988 年第 6 期。

13. 北京大學考古系：《陝西扶風壹家堡遺址發掘簡報》，《考古》1993 年第 1 期。

14. 北京大學考古系商周組：《陝西扶風縣壹家堡遺址 1986 年度發掘報告》。北京大學考古系編：《考古學研究》（二），北京大學出版社，1994 年。

15. 北京大學考古系商周組等：《陝西耀縣北村遺址 1984 年發掘報告》。北京大學考古系編：《考古學研究》二，北京大學出版社，1994 年。

16. 北京大學考古學系、甘肅省文物考古研究所：《甘肅合水九站遺址發掘報告》。北京大學考古學系編：《考古學研究》三，科學出版社，1997 年。

17. 北京大學考古系商周組、陝西省考古研究所：《陝西禮泉朱馬嘴商代遺址試掘簡報》，《考古與文物》2000 年第 5 期。

18. 北京大學考古文博院：《陝西彬縣、淳化等縣商時期遺址調查》，《考古》2001 年第 9 期。

19. 曹發展、景凡：《陝西旬邑崔家河遺址調查記》，《考古與文物》1984 年第 4 期。

20. 長水：《岐山賀家村出土的西周銅器》，《文物》1972 年第 6 期。

21. 戴應新、呂智榮：《清潤縣李家崖青銅時代墓葬》。《中國考古學年鑒》編輯委員會編：《中國考古學年鑒（1987）》，文物出版社，1988 年。

22. 樊維岳、吳鎮烽：《陝西藍田縣出土商代青銅器》，《文物資料叢刊》3，文物出版社，1980 年。

23. 扶風縣博物館　高西省：《陝西扶風縣益家堡商代遺址的調查》，《考古與文物》1989 年 5 期。

24. 扶風縣博物館：《扶風北呂周人墓地發掘簡報》，《文物》1984 年 7 期。

25. 高次若、劉明科、李新秦：《寶雞高家村發現劉家文化陶器》，《考古與文物》1998 年 4 期。

26. 高西省：《扶風出土的幾組商周青銅兵器》，《考古與文物》1993 年 3 期

27. 高西省：《扶風近年徵集的商周青銅器》，《文博》1988 年 6 期

28. 鞏啟明：《西安袁家崖發現商代晚期墓葬》，《文物資料叢刊》第 5 輯

29. 韓偉、吳振鋒：《鳳翔南指揮西村周墓的發掘》，《考古與文物》1982 年第 4 期。

30. 賀梓誠：《耀縣發現一批周代銅器》，《文物參考資料》1956 年 11 期。

31. 鉅萬倉：《陝西岐山王家嘴、衙里西周墓葬發掘簡報》，《文博》1985 年第 5 期。

32. 考古研究所渭水流域調查發掘隊：《陝西渭水流域調查簡報》，《考古》1959 年第 11 期。

33. 羅西章：《楊家堡出土的商周之際的銅器》，《文物》1977 年 12 期

34. 羅西章：《扶風美陽發現商周銅器》，《文物》1978 年第 10 期。

35. 羅西章：《扶風出土的商周青銅器》，《考古與文物》1980 年 4 期

36. 羅西章：《扶風白家窯水庫出土的商周文物》，《文物》1977 年第 12 期。

37. 盧建國：《陝西耀縣北村商代遺址調查》，《考古與文物》1984 年 1 期。

38. 馬琴莉：《三原縣收藏的商周銅器和陶器》，《文博》1996 年第 4 期。

39. 內蒙古文物考古研究所、清水河縣文物管理所：《清水河縣西岔遺址發掘簡報》。內蒙古自治區文物考古研究所編：《萬家寨水利樞紐工程考古報告集》，遠方出版社，2001 年。

40. 錢耀鵬、魏女、李成：《陝西淳化棗樹溝腦遺址發掘獲重要發現》，《文物報》2006 年 11 月 24 日第 2 版。

41. 錢耀鵬、李成、魏女：《淳化縣棗樹溝腦遺址調查發掘的主要收穫》，《西北大學學報（哲學社會科學版）》2008 年 7 月，第 38 卷第 4 期。

42. 秋維道：《陝西禮泉縣發現兩批商代銅器》，《文物資料叢刊》第 3 集，文物出版社，1980 年。

43. 馬琴莉：《三原縣收藏的商周銅器和陶器》，《文博》1996 年第 4 期。

44. 劉寶愛、嘯鳴：《寶雞市博物館收藏的陶鬲》，《文物》1989 年第 5 期。

45. 劉寶愛：《寶雞發現辛店文化陶器》，《考古》1985 年第 9 期。

46. 盧建國：《陝西銅川發現商周青銅器》，《考古》1982 年第 1 期。

47. 山西省考古考古研究所：《2004 柳林高紅商代夯土基址試掘簡報》。山西省考古研究所、山西省考古學會編：《三晉考古》第三輯，山西人民出版社，2006 年。

48. 陝西省考古研究所：《岐山賀家村周墓發掘簡報》，《考古與文物》1980 年創刊號。

49. 陝西省博物館、陝西省文物管理委員會：《陝西岐山賀家村西周墓葬》，《考古》1976 年第 1 期。

50. 陝西周原考古隊：《陝西岐山賀家村西周墓葬發掘報告》，《文物資料叢刊》第 8 輯，文物出版社，1983 年。

51. 陝西周原考古隊：《扶風劉家姜戎墓葬發掘簡報》，《文物》1984 年第 7 期。

52. 陝西省博物館等，《陝西岐山禮村附近周遺址的調查和試掘》，《文物資料叢刊》第 2 輯，文物出版社，1978 年。

53. 陝西省考古所、寶雞市考古工作隊：《陝西省寶雞市峪泉周墓》，《考古與文物》2000 年第 5 期。

54. 陝西省考古研究院、商洛市博物館：《商洛東龍山遺址 I 區發掘簡報》，《考古與文物》2010 年第 4 期。

55. 陝西省考古研究所商周室 北京大學考古系考古實習組：《陝西耀縣北村遺址發掘簡報》，《考古與文物》1988 年 2 期。

56. 陝西省考古研究所寶雞工作站、寶雞市考古工作隊：《陝西岐山趙家臺遺址試掘簡報》，《考古與文物》1994 年第 2 期。

57. 陝西省考古研究所：《陝西武功岸底先周遺址發掘簡報》，《考古與文物》1993 年第 3 期。

58. 陝西考古所涇水隊：《陝西彬縣下孟村遺址發掘簡報》，《考古》1960 年第 1 期。

59. 陝西省考古研究所：《陝西長安羊元坊商代遺址殘灰坑的清理》，《考古與文物》2003 年第 2 期。

60. 陝西省考古研究所：《陝西安塞縣西坬渠村遺址試掘簡報》,《華夏考古》2007 年第 2 期。

61. 石璋如：《傳說中周都的實地考察》,《中央研究院歷史研究所集刊》第 20 本下冊, 1949 年。

62. 宋新潮：《西安老牛坡遺址發掘的主要收穫》,《西北大學學報》（哲學社會科學版）1987 年第 1 期。

63. 田仁孝等：《陝西麟游縣蔡家河遺址龍山遺址發掘報告》,《考古與文物》2000 年第 6 期。

64. 王光永：《陝西省岐山縣發現商代銅器》,《文物》1977 年 12 期。

65. 王桂枝：《寶雞下馬營旭光西周墓清理簡報》,《文博》1985 年第 2 期。

66. 王京燕、高繼平：《山西柳林高紅商代夯土基址發掘取得重要收穫》,《中國文物報》2007 年 1 月 5 日第 2 版。

67. 王麟昌、尹申平：《陝西麟游古遺址調查簡報》,《文博》1998 年第 4 期。

68. 王永剛、崔風光、李延麗：《陝西甘泉縣出土晚商青銅器》,《考古與文物》2007 年第 3 期。

69. 王振：《陝西淳化棗樹溝腦遺址再獲重要發現》,《文物報》2008 年 10 月 12 日。

70. 王振、陳洪海：《陝西淳化棗樹溝腦遺址 2008 年度發掘的主要收穫》,《西北大學學報（哲學社會科學版）》2010 年 11 月, 第 40 卷第 6 期。

71. 西安半坡博物館、藍田縣文化館：《陝西藍田懷真坊商代遺址試掘簡報》,《考古與文物》1981 年第 3 期。

72. 西安半坡博物館：《陝西岐山縣王家嘴遺址的調查和試掘》,《史前研究》1984 年第 3 期。

73. 西北大學歷史系考古專業 82 級實習隊：《寶雞石嘴頭東區發掘報告》,《考古學報》1987 年第 2 期。

74. 西北大學歷史系考古專業：《西安老牛坡商代墓地的發掘》,《文物》1988 年第 6 期。

75. 夏商周斷代工程先周文化分期與測年專題組：《武王伐紂年代先周文化分期專題初步報告》打印稿。

76. 許益：《陝西華縣殷代遺址調查簡報》,《文物參考資料》1957 年第 3 期。

77. 淳化縣博物館：《陝西淳化出土的商周青銅器》,《考古與文物》1986 年 5 期。

78. 張映文、呂智榮：《陝西清澗李家崖古城址發掘簡報》,《考古與文物》1988 年第 1 期。

79. 趙叢蒼：《寶山遺址發掘取得重大收穫》,《中國文物報》2000 年 1 月 23 日。

80. 中國社會科學院考古研究所灃西發掘隊：《陝西長安戶縣調查與試掘簡報》，《考古》1962 年 6 期。

81. 中國社會科學院考古研究所甘肅工作隊：《甘肅永靖張家咀與姬家川遺址的發掘》，《考古學報》1980 年第 2 期。

82. 中國社會科學院考古研究所灃西發掘隊：《1967 年長安張家坡西周墓葬的發掘》，《考古學報》1980 年第 4 期。

83. 中國社會科學院考古研究所陝西武功發掘隊：《陝西武功縣新石器時代及西周時期遺址調查》，《考古》1983 年第 5 期。

84. 中國社會科學院考古研究所灃鎬發掘隊：《長安灃西早周墓葬發掘記略》，《考古》1984 年 9 期。

85. 中國社會科學院考古研究所陝西工作隊：《陝西華陰橫鎮遺址發掘報告》，《考古學集刊》第四輯，1984 年。

86. 中國社會科學院考古研究所灃鎬工作隊：《1984～1985 年灃西西周遺址、墓葬發掘報告》，《考古》1987 年第 1 期。

87. 中國社會科學院考古研究所武功發掘隊：《1982～1983 年陝西武功黃家河遺址發掘簡報》，《考古》1988 年第 7 期。

88. 中國社會科學院考古研究所涇渭工作隊：《陝西長武碾子坡先周文化遺址發掘紀略》，《考古學集刊》6，1989 年。

89. 中國社會科學院考古研究所：《陝西藍田泄湖遺址》，《考古學報》1991 年第 4 期。

90. 中國社會科學院考古研究所渭水流域考古調查發掘隊：《陝西渭水流域西周文化遺址調查》，《考古》1996 年第 7 期。

91. 中國社會科學院考古研究所涇渭工作隊：《陝西彬縣斷涇遺址發掘報告》，《考古學報》1999 年第 1 期。

92. 中國社會科學院考古研究所灃鎬工作隊：《1997 年灃西發掘報告》，《考古學報》2000 年第 2 期。

93. 周公廟考古隊：《陝西岐山周公廟遺址考古收穫豐碩》，《中國文物報》2004 年 12 月 31 日。

94. 周原考古隊：《2001 年度周原遺址調查報告》。北京大學中國考古學研究中心、北京大學震旦古代文明研究中心編：《古代文明》第 2 卷，文物出版社，2003 年。

95. 周原考古隊：《2001 年度周原遺址（王家嘴、賀家地點）發掘簡報》。北京大學中國考古學研究中心、北京大學震旦古代文明研究中心編：《古代文明》第 2 卷，文物出版社，2003 年。

96. 周原考古隊：《周原遺址（王家嘴地點）嘗試性浮選的結果及初步分析》，《文物》2004 年第 10 期。

97. 周原考古隊：《陝西周原七星河流域 2002 年考古調查報告》,《考古學報》2005 年 4 期。

98. 周原考古隊：《2002 年周原遺址（齊家村）發掘簡報》,《考古與文物》2003 年第 4 期。

99. 周原考古隊：《2003 年陝西岐山周公廟遺址調查報告》。北京大學中國考古學研究中心、北京大學震旦古代文明研究中心編：《古代文明》第 5 卷,文物出版社,2006 年。

100. 周原考古隊：《2004 年秋季周原老堡子遺址發掘報告》,《考古學集刊》第 17 輯,科學出版社,2010 年。

101. 周原考古隊：《2005 年陝西扶風美陽河流域考古調查》,《考古學報》2010 年第 2 期。

102. 左忠誠：《渭南縣南堡村發現三件商代銅器》,《考古與文物》1980 年第 2 期。

103. 左忠誠：《渭南市又出一批商代青銅器》,《考古與文物》1987 年第 4 期。

三、考古論文、論著

1. 蔡亞紅：《李家崖文化研究》,西北大學碩士學位論文,2008 年 6 月。

2. 曹定雲、劉一曼：《殷墟花園莊東地出土甲骨卜辭中的「中周」與早期殷周關係》,《考古》2005 年第 9 期。

3. 常懷穎：《夏商時期古冀州之域的考古學研究》,北京大學博士研究生學位論文,2010 年 6 月。

4. 陳坤龍：《陝西漢中出土商代銅器的科學分析與製作技術研究》,北京科技大學博士學位論文,2009 年 1 月。

5. 戴應新：《陝北和晉西北黃河兩岸出土的殷商銅器及其有關問題的探索》。《考古學研究》編委會編：《考古學研究》,三秦出版社,1993 年。

6. 付仲楊：《老堡子遺址商代遺存的年代與性質研究》,《考古學集刊》第 17 輯,科學出版社,2010 年。

7. 付仲楊：《周原商代遺存的分期與性質研究》,中國社會科學院研究生院碩士學位論文,2005 年 5 月。

8. 〔日〕高濱侑子：《中國古代洞室墓》,韓釗譯,《文博》1994 年第 1 期。

9. 韓輝：《淳化棗樹溝腦先周時期遺存分析》,西北大學碩士學位論文,2007 年 5 月。

10. 黃尚明：《論老牛坡商文化的分期》,《江漢考古》2003 年第 1 期,總第 86 期。

11. 胡謙盈：《姬周陶鬲研究——周族起源探索之一》,《考古與文物》1982 年第 1 期。

12. 胡謙盈:《試談先周文化及相關問題》。見胡謙盈著:《胡謙盈周文化考古研究選集》,四川大學出版社 2000 年版。

13. 胡謙盈:《姬周族屬及其文化探源——周族起源探索之二》。見胡謙盈著:《胡謙盈周文化考古研究選集》,四川大學出版社 2000 年版。

14. 胡謙盈:《太王以前的周史管窺——周族起源探索之三》。見胡謙盈著:《胡謙盈周文化考古研究選集》,四川大學出版社 2000 年版。

15. 胡謙盈:《淺談先周文化分佈與傳說中的周都——周族起源探索之四》。見胡謙盈著:《胡謙盈周文化考古研究選集》,四川大學出版社 2000 年版。

16. 蔣剛:《太行山兩翼北方青銅文化的演進及其與夏商西周文化的互動》,吉林大學博士學位論文,2006 年 6 月。

17. 蔣剛:《山西、陝北及內蒙古中南部夏商西周時期青銅文化的演進》,《中國歷史文物》2008 年第 10 期。

18. 江林昌:《古公亶父「至於岐下」與渭水流域先周考古文化》,《考古與文物》2000 第 2 期。

19. 蔣祖棣:《論豐鎬周文化遺址陶器分期》。北京大學考古系編:《考古學研究》(一),文物出版社,1992 年。

20. 雷興山:《對關中地區商文化的幾點認識》,《考古與文物》2000 年第 2 期。

21. 雷興山:《蔡家河、園子坪等遺址的發掘與碾子坡一類遺存分析》。北京大學考古系編:《考古學研究(四)》,科學出版社,2000 年。

22. 雷興山:《論周公廟遺址卜甲坑 H54 的期別與年代》。北京大學中國考古學研究中心、北京大學震旦古代文明研究中心編:《古代文明》第 5 卷,文物出版社,2006 年。

23. 雷興山:《陝西省麟遊縣園子坪遺址商代遺存分析》,《考古與文物》2006 年第 4 期。

24. 雷興山:《周原遺址商時期考古學文化分期研究》。北京大學中國考古學研究中心、北京大學震旦古代文明研究中心編:《古代文明》第 6 卷,文物出版社,2007 年。

25. 雷興山:《西安袁家崖墓葬年代爲西周説》,《華夏考古》,2008 年第 1 期。

26. 雷興山:《周原遺址商時期遺存與先周文化關係辨析》。北京大學中國考古學研究中心、北京大學震旦古代文明研究中心編:《古代文明》第七卷,文物出版社,2008 年。

27. 雷興山:《周原遺址劉家墓地分析》。北京大學考古文博學院編:《考古學研究》七,科學出版社,2008 年。

28. 雷興山:《由周原遺址陶文「周」論「周」地與先周文化》。北京大學考古文博學院、中國國家博物館編:《俞偉超先生紀念文集·學術卷》,文物出版社,2009 年。

29. 雷興山：《先周文化探索》，科學出版社 2010 年版。

30. 梁星彭：《壹家堡商周遺存若干問題商榷》，《考古》1996 年第 1 期。

31. 梁星彭：《從鄭家坡遺址談地層學在考古分期斷代中對於類型學的主導作用》，《考古》1998 年第 4 期。

32. 李伯謙：《從靈石旌介商墓的發現看晉陝高原青銅文化的歸屬》。見李伯謙著：《中國青銅文化結構體系研究》，科學出版社，1998 年。

33. 李峰：《試論陝西出土商代銅器的分期與分區》，《考古與文物》1986 年第 3 期。

34. 李峰：《先周文化的內涵及其淵源探討》，《考古學報》1991 年 3 期。

35. 李海榮：《關中地區出土商時期青銅器文化因素分析》，《考古與文物》2000 年第 2 期。

36. 李水城：《論董家臺類型及其相關問題》。北京大學考古系編：《考古學研究》三，科學出版社，1997 年。

37. 李水城：《劉家文化來源的新線索》。《遠望集》編委會編：《遠望集——陝西省考古研究所華誕四十週年紀念文集》，陝西人民美術出版社，1998 年。

38. 李志鵬：《殷墟動物遺存研究》，中國社會科學院研究生院博士學位論文，2009 年 5 月。

39. 呂智榮：《試論李家崖文化的幾個問題》，《考古與文物》1989 年第 4 期。

40. 呂智榮：《朱開溝文化遺存與李家崖文化》，《考古與文物》1991 年第 6 期。

41. 呂智榮：《李家崖文化的社會經濟形態及發展》。《考古學研究》編委會編：《考古學研究》，三秦出版社，1993 年。

42. 呂智榮：《李家崖古城址 AF1 建築遺址初探》。《周秦文化研究》編委會：《周秦文化研究》，陝西人民出版社，1998 年。

43. 呂智榮：《李家崖文化因素分析和相關問題》，《陝西歷史博物館館刊》第 8 輯，2001 年。

44. 劉軍社：《對先周文化涵義的一點認識——兼論考古學文化的命名問題》，《寶雞師院學報（哲學社會科學版）》，1990 年第 2 期。

45. 劉軍社：《對先周文化涵義的再認識》。陝西省考古學會編：《慶祝武伯綸先生九十華誕論文集》，三秦出版社 1991 年。

46. 劉軍社：《太王「剪商」史事辨》，《西周史論文集》，陝西人民教育出版社，1993 年 6 月。

47. 劉軍社：《鳳翔西村先周墓葬分析》，《文博》1993 年第 6 期。

48. 劉軍社：《壹家堡類型文化與早期秦文化》，《秦文化論叢》第三輯，西北大學出版社，1994 年。

49. 劉軍社：《鄭家坡文化與劉家文化的分期及其性質》，《考古學報》1994年第1期。

50. 劉軍社：《先周文化與光社文化的關係》，《文博》1995年1期。

51. 劉軍社：《水系‧古文化‧古族‧古國論──渭水流域商代考古學文化遺存分析》，《華夏考古》1996年第1期。

52. 劉軍社：《再論鄭家坡遺址的分期與年代》，《考古與文物》1996年2期。

53. 劉軍社：《試論岸底遺址的分期及相關問題》。《周秦文化研究》編委會：《周秦文化研究》，陝西人民出版社1998年。

54. 宗禮、劉棟：《先周文化研究六十年》。《周秦文化研究》編委會：《周秦文化研究》，陝西人民出版社，1998年。

55. 劉軍社：《論碾子坡文化》。《遠望集》編委會編：《遠望集──陝西省考古研究所華誕四十週年紀念文集》，陝西人民美術出版社，1998年。

56. 劉軍社：《關於地層學與類型學的關係及其相關問題──與梁星彭先生討論》，《考古與文物》1999年6期。

57. 劉軍社：《先周文化研究》，三秦出版社2003年版。

58. 劉軍社：《對尋找涇水上游先周文化遺存的思考》，《文博》2006年第5期。

59. 劉士莪：《西安老牛坡商代墓地初論》，《文物》1980年第6期。未複印

60. 劉士莪：《試論老牛坡商代墓（提要)》，《西北大學學報（哲學社會科學版)》，1987年第1期。

61. 劉士莪：《西安老牛坡商代文化的發現與研究》，《周秦漢唐考古與文化國際學術會議論文集》，西北大學學（哲學社會科學版）增刊，1988年。

62. 劉士莪：《西安老牛坡2號商代大型夯土建築基址的討論》，中國社會科學院考古研究所編：殷墟發掘70週年學術紀念會論文，1998年。

63. 劉緒：《周原考古札記四則》。北京大學考古文博學院、中國國家博物館編：《俞偉超先生紀念文集‧學術卷》，文物出版社，2009年。

64. 盧連成：《扶風劉家先周墓地剖析──論先周文化》，《考古與文物》1985年第2期。

65. 盧連成：《先周文化芻議（摘要)》，《周秦漢唐考古與文化國際學術會議論文集》，《西北大學學報》1988年增刊。

66. 盧連成：《先周文化與周邊地區的青銅文化》。《考古學研究》編委會編：《考古學研究》，三秦出版社，1993年。

67. 盧連成：《商代社會疆域地理的政治架構與周邊地區青銅文化》，《中國歷史地理論叢》1994年第4期。

68. 盧連成：《商文化關中類型與周邊地區青銅文化》。中國社會科學院考古研究所編：《中國商文化國際學術討論會論文集》，中國大百科全書出版社，1998年。

69. 羅西章、王占奎：《試論北呂墓地的先周墓葬》。陝西省考古學會編：《慶祝武伯綸先生九十華誕論文集》，三秦出版社，1991年。

70. 馬賽：《考古學文化與族群關係的思考——「先周文化」研究反思》，《文博》2008年第5期。

71. 馬賽：《聚落與社會——商周時期周原遺址的考古學研究》，北京大學博士研究生學位論文，2009年6月。

72. 牛世山：《關於劉家墓地的幾個問題》，《中原文物》1997年4期。

73. 牛世山：《陝西武功縣岸底商代遺存分析》。中國社會科學院考古研究所編：《考古求知集》，中國社會科學出版社，1997年。

74. 牛世山：《先周文化探索》，《文物季刊》1998年2期。

75. 牛世山：《劉家文化的初步研究》。《遠望集》編委會編：《遠望集——陝西省考古研究所華誕四十週年紀念文集》，陝西人民美術出版社，1998年。

76. 牛世山：《論先周文化的淵源》，《考古與文物》2000年2期。

77. 朴載福：《中國先秦時期的卜法研究——從考古資料探討卜用甲骨的特徵與內容》，北京大學博士研究生學位論文，2008年12月。

78. 錢耀鵬、李成、韓輝、馬明志：《棗樹溝腦遺址H14及其相關問題分析》，《考古與文物》2009年第2期。

79. 任雪莉：《寶雞戴家灣地區出土商周青銅器的整理與研究》，陝西師範大學碩士學位論文，2008年5月。

80. 宋江寧：《關於「先周文化」的幾點反思》。中國社會科學院考古研究所夏商周考古研究室編：《三代考古（三）》，科學出版社，2009年。

81. 宋江寧：《商文化京當型與鄭家坡類遺存關係探討》。中國社會科學院考古研究所夏商周考古研究室編：《三代考古（三）》，科學出版社，2009年。

82. 宋新潮：《試論陝西出土的商代銅器》，《文博》1989年第6期。

83. 宋新潮：《殷商文化區域研究》，陝西人民出版社1991年版。

84. 孫華：《關中商代諸遺址的新認識——壹家堡遺址發掘的意義》，《考古》1993年第5期。

85. 孫華：《陝西扶風壹家堡遺址分析——兼論晚商時期關中地區諸考古學文化的關係》。北京大學考古系編：《考古學研究》（二），北京大學出版社，1994年。

86. 孫華:《商文化研究的若干問題——在紀念殷墟發掘 70 週年之際的反思》。三代文明研究編輯委員會編:《三代文明研究》1,科學出版社,1999 年。

87. 田仁孝、張天恩、雷興山:《碾子坡類型芻議》。《周秦文化研究》編委會:《周秦文化研究》,陝西人民出版社,1998 年。

88. 王克林:《試論齊家文化與晉南龍山文化的關係——兼論先周文化的淵源》,《史前研究》1983 年第 2 期。

89. 王克林:《先周文化再研究》,《文物季刊》1995 年第 1 期。

90. 王克林:《周族、周文化的起源及有關問題》。《周秦文化研究》編委會:《周秦文化研究》,陝西人民出版社,1998 年。

91. 王巍、徐良高:《先周文化的考古學探索》,《考古學報》2000 年第 3 期。

92. 王占奎:《論鄭家坡先周遺存與劉家遺存》。《考古學研究》編委會編:《考古學研究》,三秦出版社,1993 年。

93. 王仲孚:《試論周人先世傳說與先周考古》。《周秦文化研究》編委會:《周秦文化研究》,陝西人民出版社,1998 年。

94. 謝端琚:《試論我國早期土洞墓》,《考古》1987 年第 2 期。

95. 徐良高:《文化因素定性分析與商代「青銅禮器文化圈」研究》。中國社會科學院考古研究所編:《中國商文化國際學術討論會論文集》,中國大百科全書出版社,1999 年。

96. 徐良高:《京當類型商文化與鄭家坡類遺存關係再探討》,《考古》2010 年第 9 期。

97. 徐天進:《試論關中地區的商文化》。北京大學考古系編:《紀念北京大學考古專業三十週年論文集》,文物出版社,1990 年。

98. 徐天進:《周公廟遺址考古調查的緣起及其學術意義》,《中國文物報》2004 年 7 月 2 日。

99. 徐天進:《周公廟遺址的考古所獲及所思》,《文物》2006 年第 8 期。

100. 許偉、許永傑:《周文化形成與周人興起的考古學觀察》,《遼海文物學刊》1989 年 2 期。

101. 徐錫臺:《早周文化的特點及其淵源的探索》,《文物》1979 年 10 期。

102. 徐錫臺:《周原賀家村周墓分期斷代研究》,《周秦文化研究》編委會:《周秦文化研究》,陝西人民出版社 1998 年。

103. 尹盛平、任周方:《先周文化的初步研究》,《文物》1984 年 7 期。

104. 尹盛平:《關於先周文化的幾個問題》。《周秦文化研究》編委會:《周秦文化研究》,陝西人民出版社,1998 年。

105. 張長壽、梁星彭:《關中先周青銅文化的類型與周文化的淵源》,《考古學報》1989 年第 1 期。

106. 張翠蓮：《扶風劉家墓地試析》，《考古與文物》1993 年 3 期。

107. 張國碩：《論考古學文化的命名方法》，《中原文物》，1995 年第 2 期。

108. 張良仁：《高領袋足鬲分期與來源研究》，《考古與文物》2001 年 4 期。

109. 張天恩：《高領袋足鬲的研究》，《文物》1989 年第 6 期。

110. 張天恩：《先周文化早期相關問題淺議》，《西周史論文集》，陝西人民教育出版社，1993 年 6 月。

111. 張天恩：《古密須國文化的初步認識》。。《遠望集》編委會編：《遠望集——陝西省考古研究所華誕四十週年紀念文集》，陝西人民美術出版社，1998 年。

112. 張天恩：《周原遺址殷商時期文化遺址試析》，《中原文物》1998 年 1 期。

113. 張天恩：《試論關中東部夏代文化遺存》，《文博》2000 年第 3 期。

114. 張天恩：《關中西部夏代文化遺存的探索》，《考古與文物》2000 年第 3 期。

115. 張天恩：《關中西部商文化研究》，《考古學報》2004 年第 1 期。

116. 張天恩：《關中商代文化研究》，文物出版社 2004 年版。

117. 張文立、林澐：《黑豆嘴類型青銅器中的西來因素》，《考古》2004 年第 5 期。

118. 張忠培：《客省莊文化及其相關諸問題》，《考古與文物》1980 年 4 期。

119. 張忠培、朱延平、喬梁：《陝晉高原及關中地區商代考古學文化結構分析》。內蒙古自治區文物考古研究所編：《內蒙古文物考古文集》，中國大百科全書出版社，1994 年。

120. 張忠培：《陝西史前文化的譜系與周文明的形成》。《遠望集》編委會編：《遠望集——陝西省考古研究所華誕四十週年紀念文集》，陝西人民美術出版社，1998 年。

121. 中國社會科學院考古研究所編：《中國考古學·夏商卷》，中國社會科學出版社 2003 年版。

122. 中國社會科學院考古研究所編：《中國考古學·兩周卷》，中國社會科學出版社 2004 年版。

123. 種建榮、張敏、雷興山：《岐山孔頭溝遺址商周時期聚落性質初探》，《文博》2007 年第 5 期。

124. 種建榮、雷興山：《先周文化鑄銅遺存的確認及其意義》，《中國文物報》2007 年 11 月 30 日。

125. 種建榮、雷興山：《周公廟遺址商周時期陶器分期研究》。文化遺產研究與保護技術教育部重點研究室、西北大學文化遺產與考古學研究中心編：《西部考古》第三輯，陝西出版集團三秦出版社，2008 年。

126. 種建榮：《孔頭溝遺址商末周初遺存與先周文化探索》，《考古與文物》2009年第 3 期。

127. 鄒衡：《試論夏文化》。見鄒衡著：《夏商周考古學論文集》，文物出版社1980 年版。

128. 鄒衡：《論先周文化》。見鄒衡著：《夏商周考古學論文集》，文物出版社1980 年版。

129. 鄒衡：《再論先周文化》。見鄒衡著：《夏商周考古學論文集》續集，科學出版社 1998 年版。

四、其他學科資料

1. 李峰：《西周的滅亡——中國早期國家的地理和政治危機》，上海古籍出版社 2007 年版。

2. 李健超：《陝西地理》，陝西人民出版社 1984 年版。

3. 錢穆：《周初地理考》，《燕京學報》第 10 冊，1931 年。

4. 史念海：《古代的關中》，《河山集》，生活・讀書・新知三聯書店 1978 年版。

5. 王元林：《涇洛流域自然環境變遷研究》，中華書局 2005 年版。

6. 蕭樓：《夏村社會——中國「江南」農村的日常社會和社會結構（1976～2006）》，生活・讀書・新知三聯書店 2010 年版。

7. 中國科學院《中國自然地理》編輯委員會：《中國自然地理》（總論），科學出版社 1985 年版。

8. 趙濟主編：《中國自然地理》，高等教育出版社 1980 年版。

9. 趙世瑜：《作爲方法論的區域社會史——兼及 12 世紀以來的華北社會史研究》，《史學月刊》2004 年第 8 期。

10. 趙世瑜：《再論社會史的概念問題》，《歷史研究》1999 年第 2 期。

後　記

　　自 2000 年研究生實習踏上周原遺址，至今已是整整十一年，終於對這個略帶滿足但更是充滿遺憾的歷程按下了暫停鍵。

　　我的本科論文是關於先周文化的，從那時起就算對商代的關中開始了關注吧。研究生期間選擇了寺窪文化作為論文題目，結果實習和畢業後卻又回到了當初的課題。如今這篇論文算是一個階段性的總結，但我更願意把它作為是對多年來關心和支持的家人、師友的一個彙報，畢竟學問如果從本質上而言是屬於作者一人的話，把它藏在自己的心中也是可以的。

　　首先要感謝我的導師王巍老師，在他的鼓勵下我才能下定決心再次走進學校進行這三年的修行。在論文選題和寫作過程中，他始終理解和支持我的各種思路與做法，對論文的選題和結構細心指導，使我充分地享受到了學術嚴謹與思想自由帶來的愉悅。

　　胡謙盈先生 2000～2001 年曾指導我的碩士論文寫作，並帶領我編寫了寺窪文化徐家碾遺址發掘報告。從那時起，每到所裏或胡先生家中拜訪時，他總是略帶嚴厲又不厭其煩地教導我既要堅持理論學習，又要踏踏實實地做研究，使我在研究之中總是不斷想起他的話語。

　　從 2000 年跟隨徐良高老師，至今也是十一年了。由於年齡相差只有十歲，所以相處時非常融洽，常有亦師亦友的感覺。我在學術上的興趣比較廣泛，喜歡天馬行空胡思亂想，徐老師總是能在思想上包容和指點我，使我始終在研究思路上保持著進取與反思。

　　對我來講，張天恩老師是一位溫良醇厚又充滿智慧的長者，多年來能得到他的耳提面命實在是後學莫大的幸福。記得我們好幾次在馬路邊聊了一個

多小時，還記得他打電話叫我去辦公室聊天的情景，而其實我們的學術觀點有很大的分歧，但他總告訴我這是正常的。

王占奎老師是我又敬又畏的一位先生，其實敬與畏的背後都是因爲先生的關愛和睿智。他也總是和我長談，電話叫我前去辦公室彙報心得，以致我的家人都知道省考古所有我兩位先生，另一位是張天恩老師。

因爲棗樹溝腦遺址的原因，最近幾年來對母校錢耀鵬、陳洪海老師多有打擾，也有機會做多次的長談和相處，關愛和鼓勵之情實是難忘。王建新老師雖然多年來相處不多，但每次見面都是一如既往的詢問我的研究情況，此外除了鼓勵就是支持。記得好幾次在京相聚都是王老師電話相約，幾做通宵之談。也許學生的幸福就在於看到先生的來電吧，希望這樣的機會能越來越多。西大畢業後見趙叢蒼老師的機會較少，但每次的相遇都感受到先生的呵護。史翔老師是我大學時的輔導老師，但直到今天他仍在工作和學習上對我進行著輔導，謝謝老師。王振和劉斌師弟負責棗樹溝腦遺址的發掘，每次去西大或工地他們都熱情相待，滿足我觀摩的各種請求，多謝了。

三年來，在京的日子裏跟許宏老師相處的日子算來是挺多的，或在辦公室中一杯清茶，或在餐館中蹭飯兼聊，感覺到做學問原來也可以這樣愜意的，當然，談話的內容大多只與學術有關。

我與錢國祥老師相識已久，結緣於漢魏故城兩周墓地的發掘，幾年的相處中一是感受到長者的關愛，二是體會到踏實的學風。錢老師爲人風趣，希望他就這麼一直開心下去。

感謝北京大學考古文博學院劉緒、徐天進、雷興山、孫慶偉老師，秦俑博物院曹瑋老師，陝西省考古研究院孫秉君老師和種建榮、孫周勇二兄，寶雞市考古隊劉軍社老師，周原博物館張恩賢、魏興興、羅芳賢、張亞煒館長，李亞龍、田東峰兄，小弟劉萬軍等，岐山縣周原博物館韓遼、賀世明、齊浩，正是有了諸位的幫助，才使得我在周原和以後的日子那麼舒心和暢快，也使得這篇論文得以呈現在大家的面前。

感謝唐際根老師在開題報告中的肯定和建議，劉建國老師工作繁忙，但仍然抽空幫我製作了文中的地圖，感謝叢德新、雷然老師在考古系諸多事項上的安排與費心。

與同門唐錦瓊兄自 1998 年來算得上是朝夕相處，我們經常戲稱比和自己老婆相處的時間都要久，多年照拂之情，藉此機會道聲多謝。何毓靈兄大我

幾歲也高我兩級，總是像兄長一樣照顧和鞭策我前行，也只能道聲多謝聊表寸心。在京期間與嚴志斌、李志鵬二兄常在辦公室相聚，整晌討論，這篇論文的寫作他們二位功不可沒。好友王刃餘幫我翻譯了英文提要，謹此致謝。隊友付仲楊、師弟趙海濤、同事兼好友陳國梁等也給予了我極大的幫助，使我在前行的道路上時有相伴。

　　結識馬賽是在 2001 年她們班在周原本科實習的時候，此後在學術上時有往來。我有事相求時每次都能得到她熱情的幫助，在此也道聲多謝。

　　研究生院的同窗楊勇、王方，師弟徐峰、郭志偉、王飛峰、李萌、沈麗華、付永旭、楊睿、吳傳仁、彭小軍、黃超，師妹劉羽陽、劉昶、柳芳、郭薛、尹達都對我多有幫助，謹表謝意。也感謝研究生院好友余功德、董昀、李恒、孫寧以及其他諸多同學和朋友，使我得以瞭解考古之外的學問。

　　我生活在一個幸福的家庭中，父母和妻女的愛與支持始終是我工作的動力與源泉，把這篇論文送給他們是我最想做的事。